W0395296

Hamburger Abendblatt edition

# HAMBURG

ENTDECKEN SIE DEN

# MARITIM

SCHÖNSTEN HAFEN DER WELT

# LIEBE LESERINNEN UND LESER

Auch wenn Hamburg noch 115 Kilometer von der Nordsee entfernt liegt: Diese Stadt ist Meer. Das maritime Lebensgefühl verdankt sie der Elbe und dem Hafen, dem Aushängeschild der Stadt. Gut 12 000 Schiffsankünfte im Jahr, seine zentrale Lage und seine Umschlagskraft unterscheiden diesen Port von allen anderen – vor allem aber seine Wandlungsfähigkeit. Auf der gigantischen Fläche von rund 7400 Hektar ist im vergangenen Jahrzehnt mehr passiert als in den beiden Jahrtausenden zuvor.

Dieses Buch zeigt Ihnen das neue, moderne Gesicht des Hafens. Es präsentiert die interessantesten Unternehmen, Werften, Terminals, Hafenberufe und natürlich Frachter und andere große Pötte, denn in der Hansestadt gilt „Schiffe gucken“ durchaus als eine von jedem anerkannte Freizeitbeschäftigung. Die Kreuzfahrtbranche boomt, die Umschlagmengen steigen wieder an, die Krise scheint überwunden. Die größten Containerschiffe, die den Hamburger Hafen jemals angelaufen haben, machen jetzt am HHLA Container Terminal Burchardkai fest. In der HafenCity wächst das innovativste Stadtviertel der westlichen Welt, und Hamburg zählt neben Rotterdam und Antwerpen weiterhin zu den drei führenden Häfen in Europa.

Mit gut 160 000 Arbeitsplätzen stellt Deutschlands größter Seehafen den wichtigsten Wirtschaftsfaktor in der Metropolregion dar. Aber neben seiner packenden Malocherseite punktet er mit einem weiteren Talent: Sowohl Touristen als auch Einheimische versetzt er regelmäßig in Urlaubsstimmung. Dieses Buch nimmt Sie deshalb auch mit auf eine maritime Entdeckungsreise. Sie werden wunderschöne und teilweise noch unbekannte Plätze in der Natur kennenlernen, besondere Menschen, Restaurants, Geschäfte, kulturelle Events und Museen sowie Wassersportmöglichkeiten – natürlich immer mit den wichtigsten Informationen und Kontaktadressen versehen, sodass Sie die Tipps gleich umsetzen können. Kommen Sie an Bord!

Herzlichst

Ihr Claus Strunz
*Chefredakteur des Hamburger Abendblattes*

# INHALT

DAS HERZ VON HAMBURG SCHLÄGT IM HAFEN.
DIE STADT UND DIE ELBE GEHÖREN ZUSAMMEN
WIE DER FISCH UND SEIN BRÖTCHEN

# HAMBURG IST MEER

Der Fluss ruft:
Egon Böttcher lädt zu einer Barkassenfahrt auf der Elbe ein.



In Hamburg lernt man, dass Erdkunde manchmal Glaubenssache ist. Schon südlich von Harburg wähnen viele Deutsche die Hansestadt nur einen Steinwurf von der Nordsee entfernt; und Besucher aus Gefilden südlich des Weißwurst-Äquators fragen an heimischen Hotelrezeptionen gern nach dem schnellsten Weg zum Strand. Es dürfte weltweit keine weitere Stadt geben, die so maritim tickt, obwohl mehr als 100 Kilometer Flussweg sie von der offenen See trennen. Ja, Hamburg liegt am Meer. Zwar nicht geografisch, aber gefühlt, kulturell, wirtschaftlich.

Wer daran zweifelt, dem sei ein Ausflug an den Elbstrand empfohlen. Hier spielt ein Fluss Meer und verzaubert Besucher wie Einheimische gleichermaßen. Viele, die zum ersten Mal haushohe Schiffe in den Hafen einlaufen sehen, verlieben sich in die Stadt Hamburg. Egal ob vor der Strandperle, am Ufer von Teufelsbrück oder unter Blankeneses Leuchtturm, der Anblick ist einzigartig – einzigartig schön und einzigartig quirlig. Denn erst die Containerriesen und Kreuzfahrtschiffe geben der Elbe das Besondere – es sind die Schiffe, die aus einem Postkartenidyll eine Landschaft machen, es ist der Hafen, der einen Fluss in eine große Oper verwandelt.

In der Hamburger Musik klingt das immer schon mit. Angefangen bei Hans Albers („Das Herz von St. Pauli“)

*Der Hafen,*
*die Lichter,*
*die Sehnsucht begleitet,*
*das Schiff in die Ferne hinaus*

über Freddy Quinn („Der Junge von St. Pauli“)

*Wir spielten schon als Kinder*
*Kapitän und Steuermann*
*die Elbe bei St. Pauli*
*war unser Ozean.*

bis zu Fettes Brot („Nordisch by nature“)

*Ich Liebe Die Schiffe, Das Meer und den Hafen,*
*und ich Liebe Es, Nach 'ner Party,*
*Breit Am Elbstrand Einzuschlafen*

Der Hafen inspiriert. Ob Hans Leip, Albrecht Schindehütte oder Peter Rühmkorf, Horst Janssen oder Hans Henny Jahn, hier leben oder lebten die Künstler. Hier spielt die Musik, hier lassen die Krimiautoren morden und die Regisseure küssen, hier wirken die Maler und die Architekten.

Einer der größten hat es neulich in Schwyzerdütsch formuliert: „Der Hafen ist die Seele der Stadt", erklärte der Stararchitekt Jacques Herzog beim Richtfest der Elbphilharmonie. Wer auf der Plaza des neuen Wahrzeichens steht und aus 37 Metern Höhe auf den Hafen blickt, versteht. Es ist die Lage, die den Hamburger Hafen so besonders macht. Viele See- und Binnenhäfen fristen ihr Dasein an der Peripherie der Metropolen oder wenden ihnen den Rücken zu, viel mehr als hässliche Kaianlagen und Lagerhallen gibt es nicht zu sehen. Der Hamburger Hafen aber liegt wie auf einem Präsentierteller – eine prächtige Bühne, die von der Nordseite der Elbe und der Elbchaussee grandiose Einblicke eröffnet und ein einzigartiges Wassertheater bietet. Es war und ist genau diese Perspektive, die auch die Beach-Clubs in Hamburg zu etwas Besonderem gemacht haben. Pils gibt es überall, dieses Panorama nur hier.

So ist es kein Zufall, dass die Wand des Dock 10 von Blohm + Voss gegenüber den Landungsbrücken die größte und vermutlich beliebteste Werbefläche der Stadt ist. Wer sein Produkt in Hamburg groß herausbringen oder hier verwurzeln will, nimmt den Hafen in seinen Namen und die Symbolik ins Logo. Astra etwa wirbt mit einem Ankerherz, die Stadt mit Hafengeburtstag und Cruise Days. Man nächtigt im Hotel Hafen Hamburg oder dem Hafentor, rockt im Hafenklang oder trägt die „Heimat-Hafen-Hamburg"-Kollektion am Leib. Und, man mag es kaum glauben, Buddelschiffe gehören noch immer zu den beliebtesten Mitbringseln. Der Hafen hat etwas Identitätsstiftendes über Generationen und Klassen hinweg – die Hans-Albers-Gassenhauer kennen und singen Dreijährige, 23-Jährige und 83-Jährige. Und in einigen Hafenpinten treffen sich noch Hartz IV und Spitzensteuersatz an der Theke. Der Hafen vereint.

Hamburg lebt gut mit und noch besser vom Hafen. Eine Untersuchung des Beratungsunternehmens Planco Consulting aus dem vergangenen Jahr rechnet vor, wie viele Jobs am Hafen hängen: 141 733 Arbeitsplätze. Nur ein geringer Teil arbeitet direkt an Kaianlagen oder in Reedereien, der weitaus größere im Bereich der maritimen Wirtschaft, die in Hamburg ihre Hochburg hat, oder in Unternehmen, die von der Anbindung an die See profitieren wie große Industriebetriebe oder Logistiker. Wer mit dem Ausland handelt, aber im Lande bleibt, siedelt sich am Tor zur Welt an. Auch die Bruttowertschöpfung hat Planco ermittelt. Für Hamburg ergibt sich ein hafenabhängiges Bruttoinlandsprodukt von 13,3 Milliarden Euro, das bedeutet: Jeder siebte Euro wird im Hafen erwirtschaftet. Ein Treppenwitz der Geschichte ist, dass Hamburgs Aufstieg auf einer Fälschung gründet – die Kaufleute von der Alster hatten Kaiser Barbarossa einst wichtige Privilegien und Zollfreiheit bis zur Nordsee abgerungen. Dummerweise hatten sie nichts Schriftliches – also erkauften sich die Hamburger später einfach den Freibrief mit gefälschtem kaiserlichem Siegel ...

Ein bisschen Tarnen, Tricksen und Täuschen gehörte auch dazu, den ehemaligen Freihafen in eine HafenCity zu

verwandeln. Über Dritte erwarb die Stadt unter Bürgermeister Henning Voscherau heimlich Gebäude und Firmen, bevor das Projekt offiziell wurde. Die HafenCity soll den Schritt der Stadt zurück ans Wasser vervollkommnen, sie soll den Hafenblick weiten. Was früher verborgen im Freihafen hinter hohen Zäunen lag, ist nun neuer Mittelpunkt. Einstmals war die Speicherstadt die Stein gewordene Mauer zum Hafen, jetzt „springt" die Innenstadt bis zur Elbe vor und verlängert die Ufermeile bis zu den Elbbrücken.

Diese Meile ist es, mehr noch als die „geile Meile" auf St. Pauli, die Hamburg ausmacht. An jedem Wochenende strömen Zehntausende zum Strom. Auf den Elbfähren ist so gut wie jeder Platz besetzt, die Uferwege und Promenaden verwandeln sich in ein Stadion der Jogger, Walker und Spaziergänger – und der Elbstrand in die größte Freiluftbühne der Stadt. Das Programm variiert kaum und ist doch nie gleich. Es heißt „Schiffe gucken" – unübertrefflich sind die Aufführungen an einem warmen Abend unterhalb von Övelgönne.

Hier sitzt das Publikum andächtig vor der Strandperle, die Hand umklammert eine Knolle Astra, während die nackten Füße im weichen Sand stecken. Und mit jedem Containerriesen, der in den Hafen ein- und ausläuft, gehen die Gedanken auf die Reise. Das sind die Momente, wo Fernweh und Heimweh verschmelzen – und Hamburg ganz Hafen ist, in der die Elbe mehr, zum Meer wird.

Matthias Iken

**Jörg Pollmann, 52,**
ist Hafenkapitän, leitender Nautischer Direktor und Leiter des Oberhafenamtes – eine Art Herr des Hafens also. Er kennt dort quasi jedes Schiff und jeden Wassertropfen. Im Hafenschnack beschreibt der Familienvater in jedem Kapitel eine maritime Besonderheiten – auch für Landratten verständlich.

# SCHIFFE

AUF DEN POTT GESETZT

FLOTTBEK
FLOTTBEK

WER EINE FRACHTSCHIFF-FAHRT AUF EINEM NORDDEUTSCHEN KANAL MITMACHT, ERLEBT EINE GANZ BESONDERE STIMMUNG DURCH DIE INTERNATIONALE CREW, DIE DORT KLARSCHIFF – UND SPASS – MACHT

# LAUNEN LOS!



Auf dem Nordostseekanal wirkt die MS „Flottbek“ mit ihrem hohen weißen Deckshaus wie ein beweglicher Aussichtsturm, der sich durch die schleswig-holsteinische Landschaft zu schieben scheint. Gut 40 Meter unterhalb der Kommandobrücke grasen die Kühe, radeln Fahrradfahrer nebenher, kaum langsamer als das Containerschiff selbst. Unten an Deck hantieren zwei philippinische Seeleute mit dicken Schläuchen. Der erste Offizier, ein Russe, eilt gestikulierend herbei. „Ja, auch an Bord von deutschen Frachtschiffen geht es heutzutage schon sehr international zu“, kommentiert Kapitän Knud Wolters das Geschehen. Der graubärtige Nautiker aus Hamburg lacht kurz auf. „Sie sollten erst mal meinen Bootsmann kennenlernen“, sagt er verheißungsvoll und greift nach einem Funkgerät.

„Bist du da?“ Ein kurzes Knacken, dann schnurrt eine knarzige Stimme mit norddeutschem Klang: „Jooooo?“ „Kannst du mal auf die Brücke kommen?“, fragt Wolters. „Dat geiht nu nicht“, schnarrt es aus dem Lautsprecher. „Doch, mutt“, sagt Wolters. „Da ist jemand, der will eine Story über dich schreiben.“

Wolters lacht. Grinsend schauen ihn auch die beiden Kanallotsen an, die die „Flottbek“ auf der schwierigen Fahrt bis Brunsbüttel begleiten. Wie auf der Elbe auch gilt für große Frachter auf dem Kanal eine Lotsen-Annahmepflicht. Das Schiff der Reederei Hamburger Lloyd (RHL) ist heute aus Skandinavien zurückgekehrt. Früh um neun Uhr ging es in die Schleuse bei Kiel-Holtenau. Gegen Abend soll das Schiff die Elbe erreicht haben. Langsam, mit kaum mehr als zwölf Stundenkilometer Fahrt, schleicht der dunkelblaue Frachter durch die engen Kanalschleifen. Gut 1600 Container kann die „Flottbek“ tragen. Ein typisches Containerschiff, wie die meisten der etwa 12 000 Seeschiffe, die jährlich den Hamburger Hafen anlaufen. Und doch verfügt die 2005 in Dienst gestellte „Flottbek“ über eine Besonderheit: In einem eigenen Deck hat die Reederei Doppel- und Einzelkabinen für acht Passagiere einbauen lassen. Ungewöhnlich viel für ein Frachtschiff, das gerade einmal 17 Mann Besatzung hat. Oft hat Wolters daher zahlende Gäste an Bord, die das Reisen und den Seemannsalltag auf einem Frachtschiff erleben wollen. So wie heute – bei einer „Schnuppertour“ auf dem Nordostseekanal zur Elbe.

„Moin!“, grüßt Bootsmann Torsten Taataa, als er auf die Brücke kommt. Er grinst und blickt fröhlich auf die überraschten Gesichter der drei Passagiere: Der stämmige 57-Jährige sieht kein bisschen so norddeutsch aus, wie er sich anhört. Seine Haut ist braun, seine Haare wuschelig. Und geboren wurde er, wie er bald verrät, auf Tuvalu in der Südsee. Als 17-Jähriger hat er auf der Insel andere Jugendliche gesehen, die ein Moped besaßen. „Luxus war das“, erzählt Taataa. Die Jungs fuhren als Seeleute auf deutschen Schiffen – ein Weg, den er dann wie viele Männer der Inselgruppe auch einschlug. Er wurde Schiffsbetriebsmeister und fand schließlich eine neue Heimat in Schleswig-Holstein, wo er schon lange glücklich verheiratet ist und sich

auch das Plattdeutsch abgehört hat. „Dass ich mal Haus und Garten in Plön habe – nee, das hätte ich damals in der Südsee nie gedacht", sagt er und fällt schallend in das Gelächter auf der Brücke ein. Eine entspannte Atmosphäre herrscht hier oben – und nur bei genauem Blick sieht man, wie Kapitän und Lotsen doch konzentriert immer wieder das Geschehen auf dem Kanal beobachten.

Die schwere Tür vom Treppenhaus öffnet sich wieder, und Jesus Tubieae, der philippinische Steward in weißem Kellnergewand, balanciert ein Tablett mit Kaffee und Kuchen herein. Er ist ein wenig außer Atem von den vielen Stufen, die er von der Kombüse und der Messe hochsteigen musste.

Es ist eine zweigeteilte Welt dort unten: In der Mannschaftsmesse essen die einfachen, meist philippinischen Seeleute aus der Decks- und Maschinen-Crew Reis und Fisch. Fotos und Postkarten aus ihrer Heimat hängen an der Wand, dazwischen ein christliches Marienbild. Nebenan, nur geteilt durch die Kombüse, serviert Steward Tubieae in der gediegenen Passagier- und Offiziersmesse heute der deutsch-lettisch-russischen Führungsmannschaft an Bord Steaks mit Backkartoffeln und Pilzen, Spargelsuppe vorweg und Eis zum Nachtisch. „Sehr gutes Essen hier", loben die Lotsen, die sich auf der Brücke abwechseln. So eine prima Küche gebe es nicht auf jedem Schiff. Auch Kapitän Wolters lobt Koch Ronald Valdez, der in seiner Kombüse werkelt.

Eigentlich hat der 45-jährige Familienvater Valdez aus der Nähe von Manila einmal Agrarwissenschaften studiert. Doch auf den Philippinen habe er damit nicht genügend Geld verdienen können. Wie so viele seiner Landsleute heuerte Valdez daher auf Schiffen an. Schätzungen zufolge arbeiten knapp 300 000 Filipinos als Seeleute für ausländische Arbeitgeber. Rund 1000 Euro im Monat verdient ein philippinischer Seemann, mit Überstunden oder Führungsaufgaben auch mehr. Wenig Geld in Deutschland, viel in seiner Heimat.

Sechs, manchmal sogar neun Monate arbeiten die Filipinos am Stück – dann gibt es ein paar Wochen Urlaub. Bis wieder eine Crew-Vermittlung anruft, einen neuen Job auf einem anderen Schiff, bei einer anderen Reederei anbietet. Auch Valdez ist erst vor einiger Zeit neu auf die „Flottbek" gekommen. Zuvor war er Koch auf dem Gastanker „Longchamp". Es war das erste deutsche Schiff, das 2009 von somalischen Piraten überfallen wurde. Und Valdez war an Bord. Wochenlang hatte er Todesangst, wurde als Geisel täglich mit Waffen bedroht. Zu Hause fürchteten seine Frau und die kleinen Kinder um sein Leben. „Das Schlimmste aber war, dass ich nicht nach Hause konnte, als meine Mutter im Sterben lag." Trotzdem – einen Ausstieg aus dem Seefahrerleben kann er sich nicht leisten, sagt er. Nur eines hat sich der Koch geschworen: Nie wieder auf einen langsamen Tanker und nie wieder in den Golf von Aden! Auf der MS „Flottbek" braucht er sich da keine Sorgen zu machen. Das

Bootsmann Torsten Taataa schaut sicher nur zufällig direkt in die Richtung seiner alten Heimat, der Südseeinsel Tuvalu.

Schiff ist für einen Dienst verchartert, der Norddeutschland und Antwerpen mit skandinavischen und russischen Häfen verbindet.

Hoch sind die dunkelgelben und roten Container gestapelt, oft sind jetzt auf der Rückfahrt Papierprodukte aus Finnland darin. Sanft brummt die Maschine, ein leichtes Vibrieren wiegt den Gast in der kleinen, aber gemütlichen Passagierkabine in den Nachmittagsschlaf. Gegen 19 Uhr ist schließlich die Schleuse in Brunsbüttel erreicht. In der Nacht noch wird Kapitän Wolters nach Antwerpen weiterfahren. Einige Wochen noch hat die „Flottbek"-Crew Dienst, pendelt zwischen Nordsee und Ostsee. Dann erst geht es für viele an Bord in den Urlaub nach Hause:

Für Kapitän Wolters nach Rissen in Hamburg, für Schiffsoffizier Ryaposov nach St. Petersburg, für Koch Valdez nach Manila und für Bootsmann Taataa nach Plön.

Axel Tiedemann

Über diese Brücke musst du geh'n: Kapitän Knud Wolters.

*„Das sichtbare Zeichen des Betriebes sind seine Bauten. Leistung und Verantwortung für diese sollen das Gepräge unseres Betriebes sein und den Auftraggeber freihalten von der Sorge um die Erfüllung seines Auftrages an uns."*

Aug. Prien

**Kompetenz in allen Baubereichen**

Hafen- und Wasserbau • Tauchen, Bergen
Ingenieur- und Brückenbau • Küstenschutz
Städtischer Tiefbau und Umwelttechnik
Technisches Büro
Konstruktiver Stahlbau
Tischlerei und Schalungsbau
Arbeitsvorbereitung und Betontechnik
Schlüsselfertigbau • Projektentwicklung
Hochbau • Wohnungsbau • Bauwerkssanierung

AUG.PRIEN
BAUUNTERNEHMUNG

**AUG.PRIEN** Bauunternehmung (GmbH & Co. KG)
Dampfschiffsweg 3 – 9 · 21079 Hamburg
Telefon 040 77125-0
www.augprien.de

AUTHENTISCHER ALS BEIM URLAUB
AUF EINEM FRACHTSCHIFF KANN MAN DAS
SEEMANNSLEBEN NICHT KENNENLERNEN

# FAULER PASSAGIER AN BORD

Manch fernwehsüchtiger Blick begleitet die großen Frachter, wenn sie von Hamburg aus in alle Welt auslaufen. Beim sehnsuchtsvollen Zuschauen muss es nicht bleiben: Viele Frachtschiffe wie die MS „Flottbek" nehmen auf ihren Fahrten auch Passagiere mit. An Bord gibt es zwar keine Spa-Bereiche, Dinnershows oder sonstigen Schnickschnack der Kreuzfahrttouristik – dafür aber authentische Seefahrt und viel Ruhe. Einige Schiffe haben sogar einen kleinen Pool an Bord. In der Regel dürfen die Schiffsreisenden zudem jederzeit auf die Brücke und können von dort die Manöver miterleben. Die Passagierkabinen sind meist wie die Offizierskabinen mit Bett, Schreibtisch, Kühlschrank und eigenem Bad samt Toilette ausgestattet. Manchmal blickt man durch das Kabinenfenster allerdings statt aufs weite Meer auf Containerreihen, wenn das Schiff voll beladen ist. Gegessen wird in der Offiziersmesse, die an ein kleines Restaurant mit angeschlossenem Fernsehzimmer erinnert. Die Reiseagentur der Hamburger Reederei Hamburg-Süd „Hamburg-Süd-Frachtschiffreisen" vermittelt etliche solcher Touren. Von 50 Reedereien hat sie Fahrten im Programm. Viele starten und enden in Hamburg: Eine 14-tägige Ostsee-Nordsee-Rundreise etwa mit der MS „Flottbek" kostet bei voller Verpflegung ab 1565 Euro pro Person. Eine einwöchige Ostseereise mit Stopps in mehren Häfen kostet rund 650 Euro pro Person. Auch in die Sonne kann man von Hamburg aus schippern: zum Beispiel zu den Kanarischen Inseln, zurück über südspanische Häfen, bis wieder Ham-

burg erreicht ist. Drei Wochen dauert diese Rundreise und kostet pro Person 1855 Euro. Es geht aber noch weiter und noch länger: Mit dem Frachtschiff kann man auch bis nach Südamerika mitfahren, Häfen in Brasilien und Argentinien anlaufen, wieder zurück über den Atlantik, in die Nordsee und bis nach Hamburg: 49 Tage, Kosten: 5090 Euro. Und für alle, die immer noch nicht genug haben, hier noch das ganz große Sehnsuchts-Erfüllungsprogramm: ein Trip auf einem Stückgutfrachter rund um die Welt. 126 Tage dauert die Reise und kostet mit Verpflegung an Bord 9055 Euro. Danach ist das Fernweh garantiert erst mal für eine Weile gestillt.

Axel Tiedemann

Hamburg Süd Reiseagentur GmbH
**Domstr. 21**
**20095 Hamburg**
**Tel. 370 51 57**
**www.hamburgsued-frachtschiffreisen.de**

Corny Littmann, 57, ist Besitzer des Hamburger Schmidt-Theaters und ehemaliger Vereinspräsident des FC St. Pauli.

# CORNY LITTMANN



## IMMER AUF DER KIPPE

Wenn ich Besuch habe, gehört eine Barkassenfahrt im Hamburger Hafen einfach dazu. Mindestens zweimal im Jahr lasse ich mir so von den kundigen Barkassenkapitänen den Hafen erklären. Ich lebe jetzt seit über 30 Jahren auf dem Kiez. Doch der Hafen hat für mich nie an Faszination verloren. Ich mag es, wenn die großen Pötte an einem vorbeigleiten – ob ein riesiges Containerschiff oder ein luxuriöses Kreuzfahrtschiff. Schiffe sind für mich auch immer mit Fernweh verbunden. Zum Glück werde ich auch nie seekrank. Bei den Containerschiffen frage ich mich allerdings immer, wie das auf hoher See eigentlich gut gehen kann. Die Container sind schließlich immens hoch gestapelt.

Mein Lieblingsplatz? Definitiv der Beachclub Strandpauli. Gute Musik, gute Atmosphäre, gute Leute, guter Blick. Was ich vermisse? Die Matrosen, die noch in den Sechzigern regelmäßig zum Kiez gehörten. Jetzt sieht man sie nur noch an Hafengeburtstagen. Das finde ich schade.

SCHLEPPER WIRKEN IM VERGLEICH ZU DEN RIESENPÖTTEN WIE ZWERGE, DABEI SIND SIE VIEL STÄRKER, WENDIG UND SEIT DEM SCHLEPPERKRIEG IN HAMBURG NOCH BESSER

# ZWERGENAUFSTAND



Ein sanftes Vibrieren kribbelt plötzlich unter den Füßen, als Kapitän Henry Brust die 5000 PS starke Maschine anlässt. Die „Bugsier 21“ schiebt sich fast seitwärts vom Steg der Schlepperstation in Neumühlen weg. Eine kurze Drehung, dann ist das bullige Schiff schon im Strom. Jan Mordhorst steht mit einer Digitalkamera neben Kapitän Brust oben auf der Brücke, die wie bei einem kleinen Aussichtsturm rundum verglast ist. Mordhorst ist Autor von Schifffahrtsbüchern und so etwas wie die Schlepper-Ikone Deutschlands. „Jan weiß da besser Bescheid als wir“, sagt Kapitän Brust und grinst.

Die „Bugsier 21“ läuft jetzt langsam elbabwärts Richtung Finkenwerder. Der breite Bug schiebt sich durch das Elbwasser. Eine kleine Segelyacht stampft so heftig in der großen Bugwelle des Schleppers, als kämpfte sie sich durch einen Sturm. Der Schlepper hat den Auftrag bekommen, ein mittelgroßes Containerschiff beim Einlaufen zu unterstützen. Der Liegeplatz am Containerterminal ist noch nicht frei. Doch das Bremsen und Anhalten wie beim Auto funktioniert nicht auf dem Wasser, sagt Mordhorst. Die Bremse ist der Schlepper und zugleich eine Manövrierhilfe, ohne die so ein Frachter im engen Hafen kaum bewegt werden könnte. Rückwärts fährt der Schlepperkapitän an das Containerschiff heran. Neben ihm steht jetzt Schiffsingenieur Frank Schröder, um die Winde zu bedienen. Der dritte Mann der „Bugsier 21“-Mannschaft verbindet draußen an Deck die Stahltrosse mit einer Fangleine. Oben, etwa 20 Meter höher am Heck der „CMA CGM Maya“, nehmen Seeleute in orangefarbenen Overalls die Trosse an und machen sie fest. Ein leichter Ruck, die Maschine des Schleppers brüllt auf, heftig rüttelt und zittert das ganze Deck. Der Schlepper erinnert an einen wütenden Terrier, der an einer Leine zieht und zerrt und dabei voller Anstrengung am ganzen Körper vibriert. Das Schiff leistet jetzt volle Arbeit, um mit einer Zugkraft von rund 50 Tonnen den Containerriesen zu bremsen. „Das hat sich in den vergangenen Jahren radikal geändert“, ruft Mordhorst in das Brüllen der Maschine.

Noch vor einigen Jahren haben einen solchen Auftrag, einen Job, wie es im Lotsenjargon heißt, mehrere Schlepper erledigt, weil die Hafenschlepper deutlich kleiner und schwächer waren. Die fünf großen Hamburger Schlepperunternehmen hatten den Markt im Griff. Doch dann kamen Mitte der 90er-Jahre die Holländer mit ihren kräftigen roten Schleppern und Besatzungen aus Ostdeutschland. Ein heftiger Konkurrenzkampf begann. Tarife wurden unterboten. Es gab Streit um Subventionen vor Gericht. Hamburger Zeitungen schrieben vom Schlepperkrieg im Hafen. Es kam sogar zu Rempeleien.

Der Pulverdampf ist inzwischen verzogen. Heute helfen die Arbeitsgemeinschaft der Hamburger Schlepperreedereien und das holländische Unternehmen Kotug sich bei Engpässen sogar aus, die Tarife haben sich wieder angeglichen. Doch die Schlepper sind größer geworden. „Ein Hafenschlepper ist heute auch gleichzeitig Seeschlepper“, sagt Mordhorst. Die „Bugsier 21“ ist beispielsweise auch oft unterwegs, um auf hoher See Bohrinseln zu verholen. Kapitän Brust und seine beiden Kollegen arbeiten in 14-Tage-Schichten an Bord. Wie Taxifahrer warten sie am Anleger Neumühlen auf ihre Jobs. „Das kann ein Auftrag im Hafen sein oder auch draußen auf der Nordsee“, sagt Schlepper-Kenner Mordhorst, der sich selbst als „verhinderten Seemann“ bezeichnet. Eine Rot-Grün-Schwäche seiner Augen zerstörte den sehnlichen Wunsch, selbst Schlepperkapitän zu werden. Mordhorst lernte also Reedereikaufmann bei Bugsier, arbeitete nebenbei als Bootsmann auf Rennyachten und ist heute, sooft es geht, an Bord von Schleppern. Über Umwege wurde er Schifffahrtsjournalist und Autor. Seine Reportagen führten ihn schon bis ins Nordmeer vor Kanada. Das Thema: „Schlepper natürlich – da ist am meisten Dramatik drin.“

Axel Tiedemann

SHIPSPOTTER THOMAS KUNADT ÜBER DIE FASZINATION BEIM ANBLICK RIESIGER KÄHNE

# »ES GIBT KEINE BEWEGLICHEN OBJEKTE, DIE GRÖSSER SIND«

Über eine Leiter und eine Bodenluke steigen wir ihm aufs Dach. Hier oben über den Dächern des Blankeneser Treppenviertels genießt Thomas Kunadt den Blick auf die Elbe – und auf die großen Pötte, die sie befahren. Der 1967 geborene Musikwissenschaftler hat sich selbst zu einem der besten deutschen Profi-Schiffsfotografen weitergebildet und mehrere Bildbände veröffentlicht. Kaum ein Schiff, von dem er nicht die Daten kennt. Und er ist immer auf dem Sprung, um sie mit der Kamera einzufangen: Kurz müssen wir das Interview unterbrechen, weil ein kleines Tankschiff vorbeizieht, das er als Foto noch nicht im Archiv hat. Im Laufschritt geht es raus auf die Straße, über eine Treppe zu einem kleinen Aussichtspunkt: Palmöl aus Indonesien hat das Schiff geladen und fährt in den Köhlbrand Richtung Harburg, weiß Kunadt nach einem schnellen Blick und hat sein Motiv schon im Kasten.

**Warum fasziniert so viele Menschen der Anblick von Schiffen?**

Ein Schiff ist ein Ereignis. Sein Anblick befriedigt Bedürfnisse der Neugier und der Sehnsucht nach Ferne. Und Schiffe haben riesige Dimensionen: Es gibt keine beweglichen Objekte, die größer sind.

**Welches sind Ihre Lieblingsschiffe?**

Exotische Massengutfrachter, die selten nach Hamburg kommen, oder die großen Yachten

mit ihren eleganten Linien. Faszinierend sind natürlich auch die neuen, ganz großen Containerschiffe.

**Was sind die besten Plätze in Hamburg zum Schiffegucken?**

Das Bubendey-Ufer auf Waltershof ist spannend, dort kommen die einlaufenden Schiffe sehr nah vorbei. Hier in Blankenese ist natürlich auch eine ideale Position, wenn man den weiten Blick bis zu den Inseln und zum Horizont sucht. Einen schönen Blick auf die Schiffe hat man aber auch von der Fähre aus, die nach Finkenwerder fährt. Da ist man dann selbst mitten auf dem Strom.

**Gibt es einen gewissen Rhythmus bei den Schiffen auf der Elbe, kann man eine Art Schiffskalender aufstellen?**

Zum Teil, aber bei den täglich etwa 30 einlaufenden Schiffen sind jeden Tag etwa zwei dabei, die waren noch nie in Hamburg. Das macht es für Schiffsfotografen hier so spannend. Allgemein kann man sagen: Am Sonntagabend und dann am Montag kommt die erste Woge der Woche. Am Dienstag fahren viele Schiffe schon wieder raus. Und der Mittwoch ist der wohl ruhigste Tag auf der Elbe. Sonnabends ist es gelegentlich auch etwas mau.

Axel Tiedemann

## DIE SCHÖNSTEN SHIPSPOTTER-PLÄTZE ENTLANG DER ELBE

**1 Stintfang vor der Jugendherberge**
Haus der Jugend Stintfang
Alfred-Wegener-Weg 3
20459 Hamburg

**2 Altonaer Balkon**
Kreuzung Palmaille/Kaistraße/Klopstockstraße
22765 Hamburg

**3 Dockland (nur tagsüber)**
Van-der-Smissen-Straße 9
22767 Hamburg

**4 Süllberg Blankenese**
Süllbergsterrasse 12
22587 Hamburg

**5 Aussichtspunkt Steinwerder beim alten Elbtunnel**
Hermann-Blohm-Straße 1
20457 Hamburg

**6 Kleiner Turm am Rüschpark**
Rüschweg 27
21129 Hamburg

**7 Notausgang Neuer Elbtunnel Övelgönne**
Övelgönne 8
22605 Hamburg

**8 Park Fiction**
Pinnasberg 27
22767 Hamburg

**9 Aussichtsplattform Michel**
Hauptkirche St. Michaelis
Englische Planke 1
20459 Hamburg

**10 Große Elbstraße/Parkplatz**
Große Elbstraße 45–49
22676 Hamburg

DIESE FRACHTSCHIFFTYPEN GIBT ES REGELMÄSSIG IN HAMBURG ZU SEHEN – AUFGELISTET NACH GRÖSSE IM SCHIFFSRAUM BRUTTORAUMZAHL (BRZ)

# GROSSE AUGEN WEGEN GROSSER PÖTTE

### Mit Erz aus Brasilien zum Köhlbrand

**Großbulker**

155 000 BRZ, 330 m lang, 58 m breit
Die Massengutfrachter halten den absoluten Größenrekord. Mit 23 Meter Maximaltiefgang haben sie die Hälfte ihrer Ladung bereits in Rotterdam gelöscht, bevor sie elbaufwärts fahren können. Sie kommen alle zwei Monate mit 15 Meter Tiefgang genau bei Hochwasser in die Hansestadt. Dann müssen alle anderen großen Pötte warten.

### Liniendienst nach Ostasien

**Großcontainerschiffe**

130 000 BRZ, 370 m lang, 45 m breit
Mit 11 300 Stellplätzen schickt die französische Reederei CMA CGM regelmäßig ihre Flaggschiffe nach Hamburg. „Cosco" hält den zweiten Platz mit über 10 000 Containern an Bord. Diese Giganten kommen jeweils zum Anfang der Woche in den Waltershofer Hafen und an das Tollerort-Terminal. Die 17-Mann-Besatzung sieht auf den Frachtriesen fast verloren aus.

## Rohöl für den Kattwykhafen

**Shuttletanker**

70 000 BRZ, 265 m lang, 42,5 m breit
Über hundert Millionen Liter Rohöl schwappen im Schiffsbauch eines Shuttletankers. Einmal wöchentlich beim höchsten Wasserstand kommt solch ein Doppelhüllentanker nach Hamburg. Mit einem Schlauch über den Bug direkt von der Bohrinsel übernommen, bringt er Nordseerohöl in den Hafen. Bis zu 40 Mann Besatzung sorgen für eine sichere Reise.

## Mit einer schwimmenden Garage zum Grasbrookhafen

**Container-Roll-on-Roll-off-Frachter**

55 700 BRZ, 310 m lang, 32 m breit
Die Grimaldi-Frachter sind mit ihrem grellgelben Rumpf und ihrer eigenwilligen Form eine der auffälligsten Erscheinungen im Hafen. Sie sehen aus wie eine schwimmende Hochgarage mit Containern oben drauf. Drinnen lagern Gebrauchtwagen für Westafrika und andere rollende Ladung für Südamerika. Donnerstag und Sonntag sind sie regelmäßig in Hamburg, Mitfahrgelegenheit möglich.

## Was für ein Schrott!

**Bulker mit Kränen**

31 000 BRZ, 190 m lang, 32 m breit
Meist kommen sie leer, um in der Rethe, dem Hafen-Umschlagplatz für Massengüter und Getreide, Kalidünger für Brasilien oder Indien zu laden. Nicht selten holen sie auch Schrott für die Türkei am Rosshafen-Terminal. Die roten Charterschiffe der Hamburg-Süd sind regelmäßige Gäste. Die anderen, eher unauffälligen Bulker kommen zumeist nur einmal in ihrem Schiffsleben die Elbe herauf.

## Eine Buddel voll Rum

**Chemikalien-Produktentanker**

29 000 BRZ, 180 m lang, 32 m breit
Von Palmöl aus Indonesien bis zum reinsten Bermuda-Rum können sich verschiedenste Ladungen in den 14 Einzeltanks befinden, wenn die Frachter in den Hafen einfahren. Zu holen gibt es in Hamburg vor allem Schwefelsäure im Petroleumhafen, aber auch Wachs von Steinwerder, Druckerschwärze am Reiherstieg oder Superbenzin aus Harburg. Zwei, drei dieser Schiffe sind täglich im Hafen.

## Heute nach Chile, danach in den Iran

**Containerschiff mit Kränen**

28 000 BRZ, 220 m lang, 30 m breit
Fast jeden Tag kommt einer dieser Frachter in Liniendiensten, weil nicht jeder Zielhafen eigene Kräne hat. Von Hamburg geht's nach West- oder Ostafrika, nach Chile, in die Karibik oder den Iran. Diese Schiffstypen sind noch am häufigsten in Deutschland gebaut, in Emden, Kiel, Warnemünde oder Wismar.

## Hamburg, meine Perle

**Mehrzweck-Linienfrachter**

23 000 BRZ, 190 m lang, 28 m breit
Die Frachter des „Round-The-World Pearl String Service“ der Reederei Rickmers laufen das Terminal im südlichen Reiherstieg an. Den Liniendienst nennt Rickmers „Pearl String“, weil die besuchten Häfen rund um die Welt wie Perlen an einer Kette aufgereiht sind. Chipolbrok fährt von Steinwerder aus nach Ostasien. Auch nach Südafrika und Japan sind Schiffe von Hamburg aus unterwegs. Sie können sämtliche Güter mit eigenen Kränen an Bord hieven. Bei über 30 Mann Besatzung ist bei Rickmers auch Platz für eine begrenzte Anzahl von Passagieren.

## Zubringerdienste für die großen Frachter

**Containerfeeder-Schiff**

17 000 BRZ, 170 m lang, 27 m breit
Zu jeder Tages- und Nachtzeit scheinen sie im Hafen unterwegs zu sein: Sie sammeln und verteilen ihre bis zu 1400 Container an den Terminals in Altenwerder, Tollerort und Waltershof. Eine Woche dauert die Rundreise nach Skandinavien oder Russland. Zumeist mit der Aufschrift Team Lines und Unifeeder an ihrer Bordwand sind montags und freitags die meisten dieses Schiffstyps in Hamburg.

## Die nehmen Schweres ganz leicht

**Schwergutfrachter**

13 000 BRZ, 160 m lang, 24 m breit
Die Schiffe für sperrige Teile und schwere Lasten tragen die Namen SAL (Schiffahrtskontor Altes Land), BELUGA oder BBC an der Bordwand. Die eigenen Kräne können gemeinsam 1000 Tonnen über die Kaikante bewegen. Sie sind weltweit im Einsatz und transportieren ganze Industrieanlagen oder Schiffe. Jede Reise ist eine neue Herausforderung.

## Alles Banane

**Kühlfrachter**

12 000 BRZ, 150 m lang, 24 m breit
Mit weißem Rumpf, schnittig, fast elegant kommen sie zumeist mit Bananen aus Ecuador und Kolumbien ans Fruchtterminal im Hansahafen. Zweimal die Woche, in der Regel Dienstag, schickt Seatrade, die größte Kühlschiffreederei der Welt mit Sitz in Holland, ihre Schiffe. Doch Bananenfrachter sind eine aussterbende Art, denn immer öfter wird Kühlfracht in Containern auf den großen Linienfrachtern mit transportiert.

SIE WOLLEN MITREDEN, WENN SEELEUTE FACHSIMPELN?
WIR ENTSCHLÜSSELN DIE WICHTIGSTEN SCHIFFSABKÜRZUNGEN

# TEU, TEU, TEU



Cgt, tdw, TEU und BRZ: Diese Kürzel in Schiffbau und Schifffahrt sagen dem Laien meist gar nichts. Der Kenner aber kann an ihnen viel Interessantes ablesen, etwa wie groß ein Schiff ist, wie viel es laden kann und wie schwierig es war, es zu bauen.

### Wie wird die Größe eines Schiffes gemessen?

Früher wurden Schiffe nach der Anzahl der „Tonnen", der Fässer, die sie transportieren konnten, vermessen. So entstand der Ausdruck Tonne. 1854 wurden die „tons" als Vermessungseinheit in England Gesetz. Es handelt sich dabei nicht um ein Gewicht, sondern vielmehr um den Rauminhalt eines Schiffes, etwa so, als würde man bei Wohnungen die Kubikmetern angeben. Eine Bruttoregistertonne BRT entspricht 2,832 Kubikmeter oder 100 Kubikfuß. Weil die Behörden die Werte von Beginn an registrierten, wurden die Tonnen zu Registertonnen. Brutto bedeutet in diesem Zusammenhang, dass in der Berechnung auch jene Räume enthalten sind, die dem Reeder kein Geld bringen – Kabinen für die Besatzungen, Küchen, Maschinenraum, Treibstofftank oder die Brücke. Rechnet man die heraus, käme man zu Nettoregistertonnen, die oft als Grundlage für Gebühren herangezogen werden. Wichtig ist heute die Bruttoraumzahl BRZ, die die BRT seit 1994 abgelöst hat. Sie bezieht den gesamten umbauten Raum des Schiffes mit ein und wird noch mit einem Faktor berechnet, der von der Schiffsgröße abhängt. So sollen möglichst ähnliche Werte wie bei der BRT-Berechnung herauskommen. Die BRZ ist Grundlage für die Berechnung vieler Gebühren, u. a. für Hafennutzung, Kanal- oder Schleusendurchfahrt und Lotsen.

### Wie kann man messen, wie viel Aufwand für den Bau eines neuen Schiffes nötig ist?

Containerschiffe oder Massengutfrachter mit ihren großen Laderäumen werden schneller und einfacher fertig als ein Passagierschiff oder ein Spezialtanker. Aus der Größe allein kann man also nicht ablesen, wie viel Mühe die Herstellung machte. Für die bessere Bewertung von Bauleistungen wurde in der Seefahrtssprache Englisch die compensated gross tons (cgt) eingeführt, eine Einheit, die Fertigungsstunden und Tonage-Kapazität in Beziehung setzt. Das gewichtete Maß macht es möglich, die Leistungen von Werften zu vergleichen.

### Wie viel können Schiffe laden?

Achtung, Physik! Ein Schiff schwimmt nur, wenn es mehr Wasser verdrängt, als es wiegt. Zunächst hat ein Frachter ein Eigengewicht, das berücksichtigt werden muss. Für die Beladung bleibt dann ein Spielraum bis zur gesamten Wasserverdrängung – aber das Gewicht der Passagiere, der Besatzung, von Treibstoff und Proviant fließen auch mit ein. Die Tragfähigkeit eines Schiffes wird als deadweight tonnage (dwt) oder vor allem in Deutschland als tons deadweight (tdw) angegeben. Errechnet wird die Gewichtseinheit aus der Differenz der Wasserverdrängung des bis zur höchstzulässigen Lademarke belasteten Schiffes und jener des unbelasteten Schiffes.

Durch die Einführung des Containers Ende der 1960er-, Anfang der 1970er-Jahre ist die Berechnung, wie viel ein Schiff laden kann, für Laien einfacher geworden. Ein Standardcontainer ist exakt 6,058 Meter lang, 2,438 Meter breit und 2,591 Meter hoch. Weil 6,058 Meter genau 20 englische Fuß sind, heißt sein Maß Twenty-foot Equivalent Unit (TEU).

Die TEU hat den Seetransport revolutioniert, und die Größe aller Containerfrachter dieser Welt wird nun nach der Zahl der Container gerechnet, die sie an Bord nehmen können. Inzwischen gibt es Schiffe, die über mehr als 14000 Stellplätze für Container verfügen, also eine Kapazität von 14000 TEU haben. Wie viele dieser Kisten ein Schiff tatsächlich laden kann und in welcher Reihenfolge sie gestapelt werden, hängt stark davon ab, ob und womit sie beladen wurden: Das können leichte Strohballen für die Rennpferde eines Scheichs sein oder schwere Maschinenteile aus Stahl. Hier muss der Ladeoffizier viel rechnen, um die Ladefähigkeit des Schiffes und die Stabilitätsgrenzen einzuhalten. Die praktische Transportbox hat neben diversen Spezialanfertigungen wie etwa Kühlcontainern auch einen großen Bruder bekommen: Er ist doppelt so groß und heißt Forty-Foot-Equivalent-Unit. Aber wir dürfen ihn sicher kurz FEU nennen.

Rolf Zamponi

## SCHWEIN GEHABT



Mit Neulingen auf hoher See treiben die Kameraden gern Schabernack. Sollten Sie je dazu aufgefordert werden, das Kielschwein zu füttern, verzichten Sie darauf, mit einer Futtertüte unter Deck zu gehen. Sollten Sie sich auf einem Ruderboot befinden – dann können Sie dem nutzlosen Passagier einen Snack anbieten, was aber eher unhöflich wäre. Auf einem großen Schiff ist das Kielschwein ein Innenträger oder ein hohler Kasten. Bei Holzschiffen ist es das innen liegende Gegenstück zum Kiel. In keinem Fall aber ist es ein Schwein. Zumal Schweine an Bord nach Seemannsaberglauben obendrein Unglück bringen würden.

Einige Landratten schwören, dass sie bei der erstmaligen Überquerung des Äquators einen Ruck gespürt haben. Angeblich muss man sich nur konzentrieren, dann würde man die Äquatorschwelle tatsächlich fühlen, sagen erfahrene Seeleute. Und anschließend sei ganz wichtig, dass man die Instrumente umpolt. Immerhin befindet man sich ja nun auf der Südhalbkugel der Erde. So oder so – auch heutzutage ist die Äquatortaufe üblich, bei der man früher seine Haarpracht ließ. Also, auch wenn ich gebürtiger Ostfriese bin, mich haben sie mit Kielschwein und dem Ruck am Äquator nicht drangekriegt. Ganz ehrlich ...

BIS IN DIE 60ER-JAHRE BRACHTEN DIE BARKASSEN HAFENLEUTE ZUR ARBEIT, HEUTE LIEBEN SIE DIE TOURISTEN

# ZUR BARKASSE, SCHÄTZCHEN



Hat schwierige Zeiten umschifft: Gregor Mogi, Inhaber der Maritime-Circle-Line

Der Stolz auf seine Idee ist dem Barkassenbetreiber Gregor Mogi anzusehen: Er zieht an einem Hebel, im Bruchteil einer Sekunde springt die Persenning zurück, und das gesamte Achterschiff seiner Barkasse ist frei. Nichts würde in einem Ernstfall die Flucht der Passagiere behindern. Er zeigt auf vier nachträglich eingebaute Schotts, mit denen seine Barkasse auch dann noch schwimmfähig bleibt, wenn Wasser ins Schiff eindringt. Unsinkbar wird sie damit nicht, aber dass dies ohnehin nicht zu erreichen ist, weiß man spätestens seit dem Untergang der „Titanic". Oder wie Gregor Mogi es ausdrückt: „Man kann aus einer Barkasse keine Gummiente machen, die man unter Wasser drückt und sie springt wieder hoch."

Für die Zukunft dieser gemütlichen Hafenfahrzeuge hatte es im Jahr 2006 gar nicht gut ausgesehen: Die Hansestadt kündigte an, schärfere EU-Vorschriften auf die kleinen Schiffe anwenden zu wollen, um die Sicherheit für die Fahrgäste zu erhöhen. Denn die Rümpfe der Barkassen sind eigentlich nur nach oben offene Schalen, die nicht mehr schwimmfähig sind, wenn sie voll Wasser schlagen. Physikalisch betrachtet ist das zwar richtig, aber in mehr als 70 Jahren hat es einen solchen Fall noch nie gegeben.

Für die Hamburger Barkassenunternehmer waren die neuen Sicherheitsbestimmungen eine Existenzfrage. Lufttanks einzubauen war zu teuer, neue Schiffe zu einem Stückpreis von mindestens 400 000 Euro in Auftrag zu geben für die meisten Unternehmer kaum möglich. Die Altersvorsorge einer ganzen Generation geriet aufgrund der neuen Sicherheitsbestimmungen in Gefahr. Denn viele Schiffer hatten geplant, mit dem Verkauf, beispielsweise auf Leibrente, ihren Lebensabend zu sichern.

Schließlich galten Barkassen als ideale Hafenfahrzeuge, bevor die EU-Vorschriften kamen: Sie sind nach achtern offen, bieten vielen Menschen Platz, und wenn es regnet, rollt man einfach eine Persenning über die Sitzplätze. Sie stammen aus einer Zeit, als die Hafen- und Werftarbeiter noch mit kleinen wendigen Booten auf die Südseite der Elbe gefahren wurden. Am Baumwall lagen diese Schiffe bis in die 1960er-Jahre dicht an dicht am Ausgang des Herrengrabenfleetes mit dem Heck zum Land. Wenn die U-Bahnen an der Haltestelle Baumwall eintrafen, ergoss sich ein Strom von Menschen auf die Barkassen, die sofort ablegten, wenn sie voll waren, und der Südseite der Elbe zusteuerten, um ihre Fahrgäste direkt zu den Betrieben zu bringen.

Diese Verbindungen über die Elbe waren ein großer Fortschritt. Vorher hatten die Arbeiter ihre Überfahrten selbst organisieren müssen und sich kleine Boote gemietet, die einer von ihnen ruderte. Um Geld zu sparen, waren diese Boote meist bis auf den letzten Platz belegt, sie hatten kaum noch Freibord. Immer wieder gab es Unfälle, beim Kentern eines mit elf Mann völlig überladenen Bootes auf der Veddel waren Ende des 19. Jahrhunderts sogar fünf Arbeiter ertrunken. Mit den Barkassen wurde alles besser.

Und so konnte man noch bis weit in die 60er-Jahre des 20. Jahrhunderts bei Schichtwechsel das Gedränge um die Hafenfahrzeuge beobachten. Bis die Containerschifffahrt ihren Siegeszug antrat, die Arbeitsplätze sich weiter nach Westen verlagerten und moderne Umschlaggeräte Menschenkraft ersetzten.

Die Barkassenunternehmer mussten sich nach neuen Einsatzgebieten für ihre gut motorisierten Schiffe umsehen. Da passte es, dass in jenen Jahren immer mehr Touristen Hamburgs Hafen besuchten, um die neuen Riesenschiffe zu bestaunen. Anreißer an den Landungsbrücken lockten die flanierenden Besucher auf die Barkassen, die sie eine Stunde und länger durch die Hafenbecken schipperten. Einige findige Unternehmer hatten die Zeit zwischen den Schichtwechseln der Schiffsbetriebe sogar schon vor dem Ersten Weltkrieg für Hafenrundfahrten mit Quiddjes genutzt, wie die Hamburger damals jeden nannten, der von auswärts kam. Dabei hörten sich die Gäste mehr oder weniger sachkundige, aber fast immer originelle Erklärungen der Barkassenführer an. Nicht grundlos wurden diese von den plattdeutsch sprechenden Einheimischen wegen des Wahrheitsgehaltes ihrer Geschichten „He lücht“, er lügt, genannt.

Bis heute sind die traditionellen Barkassen beliebt, obwohl sie starke Konkurrenz von Fahrgastschiffen bekommen haben, die aussehen wie schnittige Yachten oder sogar wie Mississippi-Dampfer. Auch wenn es mehr schaukelt, man hin und wieder Spritzwasser abbekommt und man dem Wetter mehr ausgesetzt ist: Viele Besucher wollen den Hamburger Hafen mit einer echten Barkasse „erfahren“.

Von der jetzt erreichten Sicherheit der traditionellen Barkassen ist auch Gregor Mogi überzeugt, der die Maritime-Circle-Line betreibt. Mit der mehr als 100 Jahre alten „New York“ besitzt Mogi das älteste Fahrzeug dieser Art im Hamburger Hafen. An den alten Barkassen lobt er vor allem deren Fahreigenschaften: „Sie sind sehr wendig, und sie lassen sich auch gut und exakt über längere Strecken rückwärts steuern.“ Ein weiterer Pluspunkt ist ihre starke Bauweise: „Es handelt sich bei den Barkassen oft um Meisterstücke von Boots- und Schiffbauern. Entsprechend aufwändig und sorgfältig wurden sie gefertigt“, so Gregor Mogi. „Die ‚New York‘ beispielsweise wurde neben ihrer normalen Arbeit auch als Eisbrecher auf kleineren Kanälen eingesetzt. Entsprechend stark sind die Stahlplatten ihres Rumpfes.“ Von einem solchen Schiff trennt man sich eben nicht leicht, nur weil neue EU-Vorschriften erlassen wurden.

Eigel Wiese

NUR WENIGE HAFENSTÄDTE DER WELT BIETEN EINE SOLCHE VIELFALT AN TRADITIONSSCHIFFEN WIE HAMBURG

# EIN SCHIFF WIRD KOMMEN – UND BLEIBEN



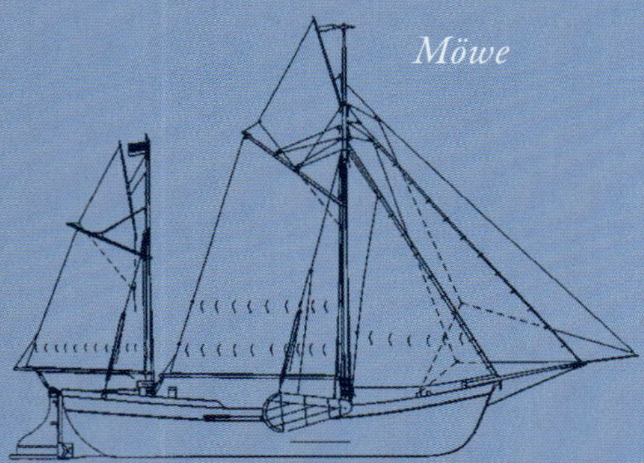

*Möwe*

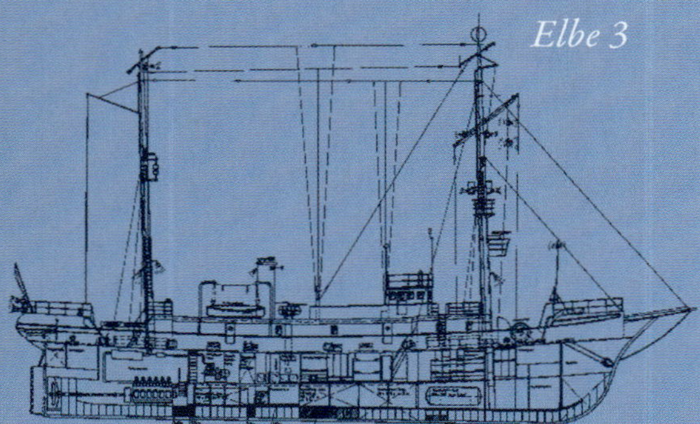

*Elbe 3*

### Cap San Diego

Die 160 Meter langen Schiffe der Cap-San-Klasse der Reederei Hamburg Süd galten als Höhepunkte in der Entwicklung von Stückgutfrachtern. Mit ihrem yachtartigen, eleganten Aussehen setzten sie in den 1960er-Jahren neue Maßstäbe. Die „Cap San Diego" befuhr zusammen mit ihren fünf Schwesterschiffen die Route Hamburg – Südamerika und transportierte alles von Maschinen über lebende Kühe in Richtung Südamerika und Kaffee, Nahrungsmittel und Textilien in Richtung Hamburg. Sie ist als einziges Schiff erhalten geblieben und wird heute von der Stiftung Hamburger Admiralität als Museumsschiff und Veranstaltungsort unterhalten. Die „Cap San Diego" ist das größte fahrtüchtige, zivile Museumsschiff der Welt.

### Süderelbe

Aus dem Jahr 1937 stammt das Inspektionsboot „Süderelbe", das 1952 verlängert wurde und bis 2002 seinen Dienst versah. Mit ihm unternahmen Beamte der Hafenverwaltung ihre Inspektionsfahrten bis auf die Niederelbe.

### Rickmer Rickmers

Der 97 Meter Großsegler gilt vielen als schwimmendes Wahrzeichen der Hansestadt. An den Hamburger Landungsbrücken ist es eine viel fotografierte Attraktion. Erinnert die Bark doch an eine Zeit, als die Masten von Segelschiffen im Hamburger Hafen noch einen regelrechten Wald bildeten, der sich aber langsam zu lichten begann. Seine Jungfernreise trat das Schiff 1896 an. Es wurde auf der firmeneigenen Werft in Bremerhaven gebaut und nach dem Enkel des Firmengründers benannt.

### Feuerwehr IV

Das 1930 gebaute rote Feuerlöschboot liegt den Sommer über unter der Kehrwiederspitze im Gebiet der historischen Hamburger Speicherstadt. Kein Wunder – das Boot ist topgepflegt, die Strahlrohre glänzen kupferfarben. Die „Feuerwehr IV" ist das älteste deutsche noch fahrende Feuerlöschboot und hat eine stolze Geschichte: Es löschte zahlreiche Schiffs- und Schuppenbrände und rettete während der großen Sturmflut 1962 einige Hamburger vor dem Ertrinken.

### Elbe 3

Das auffälligste Schiff im Oevelgönner Museumshafen ist sicherlich das Feuerschiff „Elbe 3". Es wurde 1888 in Bremen gebaut, lag bis 1977 auf verschiedenen Stationen der Elbmündung und wurde dann außer Dienst gestellt. Heute kann man das noch fahrtüchtige Schiff für Feiern buchen.

### Präsident Freiherr von Maltzahn

Auch der 23 Meter lange, 1928 gebaute ehemalige Finkenwerder Fischkutter mit dem klingenden Namen „Präsident Freiherr von Maltzahn" liegt im Museumshafen Oevelgönne. Er ist regelmäßig bei Veranstaltungen mit Großseglern zu Gast.

### Möwe

Zur Gruppe der Ewer, jener aus Friesland stammenden Segler mit Flachkiel, gehört die „Möwe". Sie ist allerdings nicht in der Fischerei gefahren, wie meist bei diesem Schiffstyp üblich, sondern wurde 1907 als Frachtsegler in Auftrag gegeben. Das Schiff sollte u. a. Zement und Kohle auf dem Lägerdorfer Kanal nahe Hamburg transportieren.

### Stettin

An der Außenkante des Oevelgönner Anlegers liegt den Winter über der Dampfeisbrecher „Stettin“ und ist zu besichtigen. Das knapp 52 Meter lange Schiff aus dem Jahr 1933 hatte seinen letzten Arbeitseinsatz im Schneewinter 1979. Heute kann es während der Sommersaison gechartert werden und ist das größte seegehende Dampfschiff, das noch regelmäßig auf Fahrt ist.

### Elbe No. 5

Von 1883 an versah der Segler seinen harten Dienst als Lotsenschiff in der Elbmündung, danach hatte er ein abenteuerliches Dasein als private Segelyacht und überquerte den Atlantik 13 Mal. Heute gibt es die Möglichkeit mitzusegeln. Dabei sind auch Fahrten bis in die Deutsche Bucht möglich.

### Bleichen

Das 1958 gebaute Frachtschiff „Bleichen“ soll Hamburgs neuestes Museumsschiff werden. Das Schiff eignet sich wie kaum ein anderes, um ein Stück Seefahrt der 50er-Jahre zu repräsentieren. Während andere seines Jahrgangs längst in Hochöfen gewandert sind, hat der Stückgutfrachter „Bleichen“ die vielen Jahre mit erstaunlich wenigen Veränderungen überlebt und ist äußerst gut erhalten. Er liegt am Hafenmuseum an der Australiastraße.

### Fairplay VIII

Der 1962 gebaute Schlepper „Fairplay VIII“ war noch bis 2009 im täglichen Einsatz. Dann schenkte ihn die Reederei Fairplay Towage der Stiftung Hamburg Maritim. Heimathafen ist heute der Traditionsschiffhafen.

### Woltman

Der 22 Meter lange Dampfschlepper „Woltman“ (benannt nach dem Hamburger Direktor der Strom- und Uferwerke Reinhard Woltman) wurde 1904 als typisches Arbeitsschiff des Hafens in Dienst gestellt. Die kohlebefeuerte Dampfmaschine leistet 240 PS. Dafür muss der Heizer rund 100 Kilo Kohle pro Stunde auf die Roste schaufeln. Eine schweißtreibende Angelegenheit.

### Schaarhörn

Die eleganten Linien geben ihr eher das Aussehen einer Yacht als das eines schlichten Arbeitsschiffes. Als Arbeitsschiff aber war die „Schaarhörn“ von der Hamburger Behörde für Strom- und Hafenbau in Auftrag gegeben worden. Heute kann man das edle Ambiente des 1908 gebauten Dampfers als Gast an Bord genießen.

### Heti

Wenn die schnittige Zwölf-Meter-Rennyacht „Heti“ Fahrten auf der Elbe unternimmt, zieht sie die Blicke auf sich. Sie lief 1912 auf der Werft des bekannten Yachtkonstrukteurs Max Oertz in Neuhof am Reiherstieg für einen Lübecker Holzkaufmann vom Stapel, der sie nach seiner Tochter benannte. 1999 wurde die „Heti“ von „Jugend in Arbeit“ restauriert. Sie gehört heute zur Stiftung Hamburg Maritim.

### Claus D.

1913 ließ sich die Ewerführerei Heymann einen Dampfschlepper bauen. 1956 erwarb ihn die Ewerführerei Carl Robert Eckelmann und nannte ihn schlicht „Claus D“. 1984 schenkte die Firma das Arbeitsschiff dem Museumshafen Oevelgönne.

### Johanna

Der zweimastige Besanewer „Johanna“ war 1902 als Frachtsegler in Elmshorn gebaut worden. Zu seinen typischen Ladungen gehörten Ziegelsteine aus den Brennereien der Kehrdinger Marsch für Hamburg. Seit 2002 gehört er zur Stiftung Hamburg Maritim und liegt im Traditionsschiffhafen.

### Landrath Küster

Früher waren segelnde Fischereifahrzeuge, die von der Hamburger Elbinsel Finkenwerder aus bis in die Nordsee fuhren, auf der Elbe ein vertrauter Anblick. Der 1889 von der Sietas-Werft gebaute Hochseekutter „Landrath Küster; H.F. 231“ liegt heute im Museumshafen der Elbinsel und wird gern und häufig für Fahrten zu Treffen von Traditionsschiffen gechartert.

### Tiger

Der Dampfschlepper „Tiger“ wurde 1910 von der Hamburger Schiffswerft u. Maschinenfabrik AG (vorm. Janssen & Schmilinsky) gebaut. Bis 1965 versah der kleine Schlepper seinen täglichen Dienst im Hamburger Hafen.

### Catarina

„Catarina“ ist Norddeutschlands letzter hölzerner Elbfischer-Ewer, der fahrtüchtig und im Original erhalten geblieben ist. Gebaut wurde er 1889 auf einer Werft am Köhlbrand. Vermutlich war es überhaupt der letzte Fischer-Ewer, der jemals gebaut wurde, denn damals hatte sich in der Fischerei bereits der modernere Schiffstyp des Kutters durchgesetzt. „Catarinas“ Liegeplatz ist im Traditionsschiffhafen in der HafenCity.

*Claus D.*

*Tiger*

*Stettin*

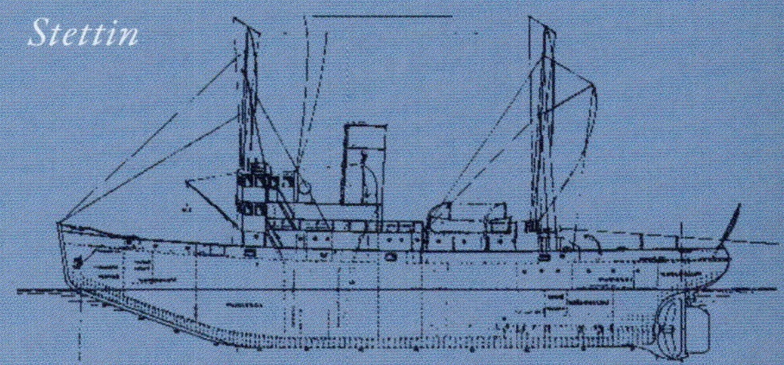

*Präsident Freiherr von Maltzahn*

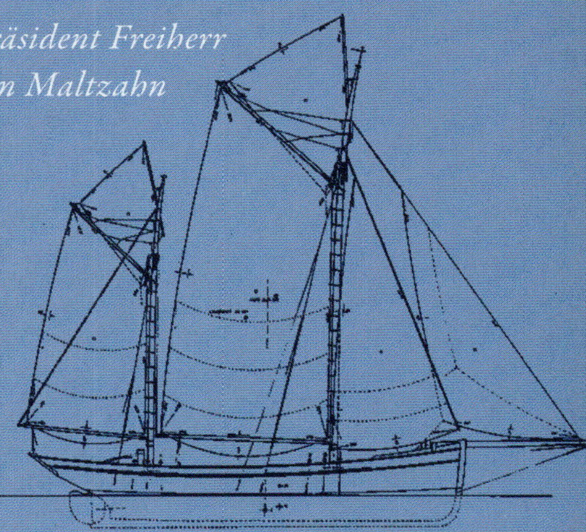

# VERSTECKTE ECKEN

HARBURG AHOI

STADERSAN

einen Panoramablick über das Gewusel aus alten Schiffen. Vom anderen Ende weht Lounge-Musik vom Beachclub herüber. Auf einer der neuen Büroglasfassaden gegenüber spiegelt sich ein fahler blauer Schein. Irgendjemand schweißt in der Nähe an seinem Schiff.

Ob dieser Mix auf Dauer gelingen kann, ob sich alte und neue Hafenbewohner vertragen werden? „Ich weiß es auch nicht“, sagt Pfeifer, als wir weiterfahren. Oft hat er Investoren an Bord, versucht, ihnen die besondere Stimmung dieses Hafens zu zeigen. „Ich fühle mich als Vermittler“, sagt er. Und in dieser Rolle hat er inzwischen doch einigen Optimismus entwickelt. Zwar werde hier vor allem ein junges urbanes Publikum hinziehen, das wohl auch Geld hat. Doch ohne Liebe zum rauen Charme dieses Hafens, zu dem Ambiente aus perfekt restaurierten Windjammern und gammeligen Fähren, wird man hier nicht wohnen wollen, glaubt Pfeifer.

Axel Tiedemann

*Ach, ich weiß nicht, ob er was bringt –*
*der Sprung über die Elbe,*
*ob es uns hilft,*
*ob es uns verschlingt,*
*aber eines weiß ich ganz genau,*
*es bleibt spannend hier an diesem Ort,*
*deshalb bleibe ich und gehe nicht fort**



## STEIGEN SIE AUF

Für viele ist der Hamburger Hafen das, was sie von den Landungsbrücken aus sehen: Kaikante, Containerbrücken, das Dock von Blohm + Voss und die Ankünfte eleganter Kreuzfahrtschiffe. Das ist auch Hamburger Hafen, aber nur ein Teil davon. Er erstreckt sich auf zehn Prozent der Gesamtfläche der Freien und Hansestadt Hamburg von der Norderelbe bis nach Harburg. Hochmoderne Umschlagterminals haben hier genauso ihren Platz wie kleine Spezialfirmen, ohne die der Hafenbetrieb nicht laufen würde. Alte Backsteinbauten beim Hafenmuseum „Schuppen 52“ erzählen Hafengeschichte genau wie moderne Zweckbauten.

Wer den Hafen mit seinen verborgenen Ecken erkunden will, setzt sich am besten aufs Fahrrad und folgt der neuen Hafenerlebnisroute. Spektakuläre Aussichtspunkte, schattige Plätzchen im Grünen und sogar eine Kirche sind im Hafen zu entdecken – wenn man nur weiß, wo oder sich von der Radwanderkarte leiten lässt, die in den Hamburger Touristeninformationen ausliegt.

Hafencharme hat auch der Harburger Binnenhafen zu bieten. Wer Gunter Gabriels rotes Hausboot bewundern will, kann sich mit Bahn und Bus an den Lotsekanal in Harburg bringen lassen.

REIMER STOLLBERG KENNT DEN BINNENHAFEN SEIT JAHRZEHNTEN UND SORGT HEUTE DAFÜR, DASS ALTES UND NEUES GUT MITEINANDER AUSKOMMT

# »FRÜHER HAT ES HIER NUR GESTUNKEN«



Offiziell gibt es so jemanden wie ihn gar nicht: Normalerweise sind Bünabes, bürgernahe Beamte der Polizei, nämlich als Fußstreifen in den Wohnquartieren der Stadt unterwegs. Reimer Stollberg aber macht seine Kontrollgänge im Hafen. „Ich bin eben ein küstennaher Stadtteilbeamter", sagt Reimer Stollberg. Bis vor drei Jahren war er der einzige Bünabe der Wasserschutzpolizei und zuständig vor allem für den Harburger Binnenhafen – wo er inzwischen zur Institution geworden ist. Als Mittler und Streitschlichter zwischen den sehr unterschiedlichen Menschen, die hier arbeiten und gelegentlich auch auf Schiffen wohnen. Inzwischen hat Stollberg, der früher als „Bestmann" in der Hochseefischerei gefahren ist, noch einen Kollegen, der ihn unterstützt.

**Wie kam es zu diesem Posten eines Bünabes bei der Wasserschutzpolizei?**

Das war 1996, und die neuen Entwicklungen im Binnenhafen deuteten sich da schon an – auch, dass einmal mehr Menschen hier wohnen werden. Im heutigen Hamburger Channel-Gebiet begannen dann ja die Veränderungen. Aus der Sunlicht-Fabrik wurden Büros, aus dem Palmspeicher ein Restaurant.

**Und deswegen sind Sie zum Bünabe geworden?**

Nein, es waren zunächst persönliche Gründe. Meine Frau war gestorben, und ich blieb allein mit meiner neunjährigen Tochter zurück und wollte dann keine Nachtschichten bei der Wasserschutzpolizei mehr machen. So kam ich zu dem Bünabe-Posten. Heute fühle ich mich diesem Hafen und den Menschen hier verbunden. Eigentlich wäre ich dieses Jahr mit 60 Jahren pensioniert worden – doch ich habe verlängert, weil ich es hier so spannend finde.

**Kannten Sie den Binnenhafen denn schon, bevor Sie hier anfingen?**

Ja, 1974 habe ich hier mein Praktikum bei der Wasserschutzpolizei gemacht.

Und wie fanden Sie den Hafen damals?

Dreckig, vor allem dreckig. Im Sommer, so hieß es damals, könne man nur mit einer Nasenklammer durchgehen – so gestunken hat das. Da wurde ja auch noch Fischmehl und vieles andere umgeschlagen.

Was hat sich seitdem verändert?

Enorm viel: In der Binnengraft und durch das Yachtzentrum ist der Wassersport ein neuer Schwerpunkt geworden. Viele Menschen wohnen nun hier, zum Teil auf Booten und sehr versteckt.

Wer denn so?

Na, diese Ecke ist eine Art Rückzugsort für Genügsame. So wie Gunter Gabriel, der hier auf einem Hausboot wohnt. Von solchen Leuten gibt's hier viele.

Es werden jetzt auf der Harburger Schlossinsel neue Wohnungen gebaut, ein Park und zusätzliche Büros entstehen. Wird der Binnenhafen seinen Charakter verlieren?

Nein, das glaube ich nicht. Hier wird dieser besondere Mix aus Alt und Neu gelingen – davon bin ich überzeugt.

Axel Tiedemann

Johannes Bitter, 27, spielt für den HSV und ist Torwart der deutschen Handball-Nationalmannschaft.

# JOHANNES BITTER

## DAS »ABSOLUTE GIGANTEN«-GEFÜHL

Als ich 2002 in Wilhelmshaven wohnte, war dies der größte Hafen, den ich bisher gesehen hatte. Ich wurde von einem alten Schulfreund nach Hamburg eingeladen. Er legte als DJ im Hafenklang auf, einem Klub an der Elbe, nahe dem Fischmarkt.

Die Feier war super, die Musik toll. Aber ich erinnere mich, wie ich ewig vor dem Klub am Wasser stand, die Nase in den Wind gehalten und dem permanenten Brummen zugehört habe, im Rücken die dumpfen Beats der Party. Drüben, bei Bloom + Voss, war der Freihafen hell erleuchtet. Irgendwie hatte ich damals dieses „Absolute Giganten"-Gefühl. Die Zeit blieb stehen, und ich war mittendrin in dieser ganz speziellen Stimmung. Der Hafen ist für mich so etwas wie das Herz von Hamburg, das nie stillsteht – auch wenn es sich kitschig anhört, anders kann ich es nicht beschreiben.

Hafen und Elbe haben etwas Faszinierendes, etwas Magisches. Immer wieder erwische ich mich dabei, wie ich am Altonaer Balkon stehe und einfach nur auf den Hafen da drüben starre.

Wenn wir jetzt nachts vom Spiel kommen und mit dem Bus nach Hamburg reinfahren, sauge ich die Eindrücke wie ein Schwamm auf – das blinkende Lichtermeer vor dem Elbtunnel ist beeindruckend. Es muss schon etwas mit genau diesem Hafen zu tun haben, dass Hamburg diese Kraft ausstrahlt.

PADDELN SIE LOS! DIE WASSERLANDSCHAFT ÖSTLICH VON HAMBURG ÜBERRASCHT MIT UNERWARTETER IDYLLE

# DAS BLATT HAT SICH GEWENDET

VERSTECKTE ECKEN

Im Osten der Stadt liegen ganz hinten im Hafen Gewässer, die auf Entdecker warten: Eingangstor dazu ist das meist geöffnete Sperrwerk an der Norderelbe in Rothenburgsort. Hier in der Billwerder Bucht haben Hausboote, Motorboote und kleine Werften ihr Refugium gefunden. Beim Kraftwerk Tiefstack geht es dann weiter in die Tiefstack-Schleuse, die die Gewässer dahinter unabhängig von Ebbe und Flut macht. Dort die Riesenüberraschung: Was von der Straße aus betrachtet wie ein graues Gewerbegebiet wirkt, entpuppt sich aus der Wasserperspektive als grüne Oase. Weidenzweige hängen tief herunter, immer wieder gleitet man mit Barkasse oder eigenem Boot an Stegen und Angelplätzchen vorbei. Ruhig ist es auf dem Wasser. Lkw und Gewerbebetriebe sind nur als leises Brummen zu hören. Sie scheinen weit weg und sind doch gleich hinter der Uferbepflanzung. Kleingärten, gemütliche Häuschen stehen am Ufer der Billhuder Insel; Hausboote duken sich unter Weidenbäumen – Grachtencharme mitten in der Stadt. Viele Kanäle lassen sich in dieser Gegend so erkunden: Bille, Billekanal, Tiefstackkanal, Südkanal. Ob mit dem Motorboot oder mit dem Kanu – das verzweigte Netz bietet einen völlig neuen Blick auf die Stadt.

Nicht weit davon entfernt zeigt sich ein ganz anderes Bild für Entdecker, die hier im Osten der Stadt den Wasserweg wählen: Auch die Dove- und Gose-Elbe sind durch eine Schleuse vom Tidegeschehen der Elbe abgetrennt. Die beiden alten Seitenarme der Elbe durchstreifen förmlich die Vier- und Marschlande im Bezirk Bergedorf. Viel Natur, Wiesen, Fachwerkdörfer lassen sich dort am besten per Kanu entdecken. Recht breit ist die Dove-Elbe noch am Eichbaumsee: Hier teilt man sich das seeartige Gewässer mit Motorbooten und Segeljollen. Auf einer Regattastrecke finden Ruderwettbewerbe statt. Mehrere Kilometer führt der strömungsfreie Fluss nach Allermöhe und weiter bis zur Krapphof-Schleuse. Dort kann man auf dem ein wenig öden und etwa drei Kilometer langen Schleusengraben bis Bergedorf paddeln. Möglich ist hier aber auch eine gut vierstündige Rundtour über die Dove-Elbe und den Neuengammer Durchstich (ein schmaler Kanal, der allerdings von Mitte April bis Mitte Juni nicht befahren werden darf) in die Gose-Elbe zu den Dörfern Kirchwerder und Reitbrook. Auf der Gose-Elbe sind anders als auf der Dove-Elbe keine Motorboote oder Barkassen erlaubt – als Kanufahrer ist man hier ganz in der Natur und paddelt quasi in Augenhöhe der Kühe, die hier auf den Wiesen grasen.

Axel Tiedemann

Haben das Ruder – und auch mal Paddel – in der Hand: Elbfischer Hugo Hohe und Annette Schade auf ihrem Schiff.

POLIZEI

ENTDECKEN SIE HARBURGS BINNENHAFEN UND DIE ÖSTLICHEN KANÄLE HAMBURGS

# IM OSTEN VIEL NEUES



## Barkassenfahrt

Die Bergedorfer Schifffahrtslinie fährt mit ihren flachen Barkassen auch in die eher unbekannten Wasserläufe im Osten der Stadt: So zum Beispiel in die Süderelbe und um die Bunterhäuser Spitze herum wieder zurück über die Norderelbe in die Stadt. Eine Tour führt auf romantischen Kanälen mitten in die Elbinsel Wilhelmsburg und erschließt so das künftige Areal der Internationalen Bauausstellung (IBA), die 2013 in Hamburg stattfinden wird. Und die Bergedorfer Linie verbindet über die Dove-Elbe Bergedorf und die Vier- und Marschlande mit der Hamburger Innenstadt. Eine weitere Tour führt durch die Tiefstack-Schleuse in die Kanalwelt zwischen Hamm und Rothenburgsort.

**Bergedorfer Schifffahrtslinie**
21029 Hamburg
Tel. 73 67 56 90
www.barkassenfahrt.de

## Binnenhafen-Touren

Stadtentwicklung im Hafenmilieu – so heißen die Rundgänge und Rundfahrten, die die Stadtplanerin Birgit Caumanns anbietet. Mit einer kleinen Barkasse schippern die Teilnehmer zu aktuellen Punkten der Stadtentwicklung im Harburger Binnenhafen. Zum Beispiel zur Schlossinsel: Dort stehen noch Reste des früheren Schlosses, später ein Bauhof, und jetzt werden dort Wohnungen gebaut.

**Birgit Caumanns**
21079 Hamburg
Tel. 43 27 43 33
www.bcaumanns.de

Jeden Sonntag bietet auch die Kulturwerkstatt Harburg Rundgänge durch den Binnenhafen an. Die Geschichte dieses Stadtteils sowie aktuelle Neubauprojekte sind Thema.

**Kulturwerkstatt Harburg**
Kanalplatz 6
21079 Hamburg
Tel. 765 26 13
www.kulturwerkstatt-harburg.de

## Binnenhafen-Beach

Große Sandhügel, entspannte Musik, kühle Getränke und Platz zum Spielen für die Kleinen. Eine angenehme Art, den Harburger Binnenhafen zu entdecken, bietet der Beachclub Veritasbeach vom Harburger Gastronomen Heiko Hornbacher: Das Areal liegt direkt am Hafen, mit Blick auf Werften, alte Schiffe und neue Yachten. Im Sommer täglich ab 11.30 Uhr geöffnet.

**Beachclub Veritasbeach**
Veritaskai
Harburger Hafen
21079 Hamburg

## Orientierungshilfe

„Hamburgs (beinahe) unbekannte östliche Gewässer" heißt der Revierführer für Paddler. Für Touren in die Wasserlandschaft von Dove- und Gose-Elbe, in die Kanäle rund um die Billhuder Insel, nach Wilhelmsburg oder in den Binnenhafen ist der Führer die beste Grundlage. Zu bekommen ist er in der Bergedorfer Buchhandlung Boeisen, bei Paddel-Meier (siehe: Kanuverleih) und im Restaurant Skipper in der Billwerder Bucht.

## Kanuverleih

Paddel-Meier ist für eine Tour auf Dove- und Gose-Elbe eine gute Adresse. Der Kanu-und Kajak-Handel in Kirchwerder verleiht Boote unterschiedlicher Größe. Schwimmwesten gibt es dazu, auch für Kinder. Ein Zweier-Kanu kostet acht Euro pro Stunde. Sondertarife für Schulklassen. Auch eine Kanuschule bietet Paddel-Meier an.

**Paddel-Meier**
Heinrich-Osterrath-Straße 256
21037 Hamburg
Tel. 737 22 70
www.paddel-meier.de

Beim Kanuhafen Bergedorf geht es vom Biergarten gleich ins Wasser: Auf dem Hof des Hotels Vierlandtor werden ebenfalls viele verschiedene Bootstypen samt Ausrüstung verliehen. Ein Dreier-Kanu kostet neun Euro pro Stunde.

**Kanuhafen Bergedorf**
Curslacker Deich 375
21039 Hamburg
Tel. 35 70 17 80
www.kanu-hafen.de

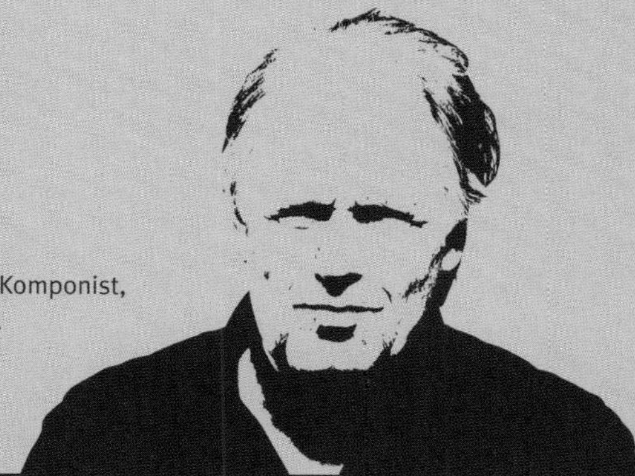

Gunter Gabriel, 68, ist Country- und Schlagersänger, Komponist, Produzent, Fernsehmoderator und Hausbootbesitzer.

# GUNTER GABRIEL

## HAMBURG – MEINE GELIEBTE FRAU

Hamburg ist meine Frau. Lange habe ich mit ihr in wilder Ehe gelebt. Am 16. Januar habe ich sie geheiratet. In der Laeiszhalle. Vor 1200 Trauzeugen. Standing Ovations. Tränen in den Augen.

Hamburg – meine Frau. Zwischen ihren Schenkeln (Norderelbe und Süderelbe) fühle ich mich wohl. Sauwohl. Ihre starken Arme (A7 und A1) ziehen mich immer wieder fest an ihren warmen, weichen Leib. Ob ich meiner Frau jetzt endlich treu bleibe – nach vier gescheiterten Ehen? Nun – es wird sicherlich einige Romanzen geben – München – Berlin – Paris – Lissabon – London. Hamburg wird gelassen bleiben – meine jetzige Frau weiß, dass ich immer wieder zu ihr zurückkehren werde.

Denn: Ohne Wasser kann ich nicht leben. Und Hamburg ist Wasser-Frau, Venedig ihre große Schwester. Der Strom – dieser gewaltige Strom – macht Hamburg aus. Sexy, weiblich: die Elbe (aber: der Rhein, männlich). Die Elbe ist aber auch cool – behäbig schleppen sich die Riesenpötte hoch zu den Kaianlagen, die zigtausend Container an Land zu hieven. Welch ein Anblick – von Teufelsbrück aus im Nebel von Cuxhaven kommend. Und da ist dieser herrliche Sandstrand entlang dem Ufer, flussabwärts – steuerbords – bis hin zum Campingplatz, der im Sommer mich lockt zum ewigen Bleiben. Menschen hier leben von der Schifffahrt – vom Hafen. Menschen hier leben am Wasser in prächtigen, weißen Villen oder kleben an den Hängen runter zum Strom – gemalt – romantisch – verträumt. Aber was mich persönlich happy macht: Ich lebe nicht vom Wasser, nicht am Wasser – ich lebe auf dem Wasser. Das ist die Krönung. Ebbe und Flut, die Tide – mondgesteuert – Naturgewalt. Hamburg, meine Frau, wie könnte ich dich je verlassen.

Aber auch die Kleinidylle im Harburger Hafen – meiner Südsee – ist ein Traum: freche Möwen, Enten, hin und wieder verirrte Schwäne, Bleßhühner und Kormorane – und diese ganze immer wieder erstaunliche Industrieromantik mit den Fabriksirenen und Trockendocks und dem hämmernden Lärm der Schiffsbauer: Hamburg, ich bin seit so vielen Jahren verliebt in dich – du wirst meine letzte Frau, meine größte Liebe sein. Mein Hausboot wird nie versinken – weil immer genügend Wasser im Hafen sein wird durch die Tränen, die ich immer wieder weine vor Glück, weil ich mir der Gegenliebe dieser wunderbaren Vollfrau stets bewusst bin. Danke, danke, danke für all diese Liebe. Danke, Hamburg.

DIE BESTEN PLÄTZE ZUM BRÄUNEN UND URLAUBSPIELEN

# WENN ICH NICHT HIER BIN, BIN ICH AUF DEM SONNENDECK

## Altonaer Balkon

Balkonien mal anders. Ein schöner Park im südlichen Teil Altonas direkt an der Palmaille und gegenüber des Rathauses mit einer großen Liegewiese. Der Blick auf den Hafen mit seinen Kränen ist inklusive. Den Name verdankt der Park einer Aussichtsplattform, die vor langer Zeit an diesem Ort einen idyllischen Blick über die Elbe ermöglichte.

Kreuzung Palmaille/Kaistraße/
Klopstockstraße
22765 Hamburg

## Beachclubs

Karibisches Flair gibt es auch im hohen Norden. Die Beachclubs mussten zwar schon oft innerhalb des Hafens umziehen, aber ihre sonnenhungrigen Gäste sind ihnen immer gefolgt: Die Beachclubs bieten Sandstrand, Liegestühle, Cocktails, und ein Besuch dort ist fast wie ein Kurzurlaub. Weil es gleich mehrere gibt, ist auch für jeden ein passender dabei.

**Hamburg City Beach Club**
Bei Sonnenschein täglich geöffnet, Mo bis Fr ab 11 Uhr, am Wochenende ab 10 Uhr
Bei den St.-Pauli-Landungsbrücken 7
20359 Hamburg
www.hamburgcitybeachclub.de

**Hamburg del Mar**
Bei gutem Wetter täglich geöffnet ab 12 Uhr
Bei den St.-Pauli-Landungsbrücken 7
20359 Hamburg
www.hamburg-del-mar.de

**Strand Pauli**
Mo bis Fr ab Mittag bis 23 Uhr,
Sa 11–24 Uhr, So 10–24 Uhr
St. Pauli Hafenstraße 89
20359 Hamburg
Tel. 43 14 40 08
www.strandpauli.de

**Veritas Beachclub**
Täglich geöffnet ab 11.30 Uhr bis open end
Veritaskai, Harburger Binnenhafen
21079 Hamburg
Tel. 796 70 80
www.hornbachers.net

## Elbstrand

Die perfekte Welle muss nicht zwangsläufig aus Meerwasser sein. Hamburger zieht es bereits bei den ersten Sonnenstrahlen an den Elbstrand nach Övelgönne und Wittenbergen. Besonders beliebt ist der Strand rund um die Strandperle.

**Övelgönne**
Neumühlen
22763 Hamburg

**Wittenbergen**
Falkensteiner Ufer
22587 Hamburg

**Finkenried**
Nicht nur für Inselaffen. Am Finkenrieder Elbdeich an der Süderelbe ist bei gutem Wetter ebenfalls Strandatmosphäre angesagt. Ein bisschen weiter die Elbe abwärts befindet sich das Naturschutzgebiet Heuckenlock. Auch hier gibt es naturbelassene kleine Strandbuchten.
Finkenrieder Hauptdeich 5
21109 Hamburg

**Naturschutzgebiet Heuckenlock**
Stillhorner Hauptdeich
21109 Hamburg

### Hafenrundfahrt

Die fahrenden Sonnendecks kreuzen quer durch den Hafen. Die Barkassen starten an den Hamburger Landungsbrücken, genauso wie die Hafenrundfahrten, die von verschiedenen Unternehmen angeboten werden. Preise und Dauer variieren. Wer es etwas günstiger haben möchte, macht einfach eine alternative „Hafenrundfahrt" mit den Hafenfähren des HVV, denn die können mit einer normalen Fahrkarte benutzt werden.

### Fähren

**Elbfähre Cranz – Blankenese**
Cranz – Neuenfelde – Blankenese und zurück. Die romantische Elbquerung zwischen Blankenese und dem Alten Land.

**HVV-Hafenfähre Linie 61**
Landungsbrücken – Neuhof und zurück. Tour durch den Hamburger Hafen mit Blick auf die Köhlbrandbrücke.

**HVV-Hafenfähre Linie 62**
Sandtorhöft – Landungsbrücken, Brücke 3 – Finkenwerder und zurück. Schöne Elbfahrt über den Museumshafen, entlang dem Övelgönner Ufer, auf die andere Seite der Elbe ins Alte Land.

**HVV-Hafenfähre Linie 64 (Anschluss Linie 62)**
Finkenwerder – Teufelsbrück und zurück. Vom Elbwanderweg ins Alte Land mit dem HVV Bus 150.

**HVV-Hafenfähre Linie 73**
Landungsbrücken – Oderhöft und zurück. Zum Theater im Hafen, dem Gelände vom „König der Löwen", und weiter durch den geschäftigen Hafen (Sa, So kein Betrieb).

### HafenCity

Erst auf den Promenaden flanieren und dann eine Pause auf den Bänken der Magellan-Terrassen oder der Marco-Polo-Terrassen: Im Herzen der HafenCity hat Sonnenschein noch mehr Stil als ohnehin schon. Breite Holzbänke auf hügeligen Rasenflächen wirken hübscher als die traditionelle Gartenliege – sind aber genauso gemütlich.

**Magellan-Terassen und Marco-Polo-Terrassen**
Großer Grasbrook
20457 Hamburg

### Landungsbrücken

Punktlandung: Ein Spaziergang an den Hamburger Landungsbrücken bei Sonnenschein, dazu Schiffe gucken, ein Eis oder ein Fischbrötchen, die es in den vielen Kiosken an der Promenade zu kaufen gibt, in der einen Hand. Und in der anderen jemanden, der bestenfalls genauso zum Anbeißen ist.

Landungsbrücken zwischen
St. Pauli Hafenstraße und
Baumwall
20459 Hamburg

### Strandperle

Direkt am Elbstrand liegt der absolute Klassiker, die Strandperle. Eigentlich ein Vorläufer der Beachclubs, hat sich aber nie als solcher bezeichnet. Raus aus den Schuhen, Alster und Würstchen bestellen: Das machen die Hamburger hier schon seit Jahrzehnten. Geöffnet täglich von 11 Uhr bis 23 Uhr (wetterabhängig).

Schulberg 2
22605 Hamburg
Tel. 880 11 12
www.strandperle-hamburg.de

### Louis C. Jacob

Wer die Sonne in einem ganz besonderen Ambiente genießen möchte, ist auf der Liebermannterrasse des Hamburger Hotels Louis C. Jacob richtig. Unter den uralten Bäume sitzend, bestellen Sie einen Milchkaffee oder besser gleich ein Kaltgetränk aus dem riesigen Weinkeller. Prickelnder kann ein Sonnentag nicht zu Ende gehen.

Elbchaussee 401–403
22609 Hamburg
Tel. 82 25 50
www.hotel-jacob.de

# BERUFE

WASSER MARSCH

GANZ TIEF UNTEN IM HAFEN IST ES KALT, DRECKIG, GEFÄHRLICH – ABER SPANNEND. ALS TAUCHER MUSS MAN SICH HIER WARM ANZIEHEN

# REISE ZUM MITTELPUNKT DER ELBE

Der mit dem Blubb:
Berufstaucher Michael Neumann an seinem Arbeitsplatz.

Es riecht nach Diesel, Rost und Eisen auf der „TK4". An diesem Tag liegt sie auf der Veddel vor Anker am neu gebauten IBA-Dock, direkt gegenüber vom Auswanderermuseum BallinStadt. Diesen markanten Geruch, der an große Containerschiffe, harte Arbeit und an die große weite Welt auf hoher See erinnert, riecht Michael Neumann nicht. Denn unter seiner engen Tauchermaske kann er lediglich die Luft aus der Pressluftflasche einatmen. Aber auch sonst, wenn er im kleinen Steuerhäuschen des 26 Meter langen Bugsierschleppers sitzt, nimmt er den Dieselgeruch nicht mehr wahr. Wie eine Aura umgibt dieser den rostroten Kutter, dem man seine 86 Jahre deutlich ansieht. „Dazu arbeite ich einfach viel zu lange auf Schiffen", sagt der Hamburger mit leichtem norddeutschen Akzent. „33 Jahre, das ist schon 'ne lange Zeit. Da hat man sich an einiges gewöhnt."

Einiges – das ist für Neumann das Tauchen in kaltem Wasser, in das der normale Mensch nicht einmal seinen großen Zeh halten würde. Das ist Tauchen in dreckigem Wasser, im Hamburger Hafen oder mitten in der Elbe, wo die Sichtweite zwischen null und zehn Zentimetern liegt. Einiges – das ist auch ein Job, an dem sich der Taucher Tag für Tag auf seine Kollegen verlassen muss, weil die Arbeit sonst schnell lebensgefährlich werden kann. Aber es ist auch die Freiheit, jeden Tag wieder aufs Neue sein Hobby, das Tauchen, zum Beruf zu machen. Und darauf will der Hamburger nicht verzichten. So ist es ihm egal, wie ungemütlich und anstrengend seine Arbeitsbedingungen manchmal sind.

Als Berufstaucher ist Michael Neumann zuständig für alle möglichen Reparaturen, Bergungen, Konstruktionen und Untersuchungen, die unterhalb der Wasseroberfläche zu erledigen sind. Auf der Homepage seines Arbeitgebers Taucher Knoth werden die Mitarbeiter als Unterwasser-Bauhandwerksleute beschrieben. Rund um die Uhr stehen Teams des Hamburger Unternehmens bereit, damit auch im Notfall ein Taucher unter Wasser zur Stelle sein kann. „Eigentlich ist es ein Job wie jeder andere. Ich erledige die Aufgaben, die eben zur Arbeit eines Schlossers gehören. Das hab ich ja auch vor über 30 Jahren mal gelernt. Der einzige Unterschied: Alles passiert unter Wasser. Ich bin ein Handwerker, der unter extremen Bedingungen arbeitet."

Während der gebürtige Pinneberger erzählt, steigt er aus der kleinen Brücke des Schiffes und setzt sich gemächlich auf einen der großen Poller an Deck. Obwohl er schon dicke Wollsocken an den Füßen trägt, hat er ein weiteres Paar in der Hand, das er nicht ohne Anstrengung versucht anzuziehen. „Ich bin kein Typ für Neoprenanzüge, ich nehm lieber das, was ich schon vor Jahren benutzt habe – den guten alten Gummianzug", sagt Neumann und greift nach dem elastischen, grau-blauen Overall.

Bis zur Hüfte schafft er es, den Anzug allein anzuziehen. Beim Rest müssen die drei Kollegen helfen, denn schon nach der Hälfte der Prozedur stehen Neumann Schweißperlen auf der Stirn. „Gummi ist robuster als Neopren", erklärt der Taucher. „Sollte mal ein Loch drin sein, kann ich es wie bei jedem normalen Fahrradschlauch flicken. Aber ich muss natürlich mehr drunter anziehen. Im Winter manchmal drei Pullover. Kalt kann's schon werden, aber trocken bleib ich in meinem Anzug immer." Auch bei der Kopfbedeckung greift er auf die klassische Variante zurück. Statt der Taucherhelme, die seine jungen Kollegen tragen, stülpt er sich die Gummimaske mit einem Guckloch aus Glas über den Kopf. Wobei, eher lässt er sie sich überstülpen – denn genau wie beim widerspenstigen Gummianzug ist es nahezu unmöglich, allein die Maske anzulegen.

Heute ist es der Job des vierköpfigen Taucherteams, den Grund unter dem großen Ponton des IBA-Docks zu untersuchen. „Wir haben hier mehrmals am Tag Ebbe und Flut", erklärt Jonas Mikuteit, der zweite Taucher auf der „TK4". „Und wenn extreme Ebbe ist und der Ponton möglicherweise auf Grund setzt, dann darf da nichts sein, was etwas kaputt machen kann." Und dass da etwas sein könnte, ist in der Elbe nicht so unwahrscheinlich: Fahrräder, Einkaufswagen, Müll und andere seltsame Gegenstände hat das Team schon in den Gewässern rund um Hamburg gefunden. „Und einmal", sagt Michael Neumann, „da habe ich so ein komisches Ding auf dem Grund am Köhlbrand gefunden, ein bisschen mit meinem Werkzeug dran rumgekloppt – und später stellte sich heraus, dass es eine Phosphorbombe aus dem Zweiten Weltkrieg war. Das hätte wirklich nach hinten losgehen können, im wahrsten Sinne des Wortes."

So ganz ungefährlich ist der Job der Taucher eben keineswegs. Unter Wasser kann viel passieren, dessen sind sich alle Mitarbeiter der Firma Taucher Knoth bewusst. Nur im Team ist sicheres Arbeiten garantiert. An diesem Tag muss sich Taucher Neumann auf seine Kollegen Jonas Mikuteit, Robert Urban und Lars Cornelisen verlassen. Nachdem sie Neumann in seine Tauchermontur geholfen haben, stöpseln sie ihm zwei Schläuche an die Ventile seines Anzuges an. Wie eine Nabelschnur werden sie Neumann später mit Atemluft versorgen und eine Art Telefonleitung zwischen ihm und seinen Kollegen bilden.

Dann wird's ernst. Der kalte Wind umweht die „TK4", und Neumann steigt vom Ponton ins kalte Elbwasser. Hemmungen hat er keine – denn „das bringt ja eh nix, wenn ich mir jedes Mal Gedanken darüber mache, dass ich jetzt unter Wasser arbeiten muss und nicht im warmen Wohnzimmer sitzen kann". Ab geht's in die Tiefe. Nach einigen Sekunden lassen nur noch ein paar Luftblasen erahnen, wo Michael Neumann sich befindet. Sein Ziel ist der Grund unter dem Ponton, den er in den nächsten eineinhalb Stunden in völliger Dunkelheit untersuchen wird. Als Orientierung dient ihm eine kleine Leine, die unter dem Ponton gespannt ist.

Der einzige Kontakt zur Oberfläche ist die Telefonleitung, durch die er mit seinen Kollegen kommuniziert, und dabei klingt seine Stimme wie ein verschnupfter Darth Vader. Er beschreibt seine Ergebnisse, sagt, wenn er mehr Luft braucht – und meckert, wenn irgendetwas schiefläuft. „Das ist bei ihm immer so", sagt Lars Cornelisen, der an der Oberfläche die Stellung hält. „Er motzt immer herum – aber eigentlich bringt ihm die Arbeit Spaß, wie allen von uns. Sonst würden wir den Job nicht machen." An diesem Tag findet das Team nichts unter Wasser, aber die Elbe birgt noch viele Geheimnisse, die es zu erforschen gilt. Und darauf freuen sich die Männer – auch wenn's mal ungemütlich und schlammig werden kann. Die schönen Korallenriffe in der Karibik erforschen sie dann in ihrem Urlaub.

Laura Fölmer

LOTSEN FÜHREN DIE SCHIFFE
SICHER DURCH DEN HAFEN.
ABER WIE KOMMEN DIE REVIERKENNER
OHNE ZEITVERLUST AN BORD?

# DAS BESTE GELEIT

Auch kleine Schiffe brauchen Lotsen. So wie der Binnentanker, der sich, bis an die Deckskante im Wasser liegend, langsam die Elbe hochschiebt. „Da muss ich ganz vorsichtig längsseits gehen, damit kein starker Schwell entsteht", sagt Helmut Wulf an. Mit entsprechendem Fingerspitzengefühl bedient er den kleinen Steuerstift des Versetzbootes „Lotse 2". Es klappt, der Lotse kann trockenen Fußes übersteigen. Wenig später bringt das Versetzboot den Elblotsen Volker Dreyer auf ein 260 Meter langes auslaufendes Containerschiff. Hier muss er an der hohen Bordwand auf einer langen Leiter aufentern, die man landläufig Strickleiter nennt, die in der Seefahrt aber dem Zweck entsprechend Lotsenleiter genannt wird. Zwei sehr unterschiedliche Schiffsgrößen innerhalb einer knappen halben Stunde, zwei perfekte Manöver. Wo lernt man, so gut mit einem 23 Meter langen und bis zu 14 Knoten schnellen Schiff umzugehen? Helmut Wulf: „Ich bin 30 Jahre lang in der Seefischerei gefahren, davon 18 Jahre selbstständig mit einem eigenen Schiff. Ich war der letzte Seefischer von Finkenwerder. Da lernt man Wind, Wetter und das Verhalten eines Schiffes einzuschätzen."

Das Manöver zum Übersetzen sieht imposant aus. Mit schäumender Bugwelle fährt „Lotse 2" dem Schiff entgegen, das einen revierkundigen Lotsen übernehmen soll, dreht dann hinter dessen Heck vorbei und legt an der Bordwand an. Dicke Gummifender verhindern Beschädigungen. „Man muss die Lotsenleiter punktgenau treffen", erläutert Helmut Wulf das Manöver. Liegt er längsseits, dann ist Wolfgang Kessler an der Reihe. Er ist Matrose und Motorenwart auf „Lotse 2", bringt 15 Jahre Erfahrung aus der Seefahrt mit und sorgt außerdem für ein sicheres Übersetzen des Lotsen.

Die beiden sind die einzigen Besatzungsmitglieder auf dem Versetzboot. Seit vier Jahren arbeiten sie zusammen und sind perfekt aufeinander eingespielt. „Ich weiß immer ganz genau, wo Wolfgang steht", sagt Helmut Wulf. Sehen kann er ihn bei seinen Manövern nur in einem kleinen Außenspiegel. Aber er muss in dem Moment, in dem er längsseits geht, nicht nur seinen Decksmann im Auge behalten, sondern auch das Verhalten seines Schiffes beobachten, die Strömung der Elbe, das Verhalten des großen Seeschiffes, und dann quaken da auch noch drei Funkgeräte.

Kaum ist der Elblotse übergesetzt, der Hafenlotse von Bord gekommen und vor dem Anleger am Seemannshöft, der Zentrale der Hamburger Hafenlotsen, abgesetzt worden, schauen sich die beiden Männer auf der „Lotse 2" schon nach dem nächsten Auftrag um. Ein kleines Containerschiff, ein sogenannter Feeder, kommt elbaufwärts, wird angesteuert und erhält seinen Lotsen. Schiff um Schiff, aufkommend oder auslaufend, wird bedient. Dann endlich steuert „Lotse 2" seinen Liegeplatz vor dem Seemannshöft auf Finkenwerder an. Die beiden Männer haben Mittagspause, „Lotse 1" übernimmt derweil ihre Aufgaben.

Eigel Wiese

DIE FUNKERIN MARION PHILIPPS VOM STURMFLUTWARNDIENST INFORMIERT ÜBER DEN WASSERSTAND DER ELBE

# »EIN ZAHLENDREHER WÜRDE PANIK AUSLÖSEN«



Eigentlich gibt es den Beruf des „Funkers" im Hamburger Hafen nicht mehr. Die Kommunikation läuft mittlerweile meist übers Telefon, auf digitalem Wege oder über das Internet. Doch besonders in Notsituationen wird noch immer auf das gute alte Funkgerät zurückgegriffen. Bei der Arbeit des Sturmflutwarndienstes (WADI) spielt es eine zentrale Rolle. Die Vermessungstechnikerin Marion Philipps, 44, arbeitet bei der Hamburg Port Authority (HPA). Wenn es wirklich ungemütlich wird im Hamburger Hafen, hält sie halbstündlich mit ihrer beruhigenden Stimme alle Betroffenen über Funk auf dem Laufenden.

**Warum engagieren Sie sich ehrenamtlich für den Sturmflutwarndienst?**

Es ist selbstverständlich, dass ich mich für etwas so Wichtiges einsetze. Es geht ja um die Sicherheit der Menschen in Hamburg. Damit niemand zu Schaden kommt, muss bei einer möglichen Flut frühzeitig gewarnt werden. Der WADI wurde nach der Sturmflutkatastrophe von 1976 eingerichtet, da hat man gesehen, was eine Flut anrichten kann. Schon mein Vater hat bei der HPA gearbeitet. Ich habe quasi im Hafen das Laufen gelernt. Diese Verbundenheit zur Seefahrt und zur Elbe ist mein Leben lang geblieben.

**Was ist es für ein Gefühl, dass an etwa 400 Meldeempfängern Menschen die eigenen Funksprüche hören, womöglich, wenn sie in einer brenzligen Situation sind?**

Als ich vor 15 Jahren anfing, war ich schon ziemlich nervös. Ein Zahlendreher würde bei einer Angabe zum Pegelstand eine Panik auslösen. Aber irgendwann legt sich diese Unsicherheit. Wenn wir wirklich in Aktion treten müssen, versuche ich, Ruhe in unser Team zu bringen. Zwischendurch verschwinde ich alle halbe Stunde in mein Zimmer zum Funken.

**Wie muss man sich denn die Arbeit beim WADI vorstellen? Hektik pur?**

Nein, es ist unsere Aufgabe, auch in stressigen Situationen ruhig zu bleiben und keine Fehler zu machen. Die Hauptaufgabe meiner Kollegen ist es, Vorhersagen für die Wasserstände in den nächsten Stunden zu errechnen. Mir werden dann diese Angaben vorgelegt. Wenn der Einsatzleiter diese Daten freigibt, versorge ich die Zuhörer alle halbe Stunde mit Infos über die derzeitigen Berechnungen.

**Mit was können Sie denn dienen?**

Wir können Vorhersagen ab neun Stunden vor dem Höchstwasserstand in Hamburg machen. Dazu gehören Angaben über den Wasserstand, die Windstärken, Temperatur und so weiter. Auf Basis dieser Infos können dann die Katastrophenschutzorganisationen der Stadt reagieren, beispielsweise den Hafen evakuieren. Auch betroffene Anwohner und Betriebe orientieren sich an meinen Funksprüchen.

Wann müssen Sie in Aktion treten?

Wir arbeiten im Bereitschaftsdienst. Oft können wir schon früh abschätzen, ob das Diensthandy klingeln wird. Als Funker ist man für mehrere Wochen im Jahr eingeplant. Wenn Wasserstände höher als 4,5 Meter über Normalnull erwartet werden, dann sind wir gefragt – dann müssen wir antreten.

Und wie oft mussten Sie schon bei einer Sturmflut funken? Ist schon mal etwas schiefgegangen?

Nein, aber ich muss immer darauf gefasst sein, dass ich improvisieren muss. Es kann immer mal das Telefon ausfallen oder sogar ein Funkgerät kaputtgehen. Man muss eben flexibel und sehr genau sein. Es geht schließlich um einiges.

Was darf einem guten Funker nie passieren?

Auch bei einer Übung wird echt gefunkt. Da darf ich um Himmels willen nicht vergessen, vor und nach dem Funkspruch deutlich „Übung – Übung – Übung“ zu sagen. Wenn wir diese drei Wörter vergessen würden, würden wir in Hamburg ein Chaos auslösen.

Laura Fölmer

Tom Buhrow, 51, war Leiter des ARD-Studios in Washington und moderiert seit 2006 die „Tagesthemen“ im Ersten.

# TOM BUHROW



## DER FLIEGENDE FUNKE

Ende der 80er-Jahre – als die Schöne noch schlief, – war ich das erste Mal privat ein Wochenende in Hamburg, meine Frau hat hier studiert. Ich fand die Stadt okay, aber richtig gefunkt hat es zunächst nicht. Und dann kam jener Morgen, an dem ich zu meiner morgendlichen Joggingrunde aufbrach. Ich wusste nicht so genau, wo ich mich befand, landete aber irgendwann an der Elbe. Ich sah den Hafen, die großen Kräne – und es war um mich geschehen. Das war der Wendepunkt in der Beziehung zwischen mir und Hamburg. Die Stadt hat Power, dachte ich in diesem Moment. Nicht nur Geld, das an der Alster spazieren getragen wird, sondern auch eine richtige Malocherseite. Seit ich in Hamburg lebe, bin ich jeden Tag mindestens einmal an der Elbe. Wenn ich einkehren will, sind Strandpauli und Strandperle meine Lieblingsplätze.

VIELE HAFENBERUFE GIBT ES HEUTE DURCH DEN EINZUG DER TECHNIK NICHT MEHR, DAFÜR KAMEN NEUE HINZU

# WAS MACHT EIGENTLICH EIN …

Ein guter Schub: Ewerführer 1888 bei der Jungfernbrücke.

## Smut

Der Smut oder auch Smutje, dessen Name plattdeutsch ist und sich von „Schmutz“ herleitet, gilt unter der Schiffsbesatzung als der wichtigste Mann an Bord, vor allem, wenn die mal wieder länger auf hoher See unterwegs ist. Schließlich sorgt der Smut für das leibliche Wohl, ist für die Bestellung und den Einkauf der Lebensmittel verantwortlich und kalkuliert Verpflegungsmengen und Kosten. Auch wenn seine Name heute keineswegs mehr abwertend gemeint ist, nennt man ihn – vor allem auf Passagierschiffen – lieber Schiffskoch.

## Ewerführer

Im Hafenjargon auch Schlickschuber oder Schutenschubser genannt, hat der Ewerführer nach dem Stauer den ältesten Beruf im Hamburger Hafen. Auf seiner Schute transportierte er die Güter von und zu den Seeschiffen, wenn diese nicht an Land anlegen konnten. Das war bis 1880 durchaus die Regel, denn Kaianlagen, wie wir sie heute kennen, wurden erst später gebaut. Heute gibt es in Hamburg nur noch drei Ewerführereien, die der Umstellung auf den Containerumschlag bislang trotzen konnten.

## Stauer

Bis in die 60er-Jahre waren Stauer für die komplette Be- und Entladung der Frachtschiffe verantwortlich. Mit Aufkommen der Containerschifffahrt verschwand das Berufsbild nach und nach. Heute gibt es noch sieben Stauereien im Hamburger Hafen, die sich um Ware kümmern, die nicht in Containern angeliefert wird. Anhand von Stauplänen bestimmen sie die Reihenfolge der Beladung auf den Schiffen oder in Container. Außerdem beaufsichtigen sie die Sicherung der Ware an und unter Deck. Der Job des Stauers wird zunehmend durch qualifiziertere Hafenarbeiter ersetzt.

## Brückenfahrer

Einen Container aus 40 Meter Entfernung auf wenige Zentimeter genau auf einem Frachtschiff platzieren, das kann nur der Brückenfahrer. Auf seinem hoch technisierten Arbeitsplatz in einer schwebenden Kabine unter der Kranbrücke verrichtet er tonnenschwere Präzisionsarbeit. Gelegentlich, wenn er das Ziel nicht sehen kann, wird er bei seiner Arbeit von einem Deckseinweiser unterstützt, der ihm über Funk konkrete Anweisung für die Platzierung der Container gibt. Brückenfahrer arbeiten unter ständigem Zeitdruck, denn ein im Hafen liegendes Schiff kostet die Reederei viel Geld (siehe Interview S. 134).

Wer hat Angst vor 'm schwarzen Mann? Niemand. Schauerleute 1889 im Hamburger Hafen.

### Festmacher

Wer je gesehen hat, wie ein Schiff anlegt, weiß, dass das Präzisionsarbeit ist. Ein Festmacher, auch Schiffsbefestiger genannt, hilft den Kapitänen beim Anlegen ihrer Schiffe. Mithilfe der Festmacherleine befestigt er das Schiff am richtigen Poller. Der Job ist nicht ganz ungefährlich: Macht der Festmacher einen Fehler und die Leine reißt, kann er durch die Wucht der umherfliegenden Seilteile erschlagen werden. Im Hamburger Hafen sind Festmacher selbstständige Unternehmer und in der Arbeitsgemeinschaft Hamburger Schiffsbefestiger zusammengeschlossen (siehe Interview S. 58).

### Klarierungsagent

Eigentlich ist der Klarierungsagent nichts anderes als ein Schiffsmakler, der sich anstelle von Befrachtung und Schiffsan- und verkauf auf die Klarierung spezialisiert hat. Im Auftrag einer Reederei oder eines Befrachters vertritt er die Abfertigung des einkommenden oder auslaufenden Schiffes gegenüber den Behörden. Außerdem übernimmt er die Bestellung und Koordinierung der Schlepper, Lotsen und Festmacher. Er kümmert sich um Lieferung von Proviant und Ersatzteilen, die Beförderung der Schiffspost und besorgt, wenn nötig, eine ärztliche Betreuung für die Crewmitglieder.

### Fachkraft für Hafenlogistik

Der Hafenlogistiker ist dafür verantwortlich, dass Transport- und Verladevorgänge reibungslos abgewickelt werden. Er erledigt den Warenumschlag, kontrolliert ein- und ausgehende Ware, plant den Weitertransport der Güter und lagert sie sachgemäß ein. Auch die Bearbeitung der Frachtpapiere und der Frachtberechnungen gehört zu seinen Aufgaben. Die nachfolgenden Berufe Tallymann, Quartiersmann und Warenkontrolleur wurden 1975 im Beruf des Seegüterkontrolleurs zusammengefasst, der seinerseits 2006 im Beruf „Fachkraft für Hafenlogistik" aufging.

### Tallymann

In den 60er-Jahren wurden im Hamburger Hafen große Mengen an Bananen umgeschlagen. Aufgabe des Tallymanns war es, die Anzahl der Früchte zu berechnen und sie auf äußere Schäden zu überprüfen. Das war nicht ganz leicht, denn anfangs wurden die Früchte tatsächlich unverpackt an den Bananenbäumen hängend geliefert. Erst später verschickte man sie separat in Kartons. Natürlich war der Tallymann nicht nur für Bananen zuständig, sondern für alle Güter, die im Hafen umgeschlagen wurden. Heute wird die Bezeichnung Tallymann eher selten verwendet.

### Schauermann

Seit Mitte des 18. Jahrhunders sorgte der Schauermann mit reiner Muskelkraft für die Be- und Entladung der Frachtschiffe. 60 Kilo wogen die prall gefüllten Kaffee-, Tee- und Gewürzsäcke durchschnittlich, ein echter Knochenjob! Besonders unangenehm war die Arbeit am Kohleumschlag. Die feinen Kohlepartikel setzten sich auf der Haut fest und verliehen den Arbeitern den Namen „schwarze Schauerleute". Schauermann ist seit Längerem keine Berufsbezeichnung mehr.

### Quartiersmann

Der Quartiersmann, auch Küper genannt, war früher im Hafenbetrieb für die sachkundige Aufbewahrung der Seegüter in der Hamburger Speicherstadt verantwortlich. Außerdem prüfte und sortierte er die Ware. Sein Name stammt nicht etwa vom Lateinischen quartarius = Quartier ab, sondern von quattuor = vier, denn die Lagerunternehmer schlossen sich traditionell zu Vierergruppen zusammen. Weil die Speicherstadt heute nicht mehr als Lager genutzt wird, gibt es auch die Quartiersmänner nicht mehr.

FESTMACHER GERHARD STOTZ ÜBER SEINEN FAST ROMANTISCHEN JOB

# »WER IM WEG STEHT, KANN VERLETZT WERDEN«



Rund um die Uhr vertauen sie Schiffe jeder Art an den Kai- und Pfahlanlagen und machen sie wieder los: Gerhard Stotz, 60, arbeitet seit 40 Jahren als Festmacher. Er gehört der Arbeitsgemeinschaft Hamburger Schiffsbefestiger GmbH & Co. KG (ArGe) an, einem Zusammenschluss aus fünf Betrieben. Knapp 100 Festmacher arbeiten darin im Schichtdienst. Voraussetzung für den Beruf ist mittlerweile die Ausbildung zum Hafenschiffer.

Wie sieht ein typischer Einsatz für Sie aus?

Der zuständige Lotse sagt uns über Funk, wie er sich die Abfolge des Festmachens vorstellt. Bei einem größeren Schiff machen wir meist erst die Vorleinen, dann die sogenannten Springs fest. Die Leinen werden uns von der Schiffsbesatzung rübergeworfen. Unser Auto steht direkt am Kai und zieht dann mit einer Winde die Leine rüber. Früher wurde das von Hand gemacht.

Wie sind Ihre Arbeitszeiten?

Ich arbeite immer zwölf Stunden am Tag, sieben Tage durchgehend. Danach habe ich sieben Tage frei.

Wie ist denn die Atmosphäre nachts so im Hafen?

Na ja, es ist eben dunkel. Das ist der Unterschied zum Tag.

Sie sind ja ein richtiger Romantiker ...

Och, eigentlich nicht so.

Wie gefährlich ist Ihr Job? Was kann schiefgehen?

Es kann zum Beispiel eine Leine reißen. Das passiert gar nicht so selten. Gerade letzte Woche haben wir es wieder erlebt. Die schnellt dann wie ein Gummiband zurück. Wer im Weg steht, kann schlimm verletzt werden. Mit der Zeit bekommt man aber ein Gefühl dafür. Wenn die Leine schon knistert, kann das ein Zeichen sein, und man ist auf der Hut. Mir ist in meinen 40 Berufsjahren noch nichts Schlimmes passiert.

Wie viel Mann sind beim Einsatz dabei?

Ein durchschnittlicher Einsatz wird von vier Männern bewältigt. Zwei Mann am Bug, zwei am Heck des Schiffes. Bei sehr großen Schiffen sind wir auch mal zu acht.

Welches war das größte Schiff, das Sie festgemacht haben?

Gerade gestern habe ich einen wirklich riesigen Containerfrachter festgemacht, der war 350 Meter lang – aber dabei waren wir nur zu viert. Das hängt auch von der Anlage ab und dem, was der Lotse sich vorstellt. Die großen Kreuzfahrtschiffe, wie die „Queen Mary 2“ und diverse „AIDA“-Schiffe, hatte ich natürlich auch schon. Meine Arbeit ist dabei nicht anders. Es gibt allerdings oft mehr Leinen zum Festmachen, weil die Sicherheitsauflagen dieser Schiffe meist höher sind. Und was anders ist als sonst: Es stehen lauter Touristen um einen herum und fotografieren das Spektakel.

# EIN KÄPT'N OHNE SCHIFF



**Warum haben Sie sich diesen Job ausgesucht?**
Ich war schon als Kind eine Wasserratte und fasziniert von diesem Element. Ein alter Schulfreund hat mich, nachdem ich schon meine Lehre zum Kraftfahrzeugschlosser gemacht hatte, mitgenommen. Mir hat die Arbeit gefallen, und ich habe auf einen Schlag 500 Mark mehr verdient. Das war viel damals und ein großes Argument für den Jobwechsel. Dann bin ich eben dabei geblieben.

**Was gefällt Ihnen am besten?**
Die Freiheit. Niemand kontrolliert mich oder schaut mir kritisch auf die Finger. Ich bin mein eigener Herr, auch wenn Teamarbeit dabei wichtig ist. Es ist tatsächlich mein Traumberuf – etwas anderes kann ich mir nicht mehr vorstellen.

**Was ist für Sie das Besondere am Hamburger Hafen?**
Wenn ich am Athabaskakai, gegenüber der Strandperle, stehe und mir im Westen den Sonnenuntergang ansehe, ist das schon ein besonderes Gefühl. Auch früh morgens, auf der Köhlbrandbrücke, fahre ich dem Sonnenaufgang entgegen. Für dieses Erlebnis zahlen andere Geld.

**Also doch ein Romantiker …**
Na ja, vielleicht ein bisschen.

Kristina Duveneck

Die Zeiten, in denen er ein Schiff steuert, sind für einen Kapitän spätestens dann vorbei, wenn er wie ich den Posten des Hafenkapitäns antritt. Schreibtisch statt Steuerstand, Büro statt hoher See. Das Ruder hat er aber trotzdem fest in der Hand – nicht für ein einzelnes Schiff, sondern für alle Schiffe in einem Hafen, in diesem Fall im Hamburger Hafen. Das Oberhafenamt garantiert als Teil der Hamburg Port Authority für die „Leichtigkeit und Sicherheit des Schiffsverkehrs“. Praktisch heißt das, die rund 12 000 Seeschiffe, die Hamburg im Jahr anlaufen, sicher in den Hafen und wieder hinaus zu bringen.

Die Uniform legt ein Kapitän übrigens auch bei seinem Wechsel vom Wasser ans Land nicht ab. Denn wenn er gerade nicht am Schreibtisch sitzt, Prüfungen abnimmt oder am Simulator die optimalen Einlaufbedingungen für neue Schiffsgenerationen übt, repräsentiert er bei Empfängen, Schiffstaufen oder Ersteinläufen den Hamburger Hafen.

Warum ein Seemann die „große Freiheit“ gegen einen Schreibtisch eintauscht? Meist fesselt ihn die Liebe an Land, sagt man. Und als Trost bleibt dem Hafenkapitän wenigstens ein kleines Schiff, das genau so heißt wie seine Funktion. So ab und an bläst ihm auf seiner Dienstbarkasse die frische Seeluft um die Nase – zumindest bis zum nächsten Termin an Land.

PARK

# TATORT HAFEN

## KLEINE HAIE, GROSSE FISCHE

PETEREIT

ULF PETEREIT UND SEBASTIAN HARMS VON DER WASSERSCHUTZPOLIZEI SCHNÜFFELN ERFOLGREICH NACH MÜLL UND ANDEREN GEFÄHRLICHEN RÜCKSTÄNDEN, DIE IN DEN GEWÄSSERN VERSENKT WERDEN

# DAS GEHT RUNTER WIE ÖL



Die „Bürgermeister Weichmann" ist das Flaggschiff der Wasserschutzpolizei. Das 30 Meter lange seefähige Dienstboot dümpelt am Anleger der Wache am Waltershofer Hafen. Ulf Petereit und Sebastian Harms streifen die blauen Dienstjacken über ihre weißen Hemden. Sie wollen gleich auf ein Seeschiff aus den Bahamas, herausfinden, ob die Besatzung illegal Ölrückstände verklappt hat.

Doch anders als erwartet gehen die beiden Wasserschützer nicht zum Steg, sondern hinunter in die Tiefgarage des Wasserschutzpolizei-Kommissariates 1. Dort steht ein 3er-BMW bereit. Das Einzige, was hier maritim anmutet, ist ein orangefarbener Rettungsring im Kofferraum des Kombis. „Ich bin das letzte Mal vor zwei Jahren mit einem Polizeiboot gefahren", sagt Polizeikommissar Petereit trocken.

Harms und er haben wie ihre gut 500 Kollegen der Wasserschutzpolizei alle einen Seefahrer-Hintergrund. Sie sind ausgebildete Nautiker oder Ingenieure. Harms war vier Jahre bei der Marine, Petereit fuhr sieben Jahre als Maschinenassistent zur See. Seit 1992 ist er bei der Wasserschutzpolizei.

Dass Petereit sich mit Schiffsmaschinen auskennt, ist ein unschätzbarer Vorteil für die nun anstehende Kontrolle. Kein Kapitän kann ihm technisch etwas vormachen. Sollte eine illegale Rohrleitung nach außen führen, er würde sie finden.

Die Wasserschützer brauchen nicht lange zu warten, bis ihnen der Pförtner des Hansaport-Hafens die Schranke öffnet. Statt Containern finden sich hier Berge von Eisenerz und Kohle. Letzteres hat die 246 Meter lange und 32 Meter breite „Rip Hudner" geladen. Auf die haben es die beiden Beamten nun abgesehen. Sie wollen kontrollieren, ob der Kapitän ein Öltagebuch geführt hat. Darin muss er festhalten, wie viel Ölrückstände auf der Fahrt entstanden sind und was er damit gemacht hat. Dazu ist er nach dem Marpol-Abkommen (Marine Polution) verpflichtet.

Über eine wackelige Gangway steigen die beiden Beamten auf den roten Frachter. An Bord begrüßt sie ein Matrose, die Gangway-Wache. Er bittet die Polizisten, sich auszuweisen und in eine Liste einzutragen. Seit 2004 ist das weltweit Pflicht als Bestandteil des ISPS-Code, der nach den Terroranschlägen vom 11. September eingeführt wurde. Hafenanlagen und Schiffe sollen so besser gesichert werden.

„Man kann weder vom Baujahr noch von der Herkunft oder dem Äußeren des Schiffes auf das Innere schließen", sagt Petereit. Und schon schweift sein kritischer Blick über das Deck. Er wolle sich hier gern mal umsehen, sagt er auf Englisch zu den Matrosen. Die wissen, dass der freundlich vorgetragene Wunsch eine klare Ansage war.

Es dauert keine drei Minuten, bis Petereit unzufrieden wird. In einem Müllcontainer für Abfälle, die auf hoher See über Bord geschmissen werden dürfen, findet er einen Kanister mit Farbresten. „Sondermüll gehört da nicht rein. Der geht am Ende sonst auch noch über Bord." Die Mannschaft wird zusehends nervös. Eilig holt einer der Seeleute

den Kanister aus dem Container. Vorher macht Sebastian Harms noch ein Foto zum Beweis.

Das alles ist lediglich die Ouvertüre zu der komplizierten Ermittlung eines Stoffes namens Sludge. Dieser entsteht bei der Aufbereitung des Schweröls für den hausgroßen Schiffsmotor. Das Abfallprodukt Sludge besteht aus Wasser, Öl und Feststoffen. Es im Hafen zu entsorgen ist teuer. Es an Bord in speziellen Anlagen zu verbrennen aufwendig und nur auf hoher See erlaubt. Es ins Meer zu kippen ist dagegen sehr einfach. Aber verboten.

Die Kajüte von Kapitän Roopinder Singh Bhogal befindet sich im dritten Stockwerk. Er empfängt die beiden Wasserschützer ohne ein Lächeln. Er weiß, dass er sich jetzt mindestens fünf Stunden Zeit nehmen muss. Er bietet den Beamten zwei Stühle in dem schmucklosen Raum an und stellt Limonadendosen auf den Tisch. „Thank you very much indeed, captain", sagt Petereit höflich, weil er weiß, dass Kapitäne es schätzen, wenn man ihnen mit Respekt begegnet. Petereit lässt sich das Öltagebuch und die Lieferscheine für Schweröl bringen. In fließendem Fachenglisch bespricht er mit dem Kapitän, was er nun zu tun gedenkt. Und dieser weiß sofort, dass da einer sitzt, der mit ihm auf Augenhöhe ist. Er selbst bleibt an seinem Schreibtisch sitzen und blickt scheinbar teilnahmslos auf seinen Computerbildschirm.

Petereit diktiert seinem Kollegen derweil verwirrend lange Kolonnen von Zahlen aus den Protokollen in den Block. Anhand der Daten errechnen sie, wie viel Sludge entstanden sein muss. Schließlich bleibt ein Prozent des verbrauchten Schweröls als ebenjener Rückstand übrig. Immer wieder lässt der Kapitän seinen leitenden Ingenieur antreten, damit dieser neue Akten in die Kajüte bringt. Petereit moniert, dass nicht alle Aufzeichnungen im Maschinenlogbuch eingeheftet sind. Die internationale Vorschrift dafür trägt er dem Kapitän und dessen leitendem Ingenieur auswendig vor.

Schließlich wollen die Wasserschutzpolizisten den Maschinenraum sehen. Auf steilen Treppen geht es mehrere Stockwerke hinab. Es ist warm und laut hier unten, obwohl nur der Hilfsdiesel läuft. In der Abwasseraufbereitungsanlage fehlen Chlorid-Tabletten. Die Verschlüsse lassen sich nur schwer öffnen. Ein Zeichen dafür, dass hier lange Zeit nichts passiert ist. Und wieder ist Petereit unzufrieden. Das Abwasser gelangt so nämlich nicht optimal gereinigt nach außen.

Dann ist der Öltank dran. Petereit lässt ein Metallbandmaß durch eine kleine Öffnung hinab und zieht es wieder heraus. Das Ölmessen funktioniert wie beim Auto – nur in einem gigantisch größeren Maßstab. Immerhin: Dieses Ergebnis nicken die Wasserschützer ab.

Zurück in der Kapitänskajüte, fasst Petereit in perfektem Englisch die Mängel zusammen. „Kapitän, aufgrund der nicht regelkonformen Aufzeichnungen könnte der Eindruck entstehen, dass eine Wasserverschmutzung vor-

liegt." Gespannt wartet der Kapitän auf das Urteil und muss sich mit versteinerter Mine anhören, dass der Protokollfehler nicht nur 1000 Euro kosten, sondern auch seiner Reederei gemeldet werden könnte. Genau diesen Ärger wollen die Kapitäne vermeiden, weiß Petereit.

„Ich weiß, dass Sie und Ihre Crew viel Arbeit haben. Sie müssen jedoch gewissenhafter protokollieren", mahnt Petereit. Er verlangt von Kapitän und leitendem Ingenieur jeweils 100 Dollar Strafgebühr. Das Geld kommt prompt und in bar gegen Quittung.

Die Verabschiedung ist höflich. „Vielen Dank für Ihre Kooperation und Geduld", sagt Petereit. „Wir haben viel gelernt", sagt der Kapitän artig. Was er eigentlich denkt, lässt er sich nicht anmerken. Im Streifenwagen fahren die Wasserschützer wieder zurück zu ihrer Wache. Die „Bürgermeister Weichmann" liegt nicht mehr am Steg. Möglicherweise ist sie auf dem Weg zur Elbmündung. Aber auch die haben die Wasserschutzpolizisten Petereit und Harms schon lange nicht mehr gesehen.

Sascha Balasko

Der Ofen ist aus – wenn Ulf Petereit hier verbotene Verbrennungsrückstände findet.

DIE HAMBURGER WASSERSCHUTZPOLIZEI SITZT MEISTENS IM AUTO. CHEF BERND SPÖNTJES ÜBER DAS STELLEN VON UMWELTSÜNDERN UND DAS ÜBERWACHEN VON GEFAHRENGUTTRANSPORTEN

# »WIR HABEN DAS VIELSEITIGSTE AUFGABENGEBIET ALLER LANDSPOLIZEIEN«



Bernd Spöntjes, 59, fuhr schon als Kind mit seinen Eltern zur See. Im Alter von 15 Jahren heuerte er als Matrose an. 1972 wechselte der Steuermann zur Hamburger Wasserschutzpolizei, deren Chef er ist. Stolz darf sich Spöntjes als dienstältester Wasserschützer Hamburgs bezeichnen.

Die Arbeit bei der Wasserschutzpolizei muss doch ein Traum sein. Man schippert den ganzen Tag mit einem Boot durch den Hafen ...

Das könnte man auf den ersten Blick denken. Aber wenn man sich ansieht, dass 14 größere Boote 55 Einsatzfahrzeugen gegenüberstehen, dann zeigt das, dass wir hauptsächlich an Land unterwegs sind. Und das, obwohl wir 330 Elbkilometer von der Mündung bis nach Schnakenburg an der Oberelbe überwachen.

Wofür genau ist die Hamburger Wasserschutzpolizei zuständig?

Wir haben das wohl vielseitigste Aufgabenspektrum aller Landespolizeien in Deutschland. Wir erledigen natürlich auch klassische Polizeiarbeit, dazu gehört etwa die Aufnahme von Unfällen. Aber wir überwachen vor allem Gefahrenguttransporte, sind für strafrechtlich relevante Verstöße gegen das Umwelt-, Tier- und Verbraucherschutzgesetz zuständig sowie das Lebensmittel- und Arzneimittelgesetz. Außerdem führen wir im Hafen die Grenzkontrollen durch.

Für Letzteres ist doch eigentlich die Bundespolizei, ehemals der Bundesgrenzschutz, zuständig. Wie kommt es zu der Hamburger Besonderheit?

Das resultiert aus einem Vertrag zwischen Hamburg und dem Bund aus dem Jahr 1956. Dahinter steht die Philosophie eines modernen, schnellen Hafens. Es kommt hier nur eine Behörde für Kontrollen an Bord. Das ist ein Standortvorteil vor anderen Häfen.

Wieso sind Ihre Kollegen eigentlich für Umwelt- und Verbraucherschutz zuständig?

Das ist historisch gewachsen. 1974 wurde bei uns eine Ermittlungsgruppe für den Umweltschutz eingerichtet. Diese ging schließlich in eine feste Dienststelle über, fast zeitgleich mit der Gründung der Grünen. Der aufkeimende Umweltschutzgedanke sorgte 1980 schließlich für Gesetzesänderungen. Verschmutzung der Gewässer, des Bodens und der Luft waren von da an keine bloßen Ordnungswidrigkeiten mehr, sondern konnten strafrechtlich verfolgt werden. Mittlerweile sind fast 40 Kollegen allein mit diesen Aufgaben betraut.

Dennoch müssen alle 537 Wasserschützer einen maritimen Hintergrund haben. Warum?

Weil wir es überwiegend mit der Berufs- und Sportschifffahrt zu tun haben. Ein Wasserschutzpolizist muss bei Ahndungen mindestens dasselbe, wenn nicht sogar mehr wissen als der Schiffsführer. Wir müssen auf Augenhöhe sein. Jemand, der zur See gefahren ist, hat ein besseres Verständnis für Seeleute. Und bei technischen Kontrollen hat er eben auch die Erfahrung und weiß, wo nach Fehlern zu suchen ist.

Aber es gibt doch gar nicht mehr so viele Seeleute aus Deutschland, die zur Wasserschutzpolizei kommen könnten.

Das stimmt. In den 60er-Jahren waren es etwa 55 000. Heute sind es gerade mal 5000. Deshalb bilden wir heute kaum noch Seeleute zu Polizisten aus, sondern umgekehrt. Aber es gibt immer noch welche, die an Land kommen, meist wegen ihrer Familien. Und das, obwohl es in der Seeschifffahrt mehr Geld als bei uns zu verdienen gibt.

Ihre Kollegen von der herkömmlichen Schutzpolizei nennen die Wasserschützer manchmal scherzhaft Entenpolizei. Stört Sie das?

Überhaupt nicht. Ich selber habe tatsächlich mal Jugendliche gestellt, die mit einem Boot über Enten gefahren sind, um sie zu töten. Die haben schließlich ein halbes Jahr auf Bewährung bekommen. Ich habe mit dieser Bezeichnung daher kein Problem.

Sascha Balasko

# ERSTE – UND EINZIGE – HILFE AUF HOHER SEE

„Auf hoher See und vor Gericht sind wir allein in Gottes Hand“, sagt schon eine römische Juristenweisheit. Wer sich verletzt oder krank wird auf hoher See, hat immerhin noch den jüngsten Offizier an Bord an seiner Seite. Er ist traditionell der Schiffssanitäter – vermutlich, weil er die Ausbildung an der Seemannsschule noch am besten in Erinnerung hat. Wie man Platzwunden zusammenflickt, hat er jüngst an Hühnchenhälften geübt und auch, was bei bestimmten Krankheitssymptomen zu tun oder besser zu lassen ist. Bei schweren Erkrankungen wird allerdings Hilfe angefordert oder auch ein Transport per Hubschrauber in ein Krankenhaus arrangiert.

Dumm nur, wenn man, wie ich es erlebte, gerade selbst der jüngste Offizier an Bord ist und der Reeder samt Töchterchen als Passagiere mitfahren. Dann obendrein das Mädchen an Deck ausrutscht, sich eine klaffende Wunde am Kinn zuzieht und ihr Vater in größter Sorge ist, dass unschöne Narben im Gesicht der Kleinen zurückbleiben. Nach den mehr oder weniger gelungenen Nähübungen am Huhn erschien das Klammern als bessere Lösung. Beschwerden sind nachträglich nie eingegangen, weswegen wir bleibende Erinnerungen an die Überfahrt vermutlich ausschließen können.

Ein Mann für alle Unfälle:
Jürgen Albers von der BSU.

WENN ES AUF DEUTSCHEN SCHIFFEN ZU GRÖSSEREN UNFÄLLEN KOMMT, IST DIE BUNDESSTELLE FÜR SEEUNFALLUNTERSUCHUNG ZUR STELLE

# SCHWIMMENDE SPURENSICHERUNG

TATORT HAFEN

Navy CIS lässt grüßen – so hört es sich an, wenn Jürgen Albers von seiner Arbeit spricht. Vielleicht ist es nicht ganz so spannend in der Bundesstelle für Seeunfalluntersuchung (BSU) wie in der US-Fernsehserie, in der die Verbrechen auf hoher See in amerikanischen Hoheitsgewässern verfolgt werden. Nicht ganz. Aber fast, denn auch der 52-Jährige und sein Team müssen immer dann zur Stelle sein, wenn es Tote oder Verletzte auf deutschen Seegewässern gibt. Auch wenn zwei Schiffe kollidieren, ein Tanker Öl verliert oder ein Segelschiff Feuer fängt, ausbrennt und dann vielleicht sogar noch untergeht, rücken Albers und seine Mannschaft an.

„Wie konnte dieser Seeunfall passieren? Diese Frage müssen wir uns bei jedem Fall stellen", erklärt der gelernte Schiffbauingenieur, der die Position des Untersuchungsführers 1 und stellvertretenden Leiters der Bundesstelle innehat. „Wir suchen dann nach den Schwachstellen im Sicherheitssystem. Was muss verbessert werden, damit so etwas nicht mehr vorkommt? Ist der Matrose über Bord gegangen, weil die Reling nicht hoch genug war? Ist der Schlepper mit dem Tanker kollidiert, weil er nicht mehr rechtzeitig bremsen konnte? Oder der Kapitän die Treppe heruntergefallen, weil sie in der Schiffsbaureihe einfach zu steil ist?"

Sicherheit ist also das Stichwort – und nicht die Frage nach der Schuld für einen Unfall, das betont Albers. „Früher gab es das Seeamt, das nach den Ursachen geforscht hat, aber auch beispielsweise einem Kapitän das Patent entzogen hat, wenn ihm die ‚Schuld' für einen Unfall zugesprochen wurde. Seit 2002 gibt es nun verschiedene Zuständigkeiten, daraus ist unsere Behörde entstanden. Bei uns geht's um Unfallverhütung und Verbessung der Sicherheit in der Seeschifffahrt."

Mit 500 bis 600 Fällen beschäftigen sich die zwölf Mitarbeiter der Bundesstelle im Jahr. Sie untersuchen alles, was in deutschen Gewässern passiert, auch wenn beispielsweise zwei ausländische Schiffe im Hamburger Hafen kollidieren. Sie sind sogar zuständig für Unfälle im Ausland, wenn deutsche Schiffe darin verwickelt sind – denn schließlich ist Deutschland dann der „Flaggenstaat", wie Albers erklärt. „Wir mussten uns mal um einen Fall kümmern, bei dem ein deutscher Matrose vor Hongkong ums Leben gekommen ist. Das Schiff ist in einen Taifun geraten, und der Matrose wurde gegen die Brücke geschleudert. Schrecklich, so ein Unfall – das belastet einen schon mehr, als wenn zwei kleine Segelboote auf der Elbe zusammenstoßen."

Die Mitarbeiter der Behörde, die dem Verkehrsministerium unterstellt ist, müssen sofort ausrücken, wenn es zu einem Unfall gekommen ist. Meist sind sie als zweite Instanz nach der Wasserschutzpolizei am Tatort. Dann geht es darum, Spuren zu suchen und Beteiligte zu befragen. Im Zentrum steht dabei die Auswertung des „Voyage Data Recorders", der eine ähnliche Aufgabe hat wie die Blackbox im Flugzeug. „Nach zwölf Stunden sind die aufgezeichneten

Daten überschrieben, deshalb müssen wir fix an Bord kommen, damit der Knopf zur Datensicherung auch gedrückt wird", erklärt Albers. „Denn wenn die Festplatte leer ist, haben wir auch vom modernsten Datenschreiber nichts." In der grell orangefarbenen Kiste stecken Informationen über die Fahrtgeschwindigkeit und den Kurs des Schiffes. Es werden Radarbilder gespeichert und sogar Stimmenaufzeichnungen von der Brücke. „Der Recorder ist oftmals unser wichtigstes Beweismittel", sagt Albers. „Manchmal, wenn wirklich ein Schiff gesunken ist, muss zum Wrack heruntergetaucht werden, um den Schreiber zu bergen."

Mit der Auswertung der Daten solle die Sicherheit und der Arbeitsschutz auf den Schiffen verbessert werden. „Man soll aus den Unfällen lernen – wir liefern die Informationen dafür", so der 52-Jährige. Bei ihren Untersuchungen klassifiziert die Behörde die Unfälle in drei Kategorien – in sehr schwere, schwere und weniger schwere Unfälle. „Bei einem sehr schweren Schiffsunfall sind Menschen ums Leben gekommen, das Schiff ist gesunken oder hat einen Totalschaden erlitten", erklärt Albers. „Aber auch wenn, beispielsweise durch einen Tanker, das Meer massiv verschmutzt wird, ist das für uns ein sehr schwerer Unfall."

Immer wieder haben es Albers und sein Team mit dramatischen Fällen zu tun, weshalb der Bergedorfer seinen Beruf besonders spannend findet. „Im Gedächtnis bleibt mir ein Unfall mit drei Toten und einem Vermissten auf der Nordsee", sagt Albers. „ Der Fischkutter ging im Sturm unter. Es konnten nur drei Opfer geborgen werden, und der Kapitän wird immer noch vermisst. Das ist schon ein komisches Gefühl, wenn man nicht genau weiß, was mit einem Menschen passierte."

Nach der Untersuchung eines Falls verfasst das Team der BSU immer einen Bericht, in dem alle Ergebnisse haarklein aufgeführt sind und der dann allen Beteiligten zur Verfügung steht. Selbst wenn für Albers und seine Leute ganz klar ist, wo der Fehler lag, darf die BSU nur Empfehlungen aussprechen, ist nicht „weisungsbefugt", wie es in Behördensprache heißt. „Wir dürfen niemanden verhaften oder irgendwelche Anordnungen geben. Das ist die Sache der Wasserschutzpolizei und der Staatsanwaltschaft, die parallel eigene Ermittlungen mit anderer Zielsetzung durchführt."

Weil aber diese Instanzen wissen, dass die BSU ihre Arbeit sehr genau nimmt, orientieren sie sich in den meisten Fällen an den Berichten der Behörde. Denn wenn einer weiß, was auf hoher See passiert ist, dann ist es das Team aus der Bernhard-Nocht-Straße – das deutsche Gegenstück zu Navy CIS, zumindest fast.

Laura Fölmer

BESTEIG
DER WAN
VERROT

GUCCI, CARTIER, ADIDAS: BESONDERS VIELE PLAGIATE VON TREND- UND LUXUSMARKEN WERDEN ÜBER HAMBURG EINGESCHMUGGELT

# MADE IN CHINA, VERNICHTET IN HAMBURG



Es ist nur im weitesten Sinne noch ein Menschenraub, wie ihn das lateinische Wort plagium beschreibt – Ursprung des heute bekannten Begriffs Plagiat. Doch es sind die Ideen und das Können von Menschen, ihr geistiges Eigentum, die der moderne Plagiarius (Menschenräuber) stiehlt. Produktpiraterie ist ein milliardenschwerer Wirtschaftszweig, der in Südostasien, meist China, für Arbeitsplätze sorgt, in Deutschland und anderswo aber unter Strafe steht.

Längst zahlen die Inhaber von Markenrechten dafür, dass beschlagnahmte Plagiate vernichtet werden. Alle Jahre wieder sorgen Berge gefälschter Sportschuhe für Schlagzeilen, allen voran kopierte Turnschuhe von Nike, Adidas und Puma, weil sie auf einem Betriebsgelände am Veddeler Damm unter Zollüberwachung erst geschreddert und dann verfeuert werden.

Der Trend zu gefälschter Markenware hält trotz der weltweiten Wirtschaftsflaute an. Geschmuggelt wird in immer größeren Chargen: 46 Seecontainer mit Sportschuhen waren es allein 2009 im Hamburger Hafen, die auf dem Schwarzmarkt 52 Millionen Euro eingebracht hätten. „Die meisten Schuhpaare sind für den südosteuropäischen Markt bestimmt", sagt Dietmar Schulze, Sprecher des Hamburger Zollfahndungsamtes. Seine Kollegen von der Ermittlungsgruppe Hafen und der Bundesfinanzdirektion Nord entdeckten zudem mehr als zwei Dutzend Sendungen mit Spielzeug, weit über eine Million gefälschte Zigaretten und drei Container mit jeweils 37 000 chromglänzenden Badezimmer-Armaturen. Immer wieder gehen den Beamten auch Fälschungen Potenz steigernder Medikamente ins Netz. Und in letzter Zeit werden vermehrt gefälschte Solarpanele geschmuggelt.

Den wertvollsten Fund allerdings machten die Hamburger Zöllner, als sie zwei Containerladungen mit gefälschten Handtaschen namhafter Luxusmarken entdeckten. Wirtschaftsschäden in Höhe von 65 Millionen Euro konnten dadurch verhindert werden.

Dass der weltweite Plagiatschmuggel vor allem über den Seeweg läuft, liegt auch an den mangelhaften Kontrollen in den Häfen. Um die Container, von denen 2009 allein in Hamburg knapp sieben Millionen umgeschlagen wurden, intensiv zu durchleuchten, ist modernste Technik nötig. Die ist entsprechend teuer, und längst nicht jedes Land kann sie sich leisten.

Besonders stolz ist der Hamburger Zoll deshalb auf seine Containerprüfanlage am Zollamt Waltershof. Erst jüngst generalüberholt, gehört die Großröntgenanlage zu den modernsten weltweit. Seit ihrer Inbetriebnahme vor 14 Jahren wurden mit ihr schon 300 000 Container durchleuchtet. Das entspricht einem Güterzug mit einer Länge von 4000 Kilometern.

Dennis Fengler

Hier läuft nichts mehr:
gefälschte Turnschuhe nach der Schredderung.

YUNDAI
TO DÖ RN ER

SIE KOMMEN IN SPEEDBOOTEN UND SCHRECKEN WEDER VOR KIDNAPPING NOCH VOR MORD ZURÜCK: DURCH PIRATERIE IST IN HAMBURG EIN GANZ NEUER WIRTSCHAFTSZWEIG ENTSTANDEN

# FLUCH DER KARIBIK



Störtebeker würde das sicher gefallen: Sicherheitsfirmen sehen mittlerweile in Deutschland einen wachsenden Markt für Dienstleistungen rund um die maritime Sicherheit. So hat die dänische „Risk Intelligence" ihre Aktivitäten bis nach Deutschland ausgedehnt und eine Niederlassung in Hamburg eröffnet. Dirk Steffen, Leiter des Hamburger Büros: „Security bedeutet für uns nicht wie landläufig, das wir nur ein Schiff schützen, das fängt bei uns viel früher an. Nämlich bei der Gewinnung von Bedrohungsinformationen und der Routenplanung."

Das Unternehmen Risk Intelligence gibt es seit 2002. Im Jahr 2004, als neue internationale Sicherheitsbestimmungen in Kraft traten, erweiterte es seine Sicherheitsberatungen auf das maritime Geschäft. Die Mitarbeiter haben laut Steffen unterschiedliche Kompetenzen. Er selbst ist seit 2002 im Bereich maritimer Sicherheit tätig und hat eigene Erfahrung in West- und Ostafrika gesammelt. Zuvor war er bei der Deutschen Marine und hat im Unternehmen weitere Kollegen aus den Bereichen Polizei, Geheimdienst, Marine und der zivilen Schifffahrt.

Die Stärke von „Risk Intelligence" sieht Dirk Steffen in der Fähigkeit, weltweit nach Fahrtgebieten abgestufte, maritime Sicherheitsrisiken darzustellen und zu analysieren. So können registrierte Kunden des Unternehmens über dessen Internetportal auf Lagebeurteilungen und geografische Darstellungen zugreifen. Wie unterscheidet sich die Kartendarstellung von derjenigen des Internationalen Büros für Seeschifffahrt IMB? Dirk Steffen: „IMB kann nur das zeigen und veröffentlichen, was ihnen vom Flaggenstaat, der Reederei oder vom Schiff selbst gemeldet wird. Wird ein Vorfall nicht offiziell gemeldet, dann taucht er in deren Karte nicht auf. Wir dagegen benutzen für unsere Darstellung offene und auch privilegierte Quellen in der entsprechenden Region, die über unsere Geschäftskontakte entstanden sind. Um ein Beispiel aus Nigeria zu nennen: IMB hat 2009 28 Fälle gemeldet, den Großteil im Großbereich Lagos. Wir dagegen haben 114 Fälle gemeldet. Da sind auch Überfälle auf Ölplattformen mit erfasst, die vom IMB gar nicht veröffentlicht werden. Bei uns wird auch der Inshore-Verkehr registriert. Beispielsweise Versorger, die in den Mangrovenwäldern angegriffen werden."

Die Kollegen im Hamburger Büro von Risk Intelligence beraten vor allem, wie sich Schiffe gegen Überfälle absichern lassen. Dirk Steffen: „Da bieten wir zwei Varianten an. Einmal können wir das anhand von Generalplänen erstellen. Lieber gehen wir aber an Bord der Schiffe und sprechen mit der Besatzung. So finden wir heraus, was sich an Bord wirklich umsetzen lässt und was nicht. Es ist eine Frage, welche Mentalität die Crew hat und wie gut sie ausgebildet und motiviert ist." Bei der Schiffsbegehung stellen die Berater eine Liste auf, was je nach zu erwartender Vorgehensweise der Piraten an Bord umgesetzt werden sollte. Der Kapitän bekommt einen Leitfaden, was er üben muss.

„Wie muss ich das Schiff verdunkeln? Nach welchen Kriterien lege ich eine Zitadelle an, eine Art gepanzerten Schutzraum für die Besatzung im Schiff, und wie ziehe ich mich dahin zurück?", nennt Dirk Steffen Beispiele. Vor einem Einsatz in einem Piratengebiet solle mit solch einem Training das Vertrauen in die eigenen Fähigkeiten gestärkt werden. Begleitschutz für Schiffe und eine praktische Ausbildung der Mannschaft bietet Risk Intelligence nicht an.

An dem Punkt setzt die Internationale Bodyguard & Sicherheitsagentur i. b. s. an. Das 1996 gegründete Hamburger Unternehmen bot in der Anfangszeit Personenschutz in Krisengebieten an. Im Jahr 2005, als in Schifffahrtskreisen die Bedrohung durch Piraterie oft noch bestritten wurde, unterbreitete es Reedereien erstmals das Angebot, Schiffe in gefährdeten Gebieten mit bewaffneten Wächtern zu begleiten. „Damals war die Resonanz darauf bei deutschen Reedern noch sehr verhalten", erinnert sich Horst Rütten, der geschäftsführende Gesellschafter von i. b. s. „Mittlerweile haben wir einen deutschen Reeder als Kunden."

Deutsche Reedereien, so eine weit verbreitete Einschätzung, haben erst einmal abgewartet, welchen Erfolg die Anti-Piraten-Mission „Atalanta" der Europäischen Uni-

Die wollen leider nicht nur spielen:
Im Marine Training Center wird ein Piratenangriff simuliert.

on bringt, an der sich auch die Deutsche Marine beteiligt. „Im Ausland ist die Einstellung anders, Koreaner und Japaner waren die Ersten, die unsere Dienste in Anspruch nahmen“, berichtet Horst Rütten weiter.

Zu den Schiffsschützern des Unternehmens gehören Männer, die aus militärischen Spezialeinheiten kommen und mit den speziellen Gegebenheiten an Bord von Schiffen vertraut sind. Außerdem müssen sie sich im Seerecht und mit den Rechtsgrundlagen des jeweiligen Flaggenstaates auskennen.

Für Massengutschiffe bis 200 Meter Länge mit ihren übersichtlichen Decks setzt i. b. s. fünf Wächter ein, für ein gleich großes Containerschiff mit seinen unübersichtlichen Ecken und Winkeln werden zwei Mann mehr benötigt. „Wenn Piraten angreifen, schicken wir die Besatzung unter Deck, so behalten wir die Übersicht und können niemanden aus der Mannschaft verletzten“, schildert Horst Rütten.

Wie man mit geschicktem Manövrieren das Aufentern von Piraten verhindern kann, das üben Nautiker im Schiffssimulator des MTC Marine Training Center Hamburg. Die Analyse vieler Fälle zeigt, dass schnelle Schiffe durchaus eine Chance haben, den angreifenden Speedbooten zu entkommen. Bei Geschwindigkeiten von mehr als 14 Knoten haben die Seeräuber keine Chancen mehr, wenn die Schiffsmanöver ausreichend Wellenschlag erzeugen. MTC-Geschäftsführer Heinz Kuhlmann: „Wenn die Piraten auf der Steuerbordseite rankommen und ich gebe hart Backbord, dann kommt mein Heck achtern rum und drückt gegen das kleine Boot. Daraufhin sind die erst einmal mit sich selbst beschäftigt.“ Gleichzeitig müsse die Brückenbesatzung aber darauf achten, als Folge der harten Ruderlagen nicht zu viel Geschwindigkeit zu verlieren und damit für Piraten wieder erreichbar zu sein.

In der Simulation erlebt die Besatzung, wie plötzlich hinter einem Fischereischiff hervor Speedboote auf ihr Schiff zurasen und zum sofortigen Handeln zwingen. „Die Leute nehmen die Situation als sehr real wahr, sie vergessen schnell, dass sie in einem Simulator sind“, so Heinz Kuhlmann.

Der Simulator, die persönliche Beratung und der bewaffnete Begleitschutz sind momentan die wichtigsten Sicherheitsvorkehrungen gegen Schiffspiraterie. Was es noch an Möglichkeiten und Trends gibt, zeigte die Fachmesse Maritime Security & Defence, die Ende 2009 in Hamburg stattfand. Bevor die Besucher das Messegelände betreten durften, mussten sie sich Kontrollen unterziehen wie auf einem Flughafen. Also auch durch eine Sicherheitsschleuse gehen, die Metall am Körper anzeigt. Der Detektor fiepte fast ununterbrochen, denn Militärs aus aller Welt reisten zur Fachmesse an – und trugen jede Menge Metall in Form von glänzenden Anzugknöpfen, Dienstgradabzeichen und Auszeichnungen.

Eigel Wiese

SIE TRAGEN DUNKLE OVERALLS UND SUCHEN WEISSES PULVER.
AUF DROGENFAHNDUNG MIT EINER SPEZIALEINHEIT DES WASSERZOLLS

# DIE SCHWARZE GANG



Die Morgensonne scheint vom Himmel auf das blubbernde Hafenwasser herunter. Dunstschleier steigen vor der Pontonanlage zwischen Landungsbrücken und „Cap San Diego“ auf. Alles wirkt friedlich. Am Pier der Überseebrücke schaukelt ein mit Wärmebildkamera und Nachtsichtgeräten ausgerüstetes Zollschiff. Volker Biermann, 61 Jahre alt, Vollbart, wettergegerbtes Gesicht, blitzende Augen, ist wie so oft seit fünf Uhr auf den Beinen. Der ehemalige Kapitän auf großer Fahrt ist seit 30 Jahren Ermittler beim Wasserzoll. Er ist Rauschgiftfahnder und der Verbindungsbeamte in Sachen Drogenschmuggel im Hamburger Hafen. Der weit gereiste Netzwerker hat „exakt 223 Informanten“ aus der ganzen Welt in seinem Adressbuch stehen: „Lotsen, Schauerleute, Festmacher, V-Männer und Insider“ in Häfen und Hafenkneipen ebenso wie Beamte in Botschaften, Konsulaten und Behörden. Er spricht neben Englisch auch Französisch, Spanisch und Niederländisch.

Biermann schiebt sich den letzten Bissen seines Wurstbrötchens in den Mund, dann legt er seine Dienstwaffe an, setzt die Kapitänskappe auf und gibt das Zeichen zum Abmarsch. „Lasst uns in See stechen, Männers“, sagt der Einsatzleiter der Wasserzoll-Eliteeinheit mit dem Furcht einflößenden Namen „schwarze Gang“: „Es geht der organisierten Kriminalität und den Kokainkartellen an den Kragen. Wenn es gut läuft. Wenn nicht, haben die Bösen Glück. Auf jeden Fall zeigen wir Flagge und Präsenz. Wir sind es, die den Drogenschmugglern im Nacken sitzen.“

Die schwarze Gang – die so heißt, weil die Zollfahnder bei ihren überraschenden Schiffsdurchsuchungen, die manchmal nur ein paar Stunden, maximal zwei Tage dauern, in dunklen Overalls operieren und sich bei der Arbeit unter Deck oft öl- oder rußverschmierte Gesichter holen – verfügt über fünf Einsatzschiffe und besteht aus 43 Männern und einer Frau. Mit 31 Jahren ist sie die Jüngste der Truppe, deren Altersdurchschnitt 50 Jahre beträgt. Nur noch wenige Gangmitglieder sind wie Biermann ehemalige Seefahrer. Seeleute wissen am besten, wie und wo man auf einem Schiff Drogen, aber auch Waffen, Schnaps, Zigaretten und gefälschte Waren versteckt. Früher waren alle, die zur schwarzen Gang gehörten, vorher auf den Weltmeeren unterwegs. Man konnte sich nicht bewerben. Man wurde geholt. Das ist heute anders.

Der Job in ständiger Bereitschaft und im Drei-Schicht-System bei jedem Wind und Wetter ist hart. Zermürbend. Und natürlich nicht mal besonders gut bezahlt. Die Wasserzöllner von der schwarzen Gang, respektiert und gefürchtet in den riesigen Hafenanlagen mit weit über 300 Liegeplätzen, haben aktuell ein echtes Nachwuchsproblem.

Doch momentan ist die Stimmung der Spezialtruppe gut. Denn Anfang April 2010 haben Zoll, Polizei und Staatsanwaltschaft in einer gemeinsamen, viele Monate währenden verdeckten Operation im Hamburger Hafen 1,33 Tonnen Kokain entdeckt. Die größte jemals in Deutschland gefundene Menge Rauschgift, versteckt in einem Container.

Die drei von der Fangstelle: Einsatzleiter Volker Biermann (l.) und seine Kollegen erwischen fast jeden Schmuggler.

Der Straßenverkaufswert der gestreckten Droge läge bei weit über 100 Millionen Euro. Ein enormer Erfolg für die Fahnder, die dafür in verschiedenen Ländern Telefone abhörten, Wohnungen und Hotelzimmer verwanzten, E-Mails abfingen und Verdächtige observierten.

Doch sogar eine gute Tonne Kokain ist nicht viel mehr als ein Tropfen auf dem heißen Stein. Der Kampf gegen den Kokainschmuggel geht weiter.

„Die Taucher sind schon unterwegs zum Fruchthafen", brummt Volker Biermann, während er die Leinen des 17 Meter langen Zollschiffs losmacht. Ziel der Zollfahnder an diesem sehr frühen Morgen ist die „Pacific Reefer", ein Bananendampfer aus Kolumbien. Mehr als 80 Prozent des weißen Pulvers stammen aus dem von Korruption und Bürgerkrieg gebeutelten Andenland, in dem sich Guerilla und Paramilitär zu großen Teilen mit dem Drogenhandel finanzieren. Nahezu 1000 Tonnen Kokain pro Jahr schmuggeln kolumbianische Kartelle in die Welt. Knapp die Hälfte des Stoffs geht nach Europa. Zehn Prozent davon, schätzen Experten, passieren den Hamburger Hafen. Die 40 bis 50 Tonnen kommen hier mit einem Reinheitsgrad von 90 Prozent an. Zwischen- und Straßenhändler strecken die Droge auf bis zu 7 Prozent herunter. Die Gewinnspannen sind gigantisch: Für ein Kilo Kokapaste bekommt der Bauer in Kolumbien 700 bis 800 US-Dollar. 3000 Dollar kassiert der Importeur oder Drogenkurier. Ein Kilo reines Kokain kostet in Deutschland 30 000 Euro. Mehrfach gestreckt und grammweise verkauft bringt es den Verkäufern in Klubs, Kneipen und auf der Straße weit über 100 000 Euro.

Die „Pacific Reefer" hat vor zwölf Tagen den in Fahnderkreisen äußerst berüchtigten kolumbianischen Hafen von Turbo verlassen, ist auf direktem Weg nach Hamburg geschippert und liegt jetzt vertaut im Hansa-Hafen, Schuppen 45. „Diese Direktschiffe sind unsere Hauptzielgruppe. Sie alle sind für uns verdächtig", erklärt Biermann.

Biermann hat an diesem Morgen extra Taucher angefordert. Da der Hamburger Zoll anders als etwa der in Antwerpen oder Rotterdam über keine eigenen Froschmänner verfügt, kommen Profitaucher von der Polizei zum Einsatz. Vier Männer sollen das Schiff „abtauchen", untersuchen, ob Kokainschmuggler an der Außenhaut des Schiffes wasserdichte Drogenpakete befestigt haben.

Im kolumbianischen Turbo sollen selbst die örtlichen Zöllner tief im Drogensumpf stecken, gern mal ein Auge zudrücken und den Kokainschmuggel mit koordinieren. Schert einer aus, wird er erschossen. So wie kürzlich zwei Zöllner aus Turbo, die eine größere Drogenladung verrieten und mit Kopfschüssen von der Kokainmafia hingerichtet wurden. „An den beiden wurde ein Exempel statuiert", glaubt Biermann. „Seitdem sind die Tipps aus Turbo rar. Kann man irgendwie ja auch verstehen."

Er klettert über die Gangway auf das Schiff, das unter der Flagge der Niederländischen Antillen fährt. Der russische Kapitän händigt dem Cheffahnder mit der Lizenz zur

Da guckst du! Ein Mitarbeiter der Schwarzen Gang, der lieber anonym bleiben möchte.



Schiffskontrolle Frachtpapiere und Crewliste aus. Biermann erklärt auf Englisch, was er und die Taucher vorhaben. Der Kapitän lässt die blau-weiße Alpha-Flagge aufziehen. Sie bedeutet: alle Maschinen stopp; Taucher am Schiff im Einsatz.

Nachdem die Froschmänner etwa eine Stunde bei nur 30 Zentimeter Sicht im Wasser waren, ist klar, dass an der Außenhaut der „Pacific Reefer" kein Kokain versteckt ist. „Es ist zwar jeden Tag Fischerwetter, aber nicht jeden Tag Fangwetter", kommentiert Biermann knapp. Dann zückt er das Diensthandy und ruft seinen Verbindungsmann im Rotterdamer Hafen an, der nächsten Station des Bananenschiffs. „Die ‚Pacific Reefer', die morgen bei euch einläuft, haben wir bereits abgetaucht", sagt er auf Niederländisch.

„Abgetaucht" werden verdächtige Schiffe im Hamburger Hafen erst seit 1998. Damals haben die Drogenschmuggler ihre verbotene Ware oft und gern außen am Schiff befestigt. Die Taucher der Schmugglerbanden flogen dem Frachter dann hinterher und holten die wasserdichten Drogenpakete, in die bis zu 100 Kilogramm passen, unbemerkt vom Schiff. „Momentan hängt draußen nur noch selten etwas dran", sagt Volker Biermann. „Es hat sich längst bis nach Kolumbien, Venezuela und Ecuador herumgesprochen, dass wir hier in Westeuropa Taucher einsetzen."

Dass die Fahndungsbehörden von Zoll, Polizei und Grenzschutz in den großen Häfen Westeuropas immer enger zusammenarbeiten, dass sie Informationen nicht für sich behalten, weil sie den Erfolg gern auf ihrem eigenen Konto verbuchen wollen, sondern weitergeben, ist auch mit ein Verdienst von Volker Biermann. Er ist Mitinitiator der Anfang 2000 gegründeten RALFH-Gruppe. Die Großbuchstaben stehen für die Hafenstädte Rotterdam, Antwerpen, Le Havre, Felixstowe und Hamburg. In all diesen Häfen gibt es schwarze Gangs. Und alle schwarzen Gangs ziehen an einem Strang. Die Oberfahnder treffen sich dreimal im Jahr jeweils für eine Woche. Das Ziel: eine immer bessere Koordination der westeuropäischen Hafenstädte in der Drogenbekämpfung im Seeverkehr.

„Informanten und V-Männer, die uns vorab von größeren Drogenlieferungen berichten, dürfen wir deutschen Zöllner ja nicht bezahlen", erklärt Volker Biermann. „In anderen westeuropäischen Ländern steht für die Verpetzer und Tippgeber schon Geld bereit. 20 000 bis 30 000 Euro werden für brauchbare Informationen aus dem Milieu gezahlt, die zu Drogenaufgriffen führen. Das wird zwar nicht groß kommuniziert, doch ab und an profitieren auch wir via RALFH davon. In den letzten Jahren sind wir immer mehr eine richtig verschworene Gemeinschaft im Kampf gegen Koka geworden. Vertrauen, Aufrichtigkeit und Zuverlässigkeit – das sind die Werte, die uns stark machen", resümiert Volker Biermann, während die Abendsonne elbaufwärts die in Richtung Hafen und Weltmeere fahrenden Schiffe rötlich einfärbt.

Jörg Heuer

GLEICH VIER ERMITTLER-SERIEN WERDEN IM HAMBURGER HAFEN GEDREHT. DIE GRÖSSTEN PROBLEME FÜR PRODUZENTEN UND SCHAUSPIELER SIND DABEI DER WIND UND DIE TOURISTEN

# DIE BESTEN SCHÜSSE GIBT ES AM HAFEN

„Tatort“-Kommissar Cenk Batu erhält auf einer Barkasse geheime Informationen. Melanie Hansen aus „Notruf Hafenkante“ jagt Kleinganoven vom alten Zollhaus an der Kehrwiederspitze aus. Dirk Matthies patrouilliert fürs „Großstadtrevier“ von Övelgönne bis zum Schuppen 52. Und die Kinderdetektivbande „Pfefferkörner“ schnüffelt in der Speicherstadt herum.

Der Hamburger Hafen – gleich für vier deutschlandweit ausgestrahlte Krimiserien liefert er die Szenerie. „Wir drehen fast täglich im Hafengelände“, sagt Michael Lehmann, vorsitzender Geschäftsführer der Studio Hamburg Produktion Gruppe. „Wenn Fernsehsender bei uns eine Serie in Auftrag geben, die in Hamburg spielen soll, dann ist klar, dass der Hafen auftauchen muss“, sagt Lehmann. „Er ist Hamburgs Alleinstellungsmerkmal. Keine andere deutsche Großstadt kann da mithalten.“ Ob Zuschauer im Allgäu, im Rheinland oder in Sachsen – den Hafen erkennen alle sofort.

Und er wird von den meisten mit einer Hochburg des Verbrechens assoziiert. Dunkle Gassen in St. Pauli, kalte Industrie auf den Terminals, die Schickeria in der HafenCity, die Barkassen-Romantik an den Landungsbrücken. „Im Umkreis von einem Kilometer finden wir alle Motive, die wir für einen guten Krimi brauchen“, sagt Lehmann. Auch das Figurenspektrum sei optimal: Arbeiter, Alternative, Geschäftsleute und Neureiche wohnen hier nur wenige Gehminuten voneinander entfernt.

Für Schauspieler heißt die Arbeit im Hafen vor allem: lange Unterhose und Daunenjacke. „Es ist immer windig, selbst im Sommer“, sagt Peter Jordan, der im „Tatort“ Uwe Kohnau spielt. Dessen Hauptaufgabe ist es, den verdeckten Ermittler Batu mit Neuigkeiten zu versorgen, am liebsten auf Barkassen oder an Terminals. Wenn dort der Wind weht, bleiben selbst die aus der Wettervorhersage bekannten flauschigen Riesenmikrofone machtlos. Auch die Baustellen der HafenCity mit ihrem Lärm und die quasselnden Touristen auf den Schiffen sind bei den Tontechnikern unbeliebt. Viele Szenen müssen nachträglich im Studio synchronisiert werden.

Außerdem ändert sich der Hintergrund ständig. „Unsere Kameraleute mögen es, wenn im Bild hinter uns zum Beispiel ein Kreuzfahrtschiff oder ein Schwimmkran vorbeifährt. Die fahren aber leider nicht wie bestellt“, sagt Jordan, „also warten wir oft lange.“

Eine gern genommene Krimikulisse ist auch der Schuppen 52 auf der Südseite der Elbe. Die ehemalige Lagerhalle aus der Kaiserzeit befindet sich am Ende eines langen Kais. Kein Weg zurück, scheint der Ort zu brüllen – perfekt für Verfolgungsjagden. Nicht nur für Sanna Englund aus „Notruf Hafenkante“ der liebste Drehort (siehe Interview).

Für Holger Jacobsen, seit zwölf Jahren Ausstatter beim „Großstadtrevier“, ist die Lagerhalle nur noch ein schlechtes Hafenklischee. „Im Schuppen 52 waren einfach schon zu viele Drehs“, sagt der 55-Jährige. Der Zuschauer soll zwar in den Serien viel Bekanntes sehen. Aber eben nicht nur.

Jacobsen findet die modernen Containerterminals spannender. „Die Dreharbeiten dort sind gefährlich und dauern länger, weil die Hafenarbeiter keine Rücksicht auf die TV-Teams nehmen können.“ Van Carrier und die Kapitäne der Schiffe lassen sich eben keinen Drehplan in die Hand drücken.

Immer noch besser als an den Landungsbrücken, meinen viele Schauspieler. Dort gebe es zu viele Zuschauer, die sich nicht mit Zuschauen zufriedengeben. Foto- und Autogrammwünsche, Rufe während der Takes und Blitze von Fotoapparaten nerven die Crew schon mal. Wenn einmal monatlich die TV-Polizisten von „Notruf Hafenkante“ im historischen Gebäude der Hafenpolizei an der Kehrwiederspitze drehen, sammeln sich oft Hunderte Schaulustige. Ohne Absperrdienst läuft hier gar nichts. Und auch nach dem Dreh geht der Stress weiter: Sobald das Gebäude wieder den echten Beamten gehört, klopfen Touristen und fragen nach den Ermittlern aus der ZDF-Serie.

Ganz selten gibt es auch tieferliegende Probleme bei den Dreharbeiten: Während eines Drehs für „Die Pfefferkörner“ wurde in der Speicherstadt eine Panzergranate gefunden. Polizisten räumten daraufhin das Set. Kameras und Beleuchtung mussten stehen bleiben. Der Drehtag war gelaufen.

Stephan Seiler

Decken dunkle Machenschaften auf: Kommissar Cenk Batu (Mehmet Kurtulus, Mitte) im „Tatort“; unten mit Kollege Uwe Kohnau (Peter Jordan).

Oben machen „Die Pfefferkörner“ klar Schiff.

SCHAUSPIELERIN SANNA ENGLUND LÖST IM TV-KRIMI FIKTIVE VERBRECHEN. POLIZEI-HAUPTKOMMISSAR JAN HASS IST IM HAFEN FÜR DIE ECHTEN KRIMINALFÄLLE ZUSTÄNDIG. WIE NAH KOMMT DAS FERNSEHEN DER REALITÄT?

# »DAS IST DIE VERNIEDLICHTE FORM VON POLIZEI«



Von „Tatort“ bis „Notruf Hafenkante“ spielen viele TV-Krimis im Hamburger Hafen. Kommissar Hass, schauen Sie zu?

Jan Hass Ich selbst bin nicht der große Krimifan. Aber viele Kollegen verpassen keine Folge – und schimpfen oft anderntags, weil nicht immer alles der Realität entspricht.

Sanna Englund Wir drehen keine Dokumentation, sondern Fiktion. Die Wache aus „Notruf Hafenkante“ stellt auch keine Wache der Wasserschutzpolizei dar, sondern eine normale Hamburger Polizeistation, die sich zufällig an der Kehrwiederspitze befindet. Wir ermitteln in ganz Hamburg.

Hass Die Folgen von „Notruf Hafenkante“, die ich gesehen habe, waren ganz gut gemacht. In einer Episode ging es um mit Gift kontaminierte Trikots, die ein Vater aus einem chinesischen Container klaut und seinem Sohn schenkt, der daraufhin erkrankt. Solch einen Fall hatten wir auch mal. Wir mussten zwei Containerladungen vernichten. Die „Großstadtrevier“-Serie dagegen hat nicht viel mit der Realität zu tun. Das ist die verniedlichte Form von Polizei. Aber dem Schauspieler Jan Fedder verzeiht man ja alles.

Englund Das ist das größte Kompliment, wenn Polizisten sagen, dass wir gute Arbeit machen. Wir haben auch regelmäßig Berater der Polizei beim Dreh. Authentizität ist für uns Schauspieler immer wieder oberste Prämisse. Zum Beispiel wollte ich am Anfang, dass alles perfekt aussieht. Nach dem Motto: Ich will mit gezogener Waffe höher, schneller, weiter springen als normale Menschen. Irgendwann habe ich gemerkt: Es wirkt viel authentischer, wenn mir das passiert, was normalen Menschen auch passiert, wie stolpern, schnaufen und auch mal die Kontrolle verlieren.

Der Hamburger Hafen ist Ihr Arbeitsort. Ein verdammt kalter und windiger ...

Hass Mit Lederjacke geht das.

Englund Es ist wirklich immer kalt hier, selbst im Sommer. Aber zwischen den Takes schlüpfen wir in Daunenjacken. Der Blick auf den Hafen entschädigt für alles.

Herr Hass, Sie ermitteln seit 27 Jahren. Gibt es heute noch die klassischen Hafengangster?

Hass Eher selten. Deren Zeit waren die 80er- und 90er-Jahre. Hamburg wurde damals von Kollegen das Tor zur Unterwelt genannt. Ein Sack Kakaobohnen konnte 1000 Mark bringen. Es war früher viel einfacher, in Lagerhäuser einzubrechen. Die Hafengangster fuhren mit ihren Wagen bis an die Schuppen und beluden sie. Es dauerte, bis man sie zu fassen bekam. Die kannten den Hafen, viele arbeiteten hier. Heute klaut keiner mehr ein paar Säcke, sondern gleich einen Container.

Englund In unseren Krimis gibt es selten die typischen Hafengangster. Wir verfolgen die Verbrecher, die in jeder Stadt unterwegs sind. Und wir haben auch keine Wasserleichen ...

Hass ... von denen es im Hafen nicht wenige gibt. Die meisten sind Selbstmörder. Als ich einmal auf der Köhlbrandbrücke Streife fuhr, sprang aus einem Taxi vor mir ein Fahrgast,

kletterte unvermittelt über die Brüstung und schlug unten neben einer Touristenbarkasse auf.

Ist der Hafen ein guter Ort, um eine Leiche verschwinden zu lassen?

Hass Nein, die tauchen alle wieder auf. Allein schon wegen der vielen Schiffe, die das Wasser aufwirbeln.

Welcher Ihrer Fälle würde einen guten Krimi abgeben?

Hass Vor 20 Jahren hatten wir eine Serie von Diebstählen in den Kajüten der Schiffe im Hafen. Wir hatten einen gestrandeten Seemann im Verdacht, der am Hafen wohnte und abends immer lange Spaziergänge unternahm. Wir nannten ihn „Schulze", monatelang waren wir hinter ihm her, beschatteten ihn. Als er eines Abends den Hafen durch den Zoll verlassen wollte, stellten wir ihn. „Schulze, was ist, wo warst du?", fragte ich ihn. Er fing sofort an, sich ausziehen, als Beweis seiner Unschuld. Als er fast nackt war, entdeckten wir, dass er unterm Unterhemd Hunderte Scheine versteckt hatte.

In Krimis wie „Großstadtrevier" pflegen die Polizisten enge Beziehungen zu Informanten. Tun Sie das auch?

Hass So wie Jan Fedder vom „Großstadtrevier" das macht, läuft das heute nicht mehr. Früher war es schon üblich, dass jedes Revier „gute Bekannte" hatte. Wir hatten mal einen namens Körnchen, der sich häufig in einem Kommissariat Geld lieh. Wenn er es zurückbrachte, erzählte er, was er draußen gehört hatte. Er wohnte in einem alten Bahnwärterhäuschen. Eines Tages lag er tot in seiner Koje. Heute wohnt kaum noch jemand im Hafen. Und die Hafenkantinen, in denen früher getratscht wurde, gibt es nicht mehr.

Welche Fälle sind heute typisch für die Kriminalität im Hafen?

Hass Verschiebungen teurer Autos nach Übersee, dann Drogendelikte, wie einmal acht Tonnen Hasch, die aus dem Libanon als Nägel deklariert nach Kanada weiterverschifft werden sollten. Oder die vielen Menschenschleusungen. Bis vor zehn Jahren wurden immer wieder Flüchtlinge in Laderäumen oder Containern mit kleinen Luftschlitzen entdeckt. Einmal kamen von 16 Leuten nur 5 lebend in Hamburg an.

Englund Solche Themen sind oft zu dramatisch für eine Vorabendserie.

Hass Wir mussten aber auch einmal einen wild gewordenen Hahn schnappen, der von einem argentinischen Schiff ausgebüchst war und Hafenarbeiter angriff. Später stellte sich heraus, dass es sich um einen Kampfhahn handelte, der von der Schiffscrew mit weiteren Hähnen für die Abendunterhaltung an Bord mitgenommen worden war. Das war ein Verstoß gegen das Tierschutzgesetz.

Englund So ein Fall würde schon eher zu uns passen.

**Stören die vielen Touristen Sie bei Ihrer Arbeit?**

Englund Wenn wir samstags in der Wache an der Kehrwiederspitze drehen, stehen Menschentrauben um uns herum. In den Drehpausen werden wir angesprochen und, sogar während uns das Gesicht gepudert wird, nach dem Weg gefragt. Dann machen wir uns einen Spaß und schicken die Leute woandershin. Nein, das war nur ein Scherz. Schließlich wollen wir dem Ruf der Polizei nicht schaden.

Hass Zu den Landungsbrücken gehe ich nur in Zivil. Kollegen erzählen, dass man in Uniform kaum vorankommt. Wo ist das Gewürzmuseum, wo das Eisenbahnmuseum, wo meine Tante? Für viele Touristen sind Polizisten vor allem eine Auskunftsstelle.

Englund Vor dem Uefa-Cup-Finale waren viele Madrilenen am Hafen, als wir drehten. Viele erkannten uns, weil unsere Serie in Spanien unter dem Titel „Hamburgo 112“ sehr erfolgreich läuft. Die Spanier waren total überschwänglich, brüllten immer wieder „Foto, Foto“ in die Szene rein. Die Aufnahmeleiter hatten viel zu tun.

**Hat die HafenCity die Hafenkriminalität verändert?**

Hass Die HafenCity ist als neuer Stadtteil ein besonderer Teil des neuen Hafens geworden. Zum neuen Hafen gehören die modernen Containerterminals im westlichen Bereich des Hafens, das Cruise Center und bislang im Hafen nicht da gewesene Geschäfte und Privatwohnungen. Hier gibt es die für solche Stadtteile typische Kriminalitätsform wie Einbrüche und Diebstahl.

**Herr Hass, Sie scheinen die moderne HafenCity nicht ganz zu mögen.**

Hass Einige Gebäude gehören nicht zu meinen Lieblingsflecken im Hafen. Wenn man älter wird, wird man zwangsläufig zum Nostalgiker. Mir sind die alten Bereiche lieber. Der Schuppen 52, Ellerholzdamm, Rossweg, der alte Hafen. Zu fast jedem Ort im Hafen fallen mir Geschichten ein.

Englund Der Schuppen 52 ist auch einer meiner liebsten Drehorte im Hafen. Der Blick auf die Skyline ist von dort so schön.

Hass Den alten Hafen gibt es nur noch in Teilbereichen, die Zeiten der Sackkarren ist vorbei. Durch die Van Carrier, die sogenannten Spinnen, hat sich die Technik im Hafen in nicht ungefährlicher Weise verändert. Die Transportfahrzeuge für Container haben auf den Terminals überall Vorfahrt. Da stehst du mit deinem Streifenwagen, und plötzlich schießt ein Container um die Ecke. Es gab schon Van Carrier, die über terminalfremde Fahrzeuge und auch über Streifenwagen drübergefahren sind.

Stephan Seiler

Susi Kentikian, 22, ist mehrfache Boxweltmeisterin im Fliegengewicht und floh als Achtjährige aus Armenien nach Deutschland.

SUSI KENTIKIAN





## MEIN TOR ZU EINER BESSEREN WELT

Der Wind im Gesicht – ein wenig nass, dunkle Wolken. Wer wie ich den Hamburger Hafen durch ein schwimmendes Asylantenquartier kennengelernt hat, dem fehlt manchmal der Sinn für Romantik, selbst beim Blick auf die Landungsbrücken. Wir waren aus Armenien geflohen, unser Auffanglager wurde ein Schiff auf der Elbe.

Ich weiß noch genau: das Leben auf engem Raum, das ständige Kommen und Gehen von Menschen, die man nicht kannte, die selbst fremd waren. Schummeriges elektrisches Licht, Taschenlampen, Feuerzeuge und Zigarettenglut, vom Wasser her Positionslichter, selten Kerzen, kaum Gemütlichkeit. Und immer dieser Wind.

Muffige Räume, die Angst vor der Abschiebung, die Demütigung der Zweitklassigkeit. Und Gestank, der schlimmer ist als toter Fisch. Das Schiff, auf dem wir wohnten, hatte den Namen „Bibi Altona“. Klingt eigentlich ganz niedlich, war's aber nicht. Dreckig war's.

Der Blick von den Landungsbrücken nach links zur „Rickmer Rickmers“, in die Kamera – ein sogenannter Trailer für meinen WM-Kampf im Fernsehen wird gedreht. Klasse, ich bin Boxweltmeisterin, (fast) alle mögen mich, Vorbeigehende rufen: „Susi, viel Erfolg weiterhin!“ Mir geht's gut. Ich fühl mich gut und atme tief ein. Die großen mächtigen Schiffe, immer was los, immer was zu schauen.

Ich liebe Hamburg und seinen Hafen! Hamburg ist für mich auf meine Art mein Tor zur Welt geworden. Nur ganz nach rechts in Richtung Große Elbstraße schaue ich nicht immer so gerne. Spaziergänge an der Elbe? Vielleicht mit Papa? Ich kann mich nicht erinnern. Das kommt sicher, wenn ich mal Kinder haben sollte und ihnen mein ganzes Hamburg zeigen möchte.

# SPEICHERSTADT

IMMER EINEN AUF LAGER

MODELABELS, WERBEAGENTUREN, RESTAURANTS UND MUSEEN:
SIE ALLE SIND IN DEN VERGANGENEN JAHREN IN DIE SPEICHERSTADT GEZOGEN

# DAS BACKSTEIN-BUSINESS



Das Kopfsteinpflaster ist noch da. Die holprigen, schmalen Bürgersteige auch. Selbst Reste des alten Zollzaunes sind noch zu erkennen. Und die einzigartigen Backstein-Speicher sowieso. Nein, meint „Miniatur Wunderland"-Besitzer Frederik Braun, auf den ersten Blick habe sich die Hamburger Speicherstadt kaum verändert in den vergangenen zehn Jahren. „Das ist immer noch wunderschön hier", sagt er und deutet auf das geradezu verspielt wirkende Eckgebäude an der Straße St. Annen. „Hier ist mein Lieblingsplatz, die schönste Ecke der Speicherstadt." Türmchen ragen an dem historischen Ziegelbau auf, Treppengiebel und Erker. „Hafen-Rathaus" wurde das markante Gebäude früher genannt. Der Hamburger Hafen- und Umschlagsbetrieb HHLA hat hier seinen Verwaltungssitz. Der Hafen bestimmte in den Straßen und Gassen des gut eineinhalb Kilometer langen und bis zu 250 Meter breiten Lagerhauskomplexes auch noch das Alltagsgeschehen, als Braun mit seinem Bruder Gerrit und dem gemeinsamen Freund Stephan Hertz sich dort erstmals genauer umsahen. 2001 war das, und der mächtige Zollzaun trennte die historische Speicherstadt noch komplett von der Innenstadt ab. „Da traute sich doch kaum jemand hin, für viele Hamburger war das ein völlig unbekanntes Gebiet", sagt Braun.

Nur durch eine Zollstation gelangte man hinein, nach 20 Uhr waren viele Ausgänge verschlossen. Der Hafen – und mit ihm die Speicherstadt – war noch vor wenigen Jahren für viele in der Stadt eher so etwas wie eine ausländische Insel. Ein geheimnisvoller Fleck, wo Teppiche, Kakao, Kaffee, Pfeffer, Zimt und noch vieles andere aus Übersee lagerte. Wo man sich, sollte man dazu gezwungen sein, auch einmal mit falschen Pässen oder Schmuggelware versorgen konnte. Vieles, so hieß es damals, lasse sich im Hafen „besorgen" – auch wenn hinter solchen Sprüchen oft mehr Legende als tatsächliches Erlebnis steckte.

Doch die Braun-Brüder hatten das richtige Gespür. Lange hatten sie die Szenediskothek Voilà betrieben. „Irgendwann hatte ich dann aber genug vom Nachtleben", sagt Frederik Braun. Im Urlaub in der Schweiz kam er auf die Idee: Die größte Modelleisenbahn der Welt wollte er aufbauen. Mit einem Kredit von zwei Millionen DM. „Wir suchten dann einen Platz in Hamburg, an den möglichst viele Touristen kommen würden." Einen Standort am Fernsehturm verwarfen die Brauns wieder und kamen so schließlich mit der HHLA ins Gespräch. Die wollte ihre historischen Lagerhäuser weiterentwickeln, das Herauslösen der Speicherstadt aus dem zollfreien Freihafen war bereits im Gespräch und erfolgte schon ein gutes Jahr später. Das touristisch attraktive Projekt mit dem Namen „Miniatur Wunderland" in einem der alten Speicher umzusetzen passte den Hafenleuten da gut in den Kram. „Wir bekamen eine faire Miete angeboten", so Braun. Der Rest ist Geschichte, Erfolgsgeschichte.

Versteht nur Bahnhof, aber das sehr gut:
Frederik Braun erfand die größte Modelleisenbahn der Welt.

Schon im ersten Jahr kamen 350 000 Besucher ins Wunderland. Heute sehen sich die Miniatur-Anlage mehr als eine Million Menschen jedes Jahr an. Neben dem Tierpark Hagenbeck ist die kleine Welt in dem Backsteinspeicher damit heute einer der größten Besuchermagneten Hamburgs. Viele Modellpanoramen nach realen Vorbildern aus Hamburg und Europa haben die Modellbauer gestaltet. Kleinste Details bis hin zu verstecktem Freiluft-Sex, Wasserleichen und Verkehrsunfällen im Millimeterformat sind da zu entdecken. „Eine Pop-Bahn", keine schlichte Modellbahn mehr sei die Anlage, schrieb das „Handelsblatt" in einem Artikel über den Erfolg der ungewöhnlichen Idee.

Nach einem kleinen Rundgang steht Frederik Braun nun wieder auf dem Kopfsteinpflaster an der alten Grenzlinie: Der Zollzaun ist bis auf einen kleinen, hüfthohen Rest gekappt. Hamburgs Innenstadt und die Speicherstadt scheinen kaum noch getrennt. Nur der breite Zollkanal zeugt noch von der einstigen Insellage; Barkassen tuckern mit Touristen an Bord vorbei. Durchdringend klingen ihre Signalhörner aus dem tief liegenden Gewässer und hallen an den gemauerten Wänden nach. Ganze Fußgängerscharen ziehen auf den Brücken zwischen beiden Stadtteilen hin und her, Busse und Pkw holpern über die alte Straße vor der ersten Speicherreihe. Längst ist das Areal nicht mehr die abgeschlossene Welt, die es einmal war. An manchen Tagen erinnert die Speicherstadt vielmehr an eine Fußgängerzone am Sonnabendvormittag. „Es ist schon unglaub-

lich, wie viele Menschen hier vor allem am Wochenende einfach nur entlangspazieren“, sagt Braun.

Sein Miniatur Wunderland steht dabei als Beispiel für einen Wandel, den die HHLA als Eigentümerin dieses größten historischen Lagerhauskomplexes der Welt in den vergangenen Jahren vorangetrieben hat. Kakao, Kaffee, Gewürze und ähnliche, früher typische Hafenwaren lagern hier mittlerweile nur noch in Museen. Längst haben sich auch die Quartiersleute, wie die Lagerhausbetreiber im Hafen genannt werden, moderne Logistikhallen tief im Freihafen auf der anderen Elbseite gebaut. Vor 125 Jahren waren die Backsteinbauten der Speicherstadt hochmodern, heute eignen sie sich wenig für Gabelstapler und Containertransport. Die unvergleichliche Atmosphäre der Lagerhallen, in denen noch der Geruch von Kaffee zu hängen scheint, ist stattdessen zum Beispiel ideal für Modefirmen. Ihre neuesten Kollektionen präsentieren sie in Showrooms mit coolem Backstein-Ambiente. Statt Kaffee-Kontor steht dann „fashion solution“ auf einem Klingelschild. Auch einige Künstler haben hier Ateliers gemietet. Viele Speicher baute die HHLA zu Büros mit rauem Speichercharme aus. Denn auch Medienunternehmen haben die Speicherstadt längst für sich entdeckt, Agenturen und Redaktionen machen sich breit. Edle Restaurants und sogar eine kleine Markthalle haben hier eröffnet.

Rund 300 000 Quadratmeter Lagerfläche besitzt die städtische HHLA in den alten Speichern, die seit 1991 unter Denkmalschutz stehen. Gut 130 000 davon sind in den vergangenen Jahren renoviert worden und beherbergen nun neue Mieter: Allein knapp 80 000 Quadratmeter der Böden, wie die Stockwerke der Speicher heute noch heißen, sind zu Büros geworden. Und auf 25 000 Quadratmetern sind Gastrobetriebe, Kultur- und Unterhaltungsunternehmen zu Hause. Es sei eine behutsame Entwicklung, die man anstrebe, versichert die HHLA. Darauf hofft auch Frederik Braun. Zu eng verzahnt mit der restlichen Stadt sollte die Speicherstadt auch nicht werden, meint er. Der etwas robustere Charme des früheren Hafens ist doch gerade das, was alle anlockt. Es wäre jammerschade, wenn irgendwann das Kopfsteinpflaster und der holprige Bürgersteig einer genormten Stadtstraße weichen müsse. „Die Speicherstadt“, sagt Braun „ist eben immer noch ein Teil des Hafens!“ Eine Tatsache, die so bleiben müsste. Am besten meißelt man sie in Stein.

Axel Tiedemann

ROMANTIK ADÉ. DER HANDEL MIT PERSERTEPPICHEN LÄUFT HEUTE PER PC UND DIGITALFOTOS

# UNTER DEN TEPPICH GEKEHRT

Yaghoube Nowbari öffnet das Tor zum Orient. Er steht am Fenster seiner Lagers im zweiten Stock eines roten Backsteinhauses in der Speicherstadt. „Orienthandel seit 1954" ist unten am Eingang zu Nowbaris kleinem Familienimperium am Sandtorkai 27 zu lesen. Vor dem Haus parkt ein Lkw, ein Spediteur lädt fleißig Teppich um Teppich aus. Eine Woche war die Ware unterwegs, feinste Perserteppiche, einige von ihnen handgeknüpft. Der teuerste kostet rund 6000 Euro. Nowbari steht am offenen Fenster mit Blick auf die Neubauten der HafenCity und lässt die Seilwinde hinunter. „Das ist 120 Jahre alte Technik", sagt er stolz. 20 Ballen, das ist die Maßeinheit für Teppiche, zieht Nowbari so nach oben. Vieles hat sich verändert, seit der Iraner vor 40 Jahren die Räume mietete, die Winde ist geblieben.

Yaghoube Nowbari betreibt Hamburgs ältesten Im- und Export von Orientteppichen. Er ist ein Mann der ersten Stunde. Am 5. März 1954 kam der damals 26-Jährige aus dem Iran in die Hansestadt. Er brachte einen Koffer mit ein paar juristischen Unterlagen mit – und 20 Ballen Teppiche. Nowbari ist ein gebildeter Mann, hat im Iran ein Soziologie- und ein Jurastudium abgeschlossen und als Kaufmann in der Textilbranche gearbeitet. Auch Deutsch lernte er in seiner Heimat, denn hier sah er seine Zukunft. „In Deutschland wollte ich weiter Jura studieren und nebenbei meinen Teppichhandel aufbauen", erzählt er.

Seine erste Wohnung teilte der damalige Student mit einem Schwaben, den er sogleich als Mitarbeiter für 40 Mark pro Monat einstellte. Die Geschäfte liefen von Anfang an gut, Perserteppiche waren in dieser Zeit ein Symbol für Wohlstand. Nowbari: „Nach zwei Jahren gab ich das Studium auf und widmete mich ganz meinen Teppichen." Schon vier Jahre später verbuchte der Händler seine erste Million Umsatz. „Das war eine Sensation damals, unvorstellbar!" Noch heute kriegt der Perser glänzende Augen, wenn er sich erinnert.

Nowbari investierte und ließ sich von seinem Schwager regelmäßig Ware aus der Heimat schicken. „Eine logistische Meisterleistung zu dieser Zeit!", sagt er. Vier Wochen schipperten die Teppiche auf dem Wasser, dann erst erreichte das Schiff den Hamburger Hafen. Straßenbahnfahrer fuhren die Ware bis vor die Haustür. „Schauen Sie", sagt Nowbari, öffnet sein Fenster wieder und zeigt nach unten. „Dort sieht man noch die Schienen."

Nowbari weitete sein Geschäft aus, importierte auch Teppiche aus Indien, der Türkei und Pakistan und vergrößerte sein Lager in den 80er-Jahren von 300 auf 1400 Quadratmeter. Erst rief das Teppichhaus Kibek aus Elmshorn an, später orderten auch die großen Kaufhäuser Karstadt und Horten Ware. „In dieser Zeit war unser Geschäft auf dem Höhepunkt", sagt Nowbari und strahlt schon wieder. Jede Woche flatterten Werbeprospekte mit Angeboten von Nowbaris Perserteppichen in die Häuser. „In jeder größeren Stadt gab es zehn Fachgeschäfte für Orientartikel, und dazu kamen die Teppich-Fachgeschäfte", erzählt er.

Fliegende Teppiche: Yaghoube Nowbari (l.) und einer seiner Mitarbeiter, der die Ware in die Speicher schweben lässt.



Dann kam der entscheidende Einschnitt in Nowbaris Karriere: „Der Computer hat alles durcheinandergebracht", bringt er es auf den Punkt und lächelt wieder, wenn vielleicht auch etwas wehmütig. Der Raum vor seinem Lager, in dem er früher seine Geschäftskunden mit Jasmintee empfing, ist heute oft leer. Stattdessen verbringen der Perser und seine sechs Mitarbeiter einen großen Teil des Tages vor dem Computer, aktualisieren die Homepage, wickeln Käufe per Internet ab. „Früher kamen die Kunden, um sich die Teppiche anzuschauen. Heute verschicken wir Digitalfotos", sagt Nowbari. Dafür gehören jetzt Kaufleute aus Saudi-Arabien zu seinem festen Kundenstamm, auch welche aus Sydney und Los Angeles, Tokio und Brasilien.

Die Kundschaft habe sich verändert: „Früher kauften nur reiche Menschen einen Perserteppich", erzählt der Händler. Heute sei das Angebot größer, und es gebe Ware in allen Preisklassen. Nowbari setzt trotzdem weiter auf Qualität: „Ich verkaufe mittlerweile nur noch persische Ware, Teppiche aus Indien und China werden zu billig produziert." 20 Prozent seiner Teppiche fertigen Knüpfer in Nowbaris eigener Werkstatt in der iranischen Teppichstadt Täbris. „In Deutschland könnte man diese Arbeit nicht bezahlen, da würde ein Teppich schnell 100 000 Euro kosten", erzählt er. Der Perser, der in diesem Jahr seinen 83. Geburtstag feiert, hat in den vergangenen Jahrzehnten viele Veränderungen mitgemacht, der Blick aus dem Fenster seiner alten Lagerhalle auf die neu gebauten Gebäude der HafenCity ist da fast symbolisch. „Veränderungen sind gut", sagt Nowbari optimistisch. „Sie bringen einen weiter."

Die Teppiche haben aus dem einstigen Jurastudenten einen reichen Mann gemacht, sie tun es bis heute. Um den deutschen Markt hat sich Nowbari sowieso nie Sorgen machen müssen, selbst in der Finanzkrise nicht. „Die Deutschen haben das richtige Klima und das richtige Portemonnaie", bringt er es auf den Punkt. „2009 war zwar ein sehr schlechtes Jahr, aber 2010 haben wir schon Anzeichen gespürt, dass die Leute wieder Interesse haben." Momentan sei der Perserteppich sogar wieder richtig im Trend, weil er hervorragend zu den modernen Holz- und Laminatfußböden passe.

Drei Jahre noch möchte Nowbari in seinem Geschäft arbeiten, dann wird er seine Tür endgültig verriegeln. Denn weiterführen wollen seine beiden Töchter, die eine Soziologin, die andere im Pflegedienst, das Geschäft ihres Vaters nicht. So geht es auch vielen anderen Händlern, die aus dem Ausland nach Deutschland kamen und deren Kinder jetzt modernere Berufe ergreifen wollen. In den vergangenen zehn Jahren hat sich so die Zahl der iranischen Teppichhändler in der Speicherstadt von 122 auf 57 halbiert.

Zurück in den Iran zu gehen kommt für Yaghoube Nowbari aber nicht infrage. Er fühle sich heimisch in der Hansestadt und sei seinen Wurzeln zumindest in der Speicherstadt nah. Er ist überzeugt: „Wenn Hamburg das Tor zur Welt ist, dann ist die Speicherstadt der Eingang zum Orient."

Birte Schmidt

HENNING RADEMACHER ÜBER DEN WANDEL DES HAFENVIERTELS UND DEN BAU DES SCHICKEN LAGERHAUSKOMPLEXES

# »DIE HAMBURGER WOLLTEN STOLZ SEIN«



Henning Rademacher ist ein Nautiker, der zum Museumsmacher geworden ist: Früher fuhr er als Schiffsoffizier auf Tankern und Frachtern in alle Welt. Dann studierte er Volkswirtschaft und arbeitete bei einem Hafen-Beratungsunternehmen. So kam Rademacher mit der Geschichte des Hafens in Berührung und war fasziniert. Der heute 65-Jährige sattelte um, wurde Volontär in einem Museum und machte sich schließlich mit dem Speicherstadtmuseum selbstständig.

**Die Architektur der Speicherstadt wirkt heute sehr schmuckvoll, fast verspielt. Wie wurde sie in ihrer Entstehungszeit von den Menschen empfunden?**

Natürlich wollte man damals in Hamburg stolz sein auf diesen neuen Lagerhauskomplex. Auf der anderen Elbseite wurden zu der Zeit viel schlichtere Lagergebäude gebaut. Aber im Vergleich zu den Wohnhäusern dieser Zeit mit ihren vielen Stuckelementen waren die Speichergebäude schon eher sachlich. Vor allem im ersten Abschnitt der Speicherstadt, wo sich die Fassaden vor allem aus dem Backstein heraus entwickeln.

**Was ist das Besondere an den Lagerhäusern?**

Wegen der Freihafenregelung wurden hier erstmals Büros, Wohnungen und Lager getrennt. In der Speicherstadt wurden eben meist nur Speicher gebaut. Die Speicherstadtblöcke sind dabei im Prinzip mehrere Lager, die nicht nebeneinander stehen, sondern übereinander gebaut wurden. Die einzelnen Stockwerke heißen hier Böden.

**Hatten diese Böden besondere Vorzüge?**

Ja, durch die dicken Mauern gab es im Inneren sommers wie winters viel weniger Schwankungen zwischen Wärme und Kälte. Diese gleichmäßige Temperatur und ein besonders trockenes Klima machten die Lagerhaltung für bestimmte Waren ideal.

**Heute sind wohl von den klassischen Speicherstadtwaren wie Kaffee oder Gewürze nur noch die Orientteppiche übrig geblieben.**

Nicht einmal das. Denn dass hier Teppiche liegen, ist eher neu. Die Teppichhändler aus Afghanistan oder dem Iran sind im Prinzip erst auf die Quartiersleute gefolgt, die sich woanders moderne Logistikhallen gebaut haben. Und mit den Teppichen wird hier gehandelt – während die Quartiersleute Importprodukte nur treuhänderisch gelagert oder veredelt haben.

**Was ist denn jenseits der Fassaden von der ursprünglichen Speicherstadt geblieben?**

Nischt. Na ja, außer in unserem Museum vielleicht: Dort lagern wir noch die alten Produkte.

Axel Tiedemann

# FRANK ENGELBRECHT

Frank Engelbrecht, 45, ist seit 2003 Pastor in der Hauptkirche St. Katharinen, zu deren Gemeindegebiet die HafenCity, die Altstadt und die Speicherstadt gehört.

## DAS LIED DES LEBENS

Eine Ode an den Hafen anzustimmen heißt, das Lied des Lebens zu singen. Für mich jedenfalls. Denn ich bin mit Häfen aufgewachsen: in meiner Kindheit mit dem Hafen in Hamburg, meiner Geburtsstadt, und mit den Fährhäfen von Puttgarden und Rødby. Hier bin ich unzählige Male auf Fähren ein- und ausgelaufen auf dem Wege nach Møn, der Ferieninsel meiner Kinder- und Jugendzeit in der dänischen Ostsee. „Hårbølle Havn“ heißt mein Lieblingshafen dort, mit Fischerbooten, Würstchenbude und Eisstand.

Im Studium war Kopenhagen eine meiner Stationen. Später habe ich hier noch dreieinhalb Jahre als Pastor gearbeitet und die Ostseeküste genossen im malerischen Hafen von „Nyhavn“, dem ehemaligen Rotlichtviertel. Die kleine Seejungfrau, die an der Hafenkante sitzt und Ausschau nach ihrem Prinzen hält, hat mich stets begleitet.

Zurück in Hamburg als Pastor der Flussschifferkirche, habe ich im Hafen Gottesdienste auf dem schwankenden Grunde des schwimmenden Kirchenschiffs gefeiert und Menschen auf der Elbe verheiratet, getauft, beerdigt, mit ihnen gefeiert, gesungen, getrunken, gegessen, gelacht, geschwiegen, auch mal geweint und gestritten. Heute bin ich Pastor in St. Katharinen, der Hafenkirche an Speicherstadt und HafenCity.

Aber hinter der Poesie des Hafens steckt mehr als nur individuelle Biografie. Der Hafen bewahrt menschliche Urerinnerungen auf: an den Beginn und das Ziel der Welt. Aus dem Wasser ist das Leben einst ans Land gekrochen, und alles Sterben ist wie ein letztes In-See-Stechen. Kein Wunder, dass der biblische Jesus immer wieder gern an die Küste ging und bei Sonne und Sturm sein Boot bestieg. Denn an der Küste und im Hafen singen Wasser und Wind und Möwen und Schiffe und Gestank und Lärm und Lichter das Lied des Lebens. Da steckt rauer Trost drin. Das versteht auch, wer sonst keine Ahnung vom Hafen hat. Mein Lieblingsdichter, Wolfgang Borchert, hat Worte für diese Lieder des Hafens gefunden. Eine der schönsten Zeilen aus seinem „Laternentraum“, dessen Sehnsucht selbst über den Tod hinausreicht: „Wenn ich tot bin, / möchte ich immerhin / so eine Laterne sein, / ... am Hafen, / wo die großen Dampfer schlafen / und wo die Mädchen lachen, / würde ich wachen / an einem schmalen schmutzigen Fleet / und dem zublinzeln / der einsam geht.“

SIE STEHT AUF 3,5 MILLIONEN EICHENPFÄHLEN.
UND DIE HAMBURGER STEHEN AUF SIE:
VOR 125 JAHREN FIEL DER STARTSCHUSS FÜR DIE SPEICHERSTADT

# AUF HOLZ GEBAUT



Seit 1991 steht die Speicherstadt unter Denkmalschutz und soll zum Unesco-Weltkulturerbe erklärt werden. Äußerlich wird daher kaum etwas verändert: Auch neue Unternehmen erhalten die dezenten goldenen Schriftzüge an der Fassade, bunte Werbetafeln sind verpönt. Bis hin zu den Klingelschildern ist die Einheitlichkeit der historischen Architektur gewahrt: Kein Zweifel, die Speicherstadt ist so etwas wie ein riesiges Museum. Kaum vorstellbar, dass der gesamte Komplex einmal als einer der modernsten seiner Art galt. Ein ganzes altes Stadtviertel wurde für ihn abgerissen, Zehntausende Hamburger wurden zwangsumgesiedelt. Anlass für den Bau war die Gründung des Deutschen Reichs als Bundesstaat im Jahr 1871. Mit Hamburg strebte das Land einen Zollanschluss an. Doch Hamburg wollte sich sein uraltes Privileg einer zollfreien Lagerhaltung nicht nehmen lassen: 1888 trat die Stadt daher zwar dem Deutschen Zollverein bei, der Hafen und speziell die Speicherstadt wurden aber zum Freihafen ernannt, in dem keine Zölle fällig sind. In dieser Enklave konnten die Hamburger Kaufleute weiter Importwaren lagern und verarbeiten – was letztlich Garant für den wirtschaftlichen Erfolg von Hafen und Stadt war.

Die heutige HHLA ist eigens für den Zweck gegründet worden, dieses Lagerrevier zu bauen. Daher ist das noch immer zu großen Teilen städtische Unternehmen auch Eigentümer der gesamten Speicherstadt, obwohl es eigentlich eher als Betreiber großer und moderner Containerterminals in Erscheinung tritt.

Architektonisches Vorbild für die Speicherstadt waren die norddeutschen Hansestädte mit ihren Backsteinfassaden, Staffelgiebeln und Türmchen. Hinter den neogotischen Kulissen versteckten die Erbauer allerdings damals hochmoderne Errungenschaften wie hydraulisch betriebene Winden oder elektrische Beleuchtung. Gebaut wurde in Abständen: Die ersten „Blöcke“ A bis O entstanden in den Jahren 1885 bis 1888 – damit waren zum Zollanschluss bereits rund 60 Prozent der Lagerfläche fertig. Die Blöcke P, Q und R kamen in den 1890er-Jahren hinzu, die letzten Blöcke wurden dann – unterbrochen vom Ersten Weltkrieg – bis 1927 gebaut. Kenner können die einzelnen Bauphasen im Inneren der Speicher erkennen: Anfangs verwendeten die Ingenieure noch Stahlträger als Stützkonstruktion. Doch dann erkannte man nach einem Brand, dass solche Träger bei einem Feuer durch die Hitze schnell an Haltekraft verlieren und einknicken können. Man baute dann also wieder mit schweren Eichenpfählen, zuletzt auch mit Betonpfählen, in die T-Träger eingelassen sind.

Im Zweiten Weltkrieg zerstörten Fliegerbomben gut die Hälfte der Speicherstadt, die dann mit viel Detailtreue bis Mitte der 1960er-Jahre wiederaufgebaut wurde. Allerdings: Wer zum Beispiel an der Straßen Sandtorkai alle Krangiebel ganz genau betrachtet, kann an einigen ein interessantes Detail entdecken: Auf einem Gestänge ist lediglich eine Art Plane vor das kaputte Mauerwerk gespannt, auf die einfach eine Ziegelsteinoptik gedruckt wurde. Also mehr Tapete als Fassade, wenn man so will. Axel Tiedemann

MUSEEN UND BESONDERE AUSSTELLUNGEN, DIE AUF SIE WARTEN

# DA IST NOCH SPEICHERPLATZ FREI

## Dialog im Dunkeln

Lust auf ein Blind Date? Eine besondere Verabredung bietet die Ausstellung „Dialog im Dunkeln“. Als Sehender entdeckt man dort die Welt so, wie sie ein Blinder erfährt. Geführt von blinden Mitarbeitern erlebt der Besucher seine Sinne neu und intensiv. Geräusche, Wind und Gerüche simulieren einen Gang durch die Großstadt oder einen Park. Auch ein Business-Training und ein Vier-Gänge-Menü in absoluter Dunkelheit können gebucht werden.

Alter Wandrahm 4
20457 Hamburg
Tel. 309 63 40
(Ticket-Reservierung wird empfohlen)
www.dialog-im-dunklen.de

**Öffnungszeiten Ausstellung**
Di bis Fr 9–17 Uhr , Sa 10–20 Uhr
So und feiertags 11–19 Uhr

**Eintrittspreise Ausstellung**
Standardtour (60 Minuten)
Erwachsene 15 Euro, Kinder (bis 12 Jahre) 7,50, Familien 42 Euro
Erweiterte Tour (90 Minuten)
Plus 4 Euro Zuschlag

## Speicherstadtmuseum

Fliegende Teppiche und Tees aus fernen Ländern, gefüllt in Jutesäcke und Teekisten: In vergangenen Tagen waren die großen Lagerräume in der Speicherstadt voll gestopft mit Gütern aus aller Herren Länder. Im Speicherstadtmuseum werden die typischen Arbeitsgeräte und Waren von damals in Szene gesetzt. Und auch die Lagerarbeiter kommen nicht zu kurz, sondern haben zwei gesonderte Abteilungen bekommen.

St. Annenufer 2
20457 Hamburg
Tel. 32 11 91
www.speicherstadtmuseum.de

**Öffnungszeiten**
April–Oktober:
Di bis Fr 10–17 Uhr,
Wochenende und Feiertage 10–18 Uhr
November–März:
Di bis So 10–17 Uhr

**Eintrittspreise**
Erwachsene 3,50 Euro,
Kinder (6 bis 16 Jahre) 2 Euro,
Gruppen (ab 10 Personen) 3 Euro

## Miniatur Wunderland

Ein kleines Wunder. Das Wunderland gilt als die größte und aufwendigste Modelleisenbahn-Schau der Welt. Oft gibt es deshalb lange Besucherschlangen, den Wartenden wird die Zeit aber mit Filmbeiträgen aus dem Inneren der Ausstellung und Süßigkeiten für die Kleinen verkürzt. Im Internet gibt es zudem eine aktuelle Wartezeitprognose. Geöffnet ist täglich.

Kehrwieder 2–4
20457 Hamburg
Tel. 300 68 00
www.miniatur-wunderland.de

**Eintrittspreise**
Erwachsene 10 Euro,
Kinder (bis 16 Jahre) 5 Euro

## Messmer Momentum

Und was ist mit Tee? Teetrinker sind Genießer, und als Genießer erleben sie im Teemuseum des Messmer Momentum einen Streifzug durch 5000 Jahre Teegeschichte. Multimedial können die Besucher die Geschichte, die Ernte und die Herstellung des Tees kennenlernen. Der Eintritt in das kleine Teemuseum ist kostenlos.

Am Kaiserkai 10
20457 Hamburg
Tel. 73 67 90 00
www.messmer-momentum.de

**Öffnungszeiten**
Täglich von 11–20 Uhr

## Spicy's Gewürzmuseum

Eine scharfe Ausstellung. Riechen, schmecken, anfassen – genau darum geht es im einzigen Gewürzmuseum der Welt. Seit Jahrhunderten gehören Gewürze aus aller Welt zu den wichtigsten Handelsgütern, die im Hamburger Hafen umgeschlagen werden. Mehr als 50 Gewürze können beim Besuch mit allen Sinnen „erlebt" werden. Auch die bereits über 500 Jahre alte Geschichte des Gewürzes kann man erforschen, vom Anbau bis zum Fertigprodukt. Die knarrigen Dielenböden und der Geruch von Jutesäcken im über 100 Jahre alten Speicher macht den Besuch vom Spicy's zu einem besonderen Erlebnis.

Am Sandtorkai 32
20457 Hamburg
Tel. 36 79 89
www.spicys.de

**Öffnunsgzeiten**
Juli–Oktober: Täglich von 10–17 Uhr, November–Juni: Di bis So 10–17 Uhr

**Eintrittspreise**
Erwachsene 3,50 Euro, Kinder (bis 12 Jahre) 1,50 Euro

## Zollmuseum

Kriminell gut. Um die Welt der Schmuggler und Betrüger und ihrer Häscher vom Zoll geht es im Deutschen Zollmuseum. Im Herzen der Speicherstadt gibt es ein kleines Museum, das immer wieder zum Staunen anregt. Was die Leute alles versuchen zu schmuggeln? Das Zollmuseum hält so manche Überraschung bereit. Von Zollquittungen aus dem Altertum bis zur modernen Prüfanlage, mehr als 1000 Ausstellungsstücke aus dem „Zollalltag" gibt's zu bestaunen. Beamte machen Führungen, und seit der Modernisierung des Museums im Jahr 2008 gibt es Film- und Hörstationen, durch die Besucher die Geschichte des Zolls interaktiv erleben können.

Alter Wandrahm 16
20457 Hamburg
Tel. 30 08 76 11
www.zoll.de

**Öffnungszeiten**
Di bis So 10–17 Uhr

**Eintrittspreise**
Erwachsene 2 Euro,
Kinder (bis 17 Jahre) kostenfrei

SEINE KARRIERE STARTETE ALBERT DARBOVEN IN DER SPEICHERSTADT. WER IHN TRIFFT, BEGREIFT, WELCHE WERTE HAMBURG UND DEN HAFEN GROSS GEMACHT HABEN

# KING OF KAFFEE



Wenn Albert Darboven mit typischem Hamburger Akzent in seinen Fernsehwerbespots „Freude am Leben" propagiert, im Nadelstreifenanzug, eine Packung Kaffee in den Händen, dann sind sich auch die süddeutschen Zuschauer gewiss: Hier sehen wir das Paradebeispiel eines Hanseaten. Leicht gebräunt, mit gewelltem Haar, optimistisch, nie zu dick auftragend. Understatement bedeutet Reputation in dieser Stadt.

Albert „Atti" Darboven ist Hamburgs unangefochtener Kaffeekönig, verheiratet mit Edda, einer geborenen Prinzessin von Anhalt. Dazu Rennbahn-Vizepräsident und Pferdezüchter. Der Inbegriff des hanseatischen Kaufmanns. Kaufmann ist er. Hanseat nicht, zumindest kein geborener. Früher hätte er so niemals Eintritt in gesellschaftliche Kreise bekommen, der Stammbaum musste stimmen. Heute spielt die Herkunft keine Rolle mehr, zum Glück.

Gebürtig stammt er aus dem hessischen Darmstadt. Doch er lebt seit mehreren Jahrzehnten, als Junge adoptiert von seinem Onkel Arthur Darboven, in Hamburg. Der Quiddje hat es geschafft, gehört heute zu den angesehensten Kaufleuten der Stadt. Und Darboven gibt zurück. Wie sehr ihm gerade die traditionsreiche Speicherstadt am Herzen liegt, zeigt sein Engagement für die dort gelegene Brooksbrücke. Jeden Tag fährt er mehrmals darüber, immer dann, wenn er zu seinem Kaffeeunternehmen in den Pinkertweg nach Billbrook will. Dann sieht er die vier Schutzheiligen der Hansestadt auf den Brückenpfeilern stehen: „Sankt Ansgar hat uns christianisiert, Barbarossa war weltlicher Wegbereiter für den freien Handel. Hammonia ist die Schutzheilige der Kaufleute, und Europa steht für Verbundenheit mit den europäischen Nachbarn", weiß Darboven. 2006 übernahm er die Patenschaft für die Brooksbrücke, gestaltete sie neu und engagierte den Künstler Jörg Plickat dafür. Immer wieder lässt er Verbesserungen vornehmen, die Insignien wurden bereits vergoldet, dann wieder alles abgenommen, um die Brücke an sich zu modernisieren.

Dort, in der Speicherstadt, dem ehemaligen Freihafen vor den Toren Hamburgs, begann für Darboven alles. Der Kaffeekönig erinnert sich nur zu gern: an seine Lehrzeit als Außenhandelskaufmann beim Kaffeeimporteur Bernhard Rothfos, wo er auch als „Schauermann" arbeitete, also Schiffe entlud. „Obwohl ich so ein Spiddel war." Hochdeutsch würde man sagen: Obwohl er so dünn war. Die älteren Kollegen steckten dem schmächtigen Jungen öfter eine „Barmbeker Stulle", ein Brötchen, zu. Es sei eine glückliche Zeit gewesen, sagt er, dreht an seinen Manschettenknöpfen. Dann die Jahre als Einkäufer auf den Kaffeeplantagen in Übersee. Nicaragua und Costa Rica. Zurückgekehrt, stieg Darboven in das Familienunternehmen ein, dessen Leitung er 1960, nach dem Tod seines Adoptivvaters, in vierter Generation übernahm. Bis heute ist er jeden Tag in seinem Büro, immer im Einsatz für seine Kaffeebohnen.

Auch wenn er zumeist Nadelstreifen trägt und auf den Hamburger Goldknopf-Blaublazer-Look verzichtet – mehr Hanseat geht wirklich nicht. Camilla John

Ob in der Speicherstadt ein Sack Bohnen umfällt,
interessiert als allererstes Albert Darboven.

# Atelier Zippel

Am Kaiserkai 42
20457 Hamburg

040. 34 92 99 36
www.atelier-zippel.de

Öffnungszeiten:
Mo.-Fr.: 10:00h bis 18:00h
Sa.: 10:00h bis 16:00h

Besuchen Sie uns auch
gerne in Kiel:

Eggerstedtstr. 1
24103 Kiel
direkt am Bootshafen

## Maritime Geschenke

Hochwertige maritime Geschenk- und Hamburgartikel sind die Spezialitäten des Atelier Zippel.

Im Ladengeschäft finden sowohl der interessierte Hamburger, als auch Hamburg Besucher eine große Auswahl von Hamburg - spezifischen Artikeln.

Für den maritimen Freund ist hier von massiven Artikeln aus Messing, Buddelschiffen, Glocken, Leuchttürmen, Schlüsselanhängern, Schiffsmodellen, Uhren bis Knotentafeln alles zu finden.

**Am Kaiserkai - die neue Flaniermeile vor der Elbphilharmonie im Herzen Hamburgs - der Hafencity.**

# WASSERSPORT

ZIEH (AN DER) LEINE

VOM GLÜCK, AUF DER ELBE ZU SEGELN –
ODER HIER AUCH NUR EINMAL IM SCHLICK FESTZUSITZEN

# IM FLUSS DER ZEIT



Die unfreiwillige Kaffeepause kündigt sich mit einem sanften Ruck an. Das Elbwasser gurgelt noch am Rumpf, die Segel stehen prall. Aber das Boot dreht sich plötzlich merkwürdig quer zur ursprünglichen Fahrtrichtung. Also Segel schnell runter, Motor an. Die Maschine brüllt, das Schiff bleibt stur. Schlammiges Wasser brodelt am Heck. Wir sitzen im Schlick fest!

Der schöne Segelnachmittag auf der Elbe ist jäh gestoppt. Keine Chance. Die Ebbe saugt das Wasser weg, und bald liegt unsere schöne „Röde Orm“ schräg im Watt vor den Inseln bei Blankenese wie ein müder Wal. Eigentlich müsste man sich jetzt ärgern. Über die eigene Dummheit, bei ablaufenden Wasser noch den Schlenker ins flache Nebenfahrwasser gewagt zu haben, weil die Kinder in den Hafen von Neuenschleuse wollten, nur weil es dort einen Spielplatz und eine Eisbude gibt. Und, ja gut, auch darüber, Wind und Strömung nicht richtig eingeschätzt zu haben, die uns, ohne dass wir es rechtzeitig merken, auf die flache Stelle getrieben haben.

Mal wieder. Die Elbe ist eben kein Baggersee. Die 60 Seemeilen zwischen Hamburg und Cuxhaven gelten als anspruchsvolles Revier. Riesige Containerschiffe, Strömung, Ebbe und Flut, Sandbänke – das alles macht es nicht einfach.

In der ersten Stunde kann der Flutstrom bei Hamburg fast vier Knoten erreichen, vor Cuxhaven sogar fünf. Selbst ein schnelles Boot segelt dagegen dann nur in eine Richtung: nämlich rückwärts. Andersherum wird auch ein langsamer „Stahleimer“ wie unsere neun Meter lange „Röde Orm“ plötzlich zum Racer. Berüchtigt sind die letzten Meilen vor der Nordsee: Da reicht schon ein frischer Wind, der aus Westen gegen die Strömungskraft der Ebbe pustet – und die Elbe zeigt hier Seiten, die man von einem Fluss nicht erwartet hätte. Das Wort vom viel zitierten Hexenkessel trifft es dann. „Hacksee“ sagen Segler zu der steilen, gelegentlich brechenden Welle. Selbst große Yachten krachen dort in kurzen Abständen in die Wellentäler. Aus der Kajüte dringt dann ein Geräusch, als hätte jemand den Inhalt der Schränke in einen riesigen Cocktailshaker gepackt. Oft sieht es danach dort auch so aus. Doch, oh Wunder, kaum hat der Strom gedreht und fügt sich scheinbar dem Wind, ist es wieder friedlich.

Und das ist sie auch dann, wenn man mal festsitzt wie jetzt: Vor uns schafft das Mühlenberger Loch die Anmutung einer Meeresbucht, im Hauptstrom ziehen andere Segler vorbei. Dahinter ragt der Elbhang mit den weißen Häusern von Blankenese auf. Vögel rufen, ein fernes, leises Wummern schwerer Schiffsmaschinen ist zu hören. Die Sonne scheint, weiße Haufenwolken zeichnen sich scharf am blauen Himmel ab. Es riecht nach Kaffee aus der Kajüte. Die Kinder sind von Bord gekrabbelt und entdecken das Watt.

Man muss gar nicht segeln, man muss nur genießen. Und dafür bieten sich viele Ecken an der Elbe: 40 Häfen gibt es zwischen Hamburg und Cuxhaven, auch ruhige und be-

Komm hol die Leine raus, wir spielen Cowboy und Elbsegler – zum Beispiel wie hier auf dem Mühlenberger Loch.



schauliche Ankerplätze wie hinter der Insel Pagensand oder in der Haseldorfer Marsch. Glückstadt, die bezaubernde schleswig-holsteinische Stadt, ist ein Ziel, dass sich von Hamburg aus gut in einem Wochenendtörn erreichen lässt: mit der Ebbe hin, über Nacht bleiben und dann mit dem Flutstrom zurück – perfekt. Ausflüge in die Oste, nach Otterndorf oder sogar bis Cuxhaven brauchen ein wenig mehr Zeit und strammes Segeln.

Doch auch wenn der Törn nur kurz ist, wie bei unserem jähen Stopp im Watt – wenige Stunden auf der Elbe sind immer wie viele Tage auf Urlaubsreise. Gefühlt jedenfalls, weil Ebbe und Flut zur Ruhe zwingen. Der stetige Wechsel bestimmt den Fluss der Zeit.

Langsam nur kommt schließlich mit der Flut das Wasser zurück. Zuerst kriecht es übers Watt, dann schwappt es heran, und schon bald wiegt sich unser Boot sanft in seinem Element. Wir setzen wieder die Segel. Der Abendwind füllt sie, und nahezu lautlos gleiten wir im Nebenfahrwasser wieder Richtung Westen. Vor Neuenschleuse, dicht am Strand der Insel Hanskalbsand, lassen wir für die Nacht den Anker ins Wasser. Die Kette rasselt. Klack, klack, klack – dann ist völlige Ruhe. Die Sonne senkt sich orange über den Fluss am Horizont; Zeit für den Sundowner.

In Hamburg braucht man keinen Karibikurlaub, um das perfekte Glück am Wasser zu erfahren. In Hamburg braucht man ein Boot.

Axel Tiedemann

# BEVOR SIE DIE SEGEL HISSEN



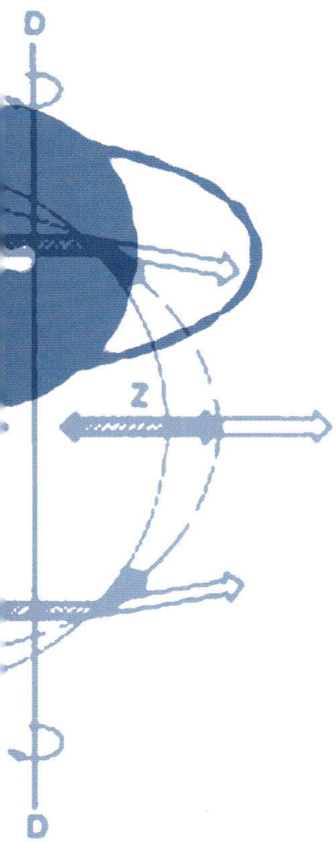


## Gezeiten

Anders als an der Küste sind Ebbe und Flut an der Unterelbe unterschiedlich lang: In nur fünf Stunden rauscht die Flut von der Nordsee nach Hamburg hinein – und in sieben Stunden strömt die Ebbe langsam wieder ab. Wenn der Strom kippt, ist für eine knappe Stunde Ruhe. Stillwasser, wie es im Hafen heißt. Weil sich durch die viele Änderungen im Flussverlauf (Eindeichungen, Aufspülungen, Elbvertiefungen) das Gefüge verändert hat, erreicht der Tidenhub in Hamburg, also der Unterschied zwischen Hoch- und Niedrigwasser, mittlerweile 3,60 Meter. Im 19. Jahrhundert waren es gerade einmal 1,50 Meter! Besonders verändert hat sich dabei der Niedrigwasserstand, der deutlich tiefer geworden ist. Infolge dessen rauscht der Flutstrom mächtiger als früher zurück. Zum Segeln auf der Elbe benötigt man also immer einen Tidenkalender, der in vielen Buchhandlungen zu bekommen ist. Aktuelle Wasserstände (und auch Gezeiten) erfährt man beim Bundesamt für Seeschifffahrt und Hydrografie.
www.bsh.de

## Karten

Der Klassiker ist der Elbeatlas, der auch einen Teil der Oberelbe erfasst und den Flussverlauf bis Helgoland darstellt. Viele Tipps und Infos zu den Häfen ergänzen die Karte.

**Peschke-Verlag**
Bernadottestraße 73
22605 Hamburg
www.die-elbe.de

## Küstenfunk

Der private Nachfolger des legendären Norddeichradios sendet vom Elbdeich in Cranz: Vermittlung von See-Land-Gesprächen, Wetterberichte, Pannenhilfe und mehr gehören zum Service.

**DPØ7 Seefunk**
Estedeich 84
21129 Hamburg
Tel. 23 85 57 82
www.dp07.com

## Seewetter

Auf NDR4 und 972kHz Mittelwelle: täglich um 0.05 Uhr, 8.30 Uhr und 22.05 Uhr

## Elbe schnuppern

Jollen oder Yachten werden an der Elbe eigentlich nicht verliehen, dazu ist das Revier zu schwierig. Eine Ausnahme ist die Segelschule Eichler auf Finkenwerder. Dort wird auch verchartert, allerdings nur an erfahrene Elbsegler. Für alle anderen bietet die vom Seglerverband empfohlene Schule verschiedene Mitsegeltörns auf der Elbe an. Auch Skipper-Training und sämtliche Segelführerscheine können dort in Theorie und Praxis absolviert werden.

## Patente

Die Unterelbe gilt offiziell als Seerevier. Daher braucht man ab hier den Sportbootführerschein See. Dieser Führerschein ist in Deutschland vorgeschrieben, sobald ein Bootsmotor mehr als fünf PS besitzt. Für die Oberelbe verlangt die Wasserschutzpolizei indes den Sportbootführerschein Binnen. Segelscheine sind freiwillige Patente, aber dringend empfohlen.

## Jollen

Für kleine Segelboote (Jollen) oder auch Kanus gibt es an der Unterelbe zwei öffentliche Slipanlagen: Am Mühlenberger Hafen bei Blankenese und die frühere Rampe am alten Sperrwerk in Cranz.

## Liegeplätze

Im Yachthafen Wedel und im Rüschkanal Finkenwerder bieten Vereine oft Gastliegeplätze. Infos zu den Vereinen über den Seglerverband: www.hamburger-segler-verband.de

## Häfen

Rund 40 Häfen gibt es an der Unterelbe. Etliche davon sind aber nur um die Hochwasserzeit zu erreichen. Eine Auswahl der schönsten:

**Yachthafen Neuenschleuse**
Schöner Hafen direkt im Alten Land. Ein Spielplatz liegt nebenan, eine feine Imbissbude gibt es auch, und mit einem Spaziergang sind Restaurants zu erreichen. Achtung: Um Niedrigwasser ist es vor der Einfahrt zu flach.

Borsteler Reihe 20
21635 Jork
Tel. 04162/80 31
(Hafenmeisterei)

**Hafen Glückstadt**
Er lässt sich bei jedem Wasserstand anlaufen. Zum späten Nachmittag wird es aber im Sommer oft voll.

25348 Glückstadt
Tel. 04124/916 00
(Hafenmeisterei)

**Otterndorf**
Süßer, kleiner Elbehafen in Strandnähe: Die Stadt Otterndorf erinnert mit ihrem historischen Kern an Dänemark. Strände, ein Badesee direkt am Deich und riesige Spielplätze finden auch Kinder so toll, dass sie gern kommen – selbst wenn sie das lange Segeln nicht so begeistert. Man braucht zum Einlaufen aber genügend Wasser. Dringend empfohlen sind Revierführer.

21762 Otterndorf
Tel. 0160/91 38 02 32
(Hafenmeisterei)

**City Sporthafen Hamburg e. V.**
Mitten in Hamburg liegt der Hafen superzentral. Manche stört der Schwell der Barkassen, andere lassen sich davon in den Schlaf schaukeln. Der Sound des großen Hafens ist immer präsent und das Portugiesenviertel ganz nah.

Vorsetzen
20459 Hamburg
Tel. und Fax. 36 42 97

Torsten Schilling ist Präsident der „Natural Born Golfers“, einer Crossgolf-Community, die ihre Wurzeln in Hamburg hat, aber mittlerweile auf der ganzen Welt vertreten ist.

# TORSTEN SCHILLING

## U-BOOTE, LEICHEN UND ZOTTELIGE HAUSMEISTER

Als ich Ende der 80er-Jahre bei unseren ersten Golfexkursionen etwas tiefer in den Hamburger Hafen eintauchte, konnte ich selbst als Hamburger nicht glauben, was mich hier erwartete. Das Betreten vieler Orte in dem damals noch fast menschenleeren Freihafen war nicht eindeutig erlaubt, aber das machte es für uns noch viel spannender. Als ich ein Kleinkind war, hatte mir mein Vater von einem geheimnisvollen Ort im Hamburger Hafen erzählt, an dem sogar noch drei völlig intakte U-Boote liegen sollten. Ich fand es damals natürlich extrem interessant, tat es aber als Geschwätz ab. Umso größer war mein Erstaunen, als wir dann plötzlich auf diesem halb zerstörten U-Boot-Bunker stießen und sich dort noch drei, zwar nicht mehr ganz intakte, aber dennoch relativ große U-Boote befanden. Wir stellten fest, dass der Bunker ein optimaler Golfabschlagspunkt für uns war.

Ein weiteres Highlight im Hamburger Hafen war für mich immer „Hausmeister Wolle“ vom Schuppen 52, den wir 92 durch Zufall kennenlernten, als wir einige Golfbälle auf dem damals sehr skurril aussehenden Gelände schlugen. Da lagen alte Schuten, Poller und Dalben herum, und es sah aus, als wenn der ganze Krempel seit 40 Jahren nicht bewegt worden wäre. Nachdem unsere erste Begegnung mit dem ein wenig an „Catweazle“ erinnernden Mann, sagen wir mal, etwas rau ausfiel und er uns die Worte „ Verschwindet hier sofort, ihr Hirten, hier is kein Golfplatz !!!“ entgegenbellte, erkannten wir sofort: harte Schale, weicher Kern, und verliebten uns in ihn.

Über Jahre saßen wir sonntags nach einer runde Hafen-Golf bei Wolle auf dem Balkon und hörten uns Seemannsgarn an. Er fuhr seit seinem 14. Lebensjahr zur See und hatte unglaubliche Geschichten erlebt oder kannte jemanden, der sie angeblich erlebt hatte. Der Untergang der „München“, ab und zu ein Selbstmörder zur Weihnachtszeit oder die „Leiche ohne Kopf“, die jahrelang direkt unter uns gelegen hatte, während wir oben Abschläge auf „Wolles Klohaus“ übten. Durch Zufall wurde sie irgendwann bei Baggerarbeiten entdeckt. Während der Baggerführer, der die gruselige Fracht gehoben hatte, mit einer Beruhigungsspritze vom Notarzt versorgt wurde, ging Wolle nach oben und schenkte sich und uns einen Schluck Korn ein, um das Erlebnis auf die ganz eigene Art zu verarbeiten.

Bis zum Abriss im Jahre 2004 war der Bunker immer unser liebster und bester Abschlagspunkt im Hafen. Und Lieferant für die schönsten Anekdoten.

FÜR HARALD BAUM UND VIELE ANDERE ELBSEGLER
IST DER FLUSS WIE EIN ZUHAUSE

# HERREN UND FRAUEN DER GEZEITEN



Sie begleitet ihn vom frühen Morgen bis zum späten Abend. Neben ihr wacht er auf. Sie bringt ihn ins Büro. Während seines Arbeitstages lässt er sie nicht aus den Augen, gewissermaßen verdient er mit ihrer Hilfe sogar sein Geld. Und nachdem sie ihn auch wieder nach Hause getrieben hat, begleitet sie ihn in den Schlaf – die Elbe. Der große Fluss ist Harald Baums ganze Leidenschaft. „Das Segeln und die Elbe sind mein Leben“, sagt er und blickt auf den Sandtorhafen vor seinem Bürofenster.

Der große, schlanke Mann wurde 1940 in der Hansestadt geboren. Schon in den Kriegsjahren hielt sich die Familie Baum die meiste Zeit auf ihrem kleinen Schiff, der „Alibi“, auf der Elbe auf. Floh vor den Bombenangriffen in die heile Welt des Segelns und der Natur. „Diese Jahre haben mich geprägt wie nichts anderes“, sagt er heute über seine Kindheit. Nach dem Krieg lebte der kleine Harald zwischenzeitlich mit seiner Familie ganz auf dem Boot, festgemacht am Anleger Teufelsbrück. „Das war ein paradiesisches Leben, unglaublich prägende Jahre.“ So lernte Baum den Segelsport und die Elbe lieben. Er machte mit bei Regatten und Wanderfahrten. Schnell war der blonde Junge ein Experte für das anspruchsvolle Gewässer.

Wenige Seemeilen weiter die Elbe hinab trainieren an diesem Nachmittag diejenigen, die das noch werden wollen. Vor dem Mühlenberger Loch üben die Optimisten des Mühlenberger Segel-Clubs (MSC) Wenden, Halsen und erste Regattamanöver. Annette Krüger lässt ihre Schützlinge keine Sekunde aus den Augen. „Das Revier ist ausgesprochen anspruchsvoll, besonders für Anfänger“, sagt die ehrenamtliche Trainerin des MSC. Der MSC, der mit seinen knapp 50 Jahren Vereinsgeschichte an der Elbe zu den jüngeren Clubs zählt, hat sich auf die Ausbildung des Nachwuchses spezialisiert. Hier wird trainiert und dann auf Regatten in ganz Europa gegen die Konkurrenz gekämpft.

Die Elbe gilt als ideales Revier für Wassersportneulinge. Die sichere Küste ist immer in Sichtweite, eine große Welle kann sich in dem schmalen Wasser nicht aufbauen. Andererseits kann der Fluss mit Ebbe und Flut, seinen Strudeln, Strömungen und den passierenden Großschiffen ausgesprochen gefährlich werden. Hier kann das Wasser schon mal bis zu fünf Knoten schnell fließen. „Und wenn man das Wasser gegenan hat und dazu noch den Wind, dann wird es schwer, überhaupt voranzukommen“, sagt Harald Harmstorf, Vorstand des Hamburger Segler-Verbandes, über das rund 60 Meilen (eine Meile sind 1,852 Kilometer) lange Gebiet zwischen Hamburg und Cuxhaven. So manches Schiff fährt dann mehr rückwärts als in Richtung Ziel.

Besonders anspruchsvoll sind allerdings die letzten Meilen vor der Mündung in die Nordsee. Ein falscher Wind, und das Wasser wird richtig ungemütlich. Die Schiffe knallen dann mit voller Wucht in die Wellentäler. „Da kann man das Fürchten kriegen“, sagt selbst ein erfahrener Elbsegler wie Harmstorf. „Wenn man nach einem solchen Segeltag dann sicher im Hafen fest ist, ist man zu recht richtig stolz“,

so Harmstorf. Deshalb wird er auch nicht müde zu betonen: „Wer auf der Elbe lernt, den kann nichts mehr erschrecken. Der kann in jedem anderen Revier segeln."

Der grauhaarige Mann weiß, wovon er spricht, schließlich ist er genauso wie Harald Baum an der Elbe groß geworden. Kann sich ein Leben ohne die Segelei auf dem Fluss nicht vorstellen. „Die Landschaft ist einfach wunderschön, so abwechslungsreich und hat sich in den vergangenen Jahren – im Gegensatz zu anderen Revieren – fast nicht verändert", sagt Harmstorf. Der große Reiz zeige sich auch in den Zahlen der Vereine. In der Hansestadt seien knapp 14 000 Mitglieder in 83 Vereinen registriert. 5000 größere, reviergeeignete Segelschiffe gebe es in Hamburg an der Elbe oder ihren Seitenflüssen. Doch das Besondere sei hier neben dem anspruchsvollen Revier – „wir lieben die Nähe zur Großschifffahrt" – auch der enge Zusammenhalt. „Die Kameradschaft unter Seglern, der Berufsschifffahrt und Wasserschutzpolizei ist nirgends so groß wie hier", sagt er nicht ohne Stolz. Man hilft sich. Feiert und arbeitet zusammen. Wie eine ganz große Familie.

Eine Familie, die ihre Mitglieder gefangen nimmt. Einmal Elbsegler, immer Elbsegler. Diesen Eindruck wird man auch nach unzähligen Gesprächen nicht mehr los. Und so wundert es auch nicht, dass der eine oder andere sein Hobby zum Beruf macht. Wie Harald Baum. Er absolvierte eine Ausbildung zum Schifffahrtskaufmann, später eine weitere zum Versicherungskaufmann. 1963 stieg er bei Pantaenius ein und übernahm das Versicherungsunternehmen 1970 sogar ganz. Seitdem hat Baum Pantaenius zum Spezialisten für Yachtversicherungen in Europa ausgebaut. Und damit nicht genug. Er hat sein kleines Motorboot vor dem Bürohaus liegen, um rasch bei seinen Kunden aus der Hafenwirtschaft sein zu können. Oder mal schnell nach Hause zu fahren. Die Schiffe, auf denen er die Elbe rauf- und runtersegelte, wurden mit den Jahren immer größer. Seine „Elan", eine 14,60 Meter lange Yacht, liegt derzeit im Yachthafen von Wedel.

Doch der Segelsport auf der Elbe hat sich verändert, wissen Baum und Harmstorf zu berichten. „Früher mussten wir hier auf und ab segeln, weiter kamen wir nicht", so Baum. „Mittlerweile zieht es viele Fahrtensegler in die Nord- und Ostsee." Zudem würden die Schiffe immer größer. „Dafür ist die Elbe mit ihren flachen Sandbänken nicht das richtige Revier", so Baum. Und schließlich das bisher größte Problem für die Segler: Die Häfen und ihre Einfahrten verschlicken immer mehr. Geld für Baggerarbeiten fehlt. So appellieren die Wassersportler, die Gewässer besser zu erhalten. „Wir haben diese wunderbare Natur direkt vor der Nase, das muss einfach gefördert werden", sagt Baum.

Und will dann auch wieder los. Das Wochenende steht vor der Tür. Zu fragen, was er an den zwei Tagen macht, braucht man ihn nicht, die Antwort ist ja sowieso klar.

Sophie Laufer

EX-RUDERWELTMEISTER PETER-MICHAEL KOLBE ÜBER DAS RUDERREVIER HAMBURG

# »DIE GRÖSSTEN SPORTLER KOMMEN VON HIER«



Peter-Michael Kolbe wurde 1953 in Hamburg geboren. Er war lange Jahre einer der besten Einzel-Ruderer und gewann insgesamt fünf Weltmeistertitel (1975, 1978, 1981, 1983, 1986). Nach dem Ende seiner sportlichen Karriere 1988 war Kolbe von 1990 bis 1994 Sportdirektor des Deutschen Ruderverbandes, lebte später für einige Zeit in Oslo. Seit 2007 ist der Ausnahmesportler zurück in Deutschland. Heute arbeitet er in der Hansestadt und lebt in der Nähe von Hamburg. Noch immer rudert er zwei- bis dreimal in der Woche.

**Wie rudert ein fünfmaliger Weltmeister in seiner sportlichen Rente?**

Was ich heute mache, ist sicherlich kein leistungsbezogenes Rudern mehr. Aber wenn ich im Ruderboot sitze, will ich auch heute noch schnell und gut rudern. Und wenn ich vor mir ein anderes Boot sehe, versuche ich das natürlich einzuholen. An Regatten nehme ich weniger teil. Neulich habe ich allerdings an einem 13-Kilometer-Rennen im Achter teilgenommen, das war mal eine andere Herausforderung.

**Und der Ruderrentner Peter-Michael Kolbe gewinnt bei einem solchen Rennen sicherlich auch.**

Ja, wir haben gewonnen.

**Hier in Hamburg hat Ihre Karriere begonnen. Wie wichtig ist Hamburg als Ruderstandort?**

Hamburg hat nach Berlin die meisten Rudervereine. In der Vergangenheit kamen hier die großen Sportler her, und das ist auch heute noch so. Speziell bei den Nachwuchssportlern ist Hamburg dominierend.

**Warum?**

Die Stadt hat einfach viel Wasser: die Alster, die Elbe, die Dove-Elbe – und wo Wasser ist, wird gerudert. Und dann gibt es die vielen Vereine, die die Jugend fördern. Sie betreiben vor allem das Rennrudern, auf der Elbe das Wanderrudern.

**Was ist das Besondere an der Elbe als Ruderrevier?**

Die Elbe ist ein fließendes Gewässer und damit ganz anders als die Bille oder die Alster. Das Wasser ist hier rauer, das Revier anspruchsvoller. Doch bei diesen Fahrten durch die Kanäle in die Elbe oder die Elbe rauf und runter erschließen sich landschaftlich viele schöne Ecken. Ich bin früher auch einige Male auf der Elbe gewesen, wenn ich mal ein längeres Stück rudern wollte. Das bedeutet einfach Abwechslung.

**Warum ist die Elbe so anspruchsvoll?**

Hier herrscht eine ganz andere Strömung, ein ganz anderer Wellenschlag. Das Rudern hier erfordert wesentlich mehr Balance. Und man muss spezielle Boote haben, die Regattaboote sind dafür nicht geeignet.

### Was würden Sie sich in Hamburg noch für den Rudersport wünschen?

Die Regattabahn der Ruderer ist bisher weit draußen auf der Dove-Elbe. Dorthin kommt nur das wirklich interessierte Publikum. Ich bin der Meinung, man sollte dort Regatten fahren, wo die Menschen sind, um sich zu präsentieren. Also auf Alster und Elbe. Dieses Jahr wurde beim Hafengeburtstag ein Versuch in die Richtung gemacht. Ich halte es für wichtig, zu den Menschen, den Zuschauern, zu kommen.

### Und was ist das Besondere am Rudern?

Rudern ein Sport in der Natur, er kann eine unheimliche Lebensfreude vermitteln. Es ist eine Sportart, die man bis ins höchste Alter betreiben kann, weil man sitzt. Und so gilt eigentlich: Wenn man sitzen kann, kann man rudern.

Sophie Laufer

## WARUM DER PEGEL BESSER HÖHER IST

Immer eine Handbreit Wasser unterm Kiel wünscht man einem Seemann. Den Tiefgang seines Schiffes sollte er kennen, wie tief das Fahrwasser ist, muss er dagegen in Erfahrung bringen. In Hamburg liegen zwischen Tiefstand bei Ebbe und Höchststand bei normalen Verhältnissen schon 3,60 Meter. Und dann gibt es witterungsbedingt besonders niedrige oder besonders hohe Wasserstände. Auskunft über die aktuelle Lage geben unter anderem die Pegeltürme und Pegelanzeigen.

Der bekannteste und wahrscheinlich schönste Pegelturm steht seit 100 Jahren an den Hamburger St.-Pauli-Landungsbrücken. Zusammen mit dem landfesten Gebäude „Landungsbrücken" und dem St.-Pauli-Elbtunnel wurde der heute denkmalgeschützte Turm mit seiner eindrucksvollen Tuffsteinfassade als architektonisches Ensemble gebaut.

Schon lange vorher, nämlich ab 1863, stand an dieser Stelle Deutschlands „erster Fluthmesser" in einem Pegelhaus. Der Turmbau brachte für die Kapitäne gleich doppelten Fortschritt: Nicht nur von der Wasserseite konnten sie von Weitem den Pegelstand auf riesigen Rollbändern oben im Fenster ablesen, sondern auch von Land. So hatten sie den Pegel schon direkt im Blick, wenn sie vom Landgang aus Richtung Reeperbahn zurück in den Hafen schlenderten – in so großen Zahlen, dass der eigene Pegel keine Rolle spielte. Der St.-Pauli-Pegel funktioniert übrigens noch immer. Heute allerdings mit moderner Technik.

AN DEM EINZIGARTIGEN REVIER ELBE GIBT ES EINE MENGE VEREINE

# WIR SITZEN ALLE IN EINEM BOOT



## KANU

Feuchter und vielleicht auch etwas anstrengender geht es beim Kanufahren auf der Elbe zu. 3800 Kanufahrer sind in der Hansestadt in den Vereinen aktiv, ob bei Wildwasser-, Renn- oder Wanderfahrten. Der Wandersport dominiere die Hamburger Kanuszene aber, sagt Reinhard Ranke, Präsident des Hamburger Kanu-Verbandes. Jeder Interessierte ist in den Vereinen willkommen.

### Experten für Wanderfahrten und Wildwassersport

**Ring der Einzelpaddler/ Faltbootgilde e. V.**
Falkensteiner Ufer 2–4
22587 Hamburg
Tel. 86 36 14
www.rde-hamburg.de

**Süderelbe von 1921 e. V.**
Alte Harburger Elbbrücke 4
21107 Hamburg
Tel. 0171 / 657 18 07
www.wv-suederelbe.de

**Kanusport Harburg e. V.**
Schweenssand-Hauptdeich 1
21079 Hamburg
Tel. 765 73 77
www.kanusport-harburg.de

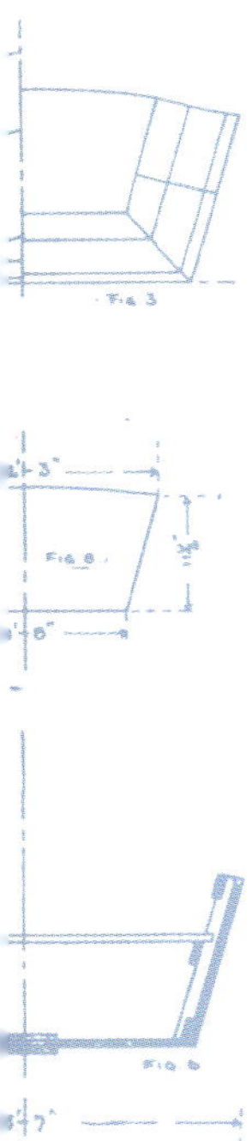

## MOTORBOOT

Diejenigen, die es lieber etwas beschaulicher haben, sollten im Motorboot über den Fluss fahren. Auch für diese gemütliche Wassersportart gibt es an der Elbe Experten, die sowohl die Führerscheinausbildung anbieten als auch Bootsbesitzern ein Zuhause.

**Segelschule Well Sailing**
Gaußstrasse 15
22765 Hamburg
Tel. 43 18 90 70
www.well-sailing.de

**Hamburger Yacht Club e. V.**
Tatenberger Deich 144
21037 Hamburg
Tel. 737 40 58
www.hamburger-yacht-club.de

**Tatenberger Yacht Club**
Moorfleeter Deich ggü. 427 (in der Hafenanlage der SGMD)
21037 Hamburg
Tel. 711 09 90
www.tatenberger-yachtclub.de

**Bootsclub-Biber Hamburg e. V.**
Tatenberger Deich 120
21037 Hamburg
Tel. 0173/811 12 86
www.bootsclub-biber.de

## RUDERN

Bei den Ruderern ist auf der Elbe vor allem Wanderrudern angesagt. Rennsport kann hier nicht betrieben werden. Und so gibt es auch hier natürlich Vereine, die sich auf die sportliche, aber gemütlichere Ruderart spezialisiert haben. Eine Auswahl:

**Ruderclub Süderelbe von 1892 e. V.**
Schweenssand-Hauptdeich 7
21079 Hamburg
Tel. 77 66 31
www.rc-suederelbe.de

**Wilhelmsburger Ruder-Club von 1895 e. V.**
Vogelhüttendeich 120
21107 Hamburg
Tel. 752 80 88
www.wrc1895.de

## SEGELN

Wer beim Anblick der vielen Boote auf der Elbe Lust bekommen hat, einen Segel- oder Motorbootschein zu machen, um dann eines Tages allein loszuschippern, findet natürlich auch Ausbildungsexperten.

### Für die Segelausbildung

**Segler-Vereinigung Altona-Oevelgönne e. V.**
Neumühlen 21
22763 Hamburg
Tel. 881 14 40
www.svaoe.de

**Schule Meridian**
Billhorner Röhrendamm 92
20539 Hamburg
Tel. 78 48 72
www.yachtschule-meridian.de

**Yachtschule Eichler**
Steendiek 43
21129 Hamburg
Tel. 74 21 30 63
www.yachtschule-eichler.de

### Für Fahrtensegler

**Segler-Vereinigung Niederelbe e. V.**
Kastanienallee 35
22869 Schenefeld
Tel. 839 70 94
www.svn-hamburg.de

**Altonaer Segel-Club e. V.**
Rüschweg 22
21129 Hamburg
Tel. 880 83 45
www.asc-elbe.de

### Für Fahrtensegler und Regattainteressierte

**Segel-Club Oevelgönne von 1901 e. V.**
Antwerpenstraße 19
21129 Hamburg
Tel. 740 15 04
www.scoe.de

### Für Fahrtensegler und Jugendliche

**Segel-Club Unterelbe von 1929 e. V.**
Sachtestieg 5
22587 Hamburg
Tel. 870 18 41
www.segelclubunterelbe.de

### Für Kinder und Jugendliche

**Mühlenberger Segel-Club e. V.**
Elbuferweg 135
22609 Hamburg
Tel. 866 31 08
www.msc-elbe.de

### Für Wettkampfinteressierte

**Blankeneser Segel-Club e. V.**
Jollenhafen Blankenese
22587 Hamburg
Tel. 86 23 73
www.bsc-hamburg.de

Björn Warns, 37, ist Mitglied der Band Fettes Brot, in der sein Künstlername „Schiffmeister“ lautet.

# BJÖRN WARNS

## EIN SEGELBOOT IN SEENOT

Es muss ungefähr 1982 gewesen sein, ich war also knapp zehn Jahre alt, als wir diesen Segeltrip auf der „Petri“ gemacht haben. Meine Eltern, mein Bruder, unser Hund und die Freunde meiner Eltern, Peter und Rita. Peter und Rita, das ergab den schönen Schiffsnamen „Petri“. Nach Schweinesand sollte es gehen, eine kleine Insel mitten in der Elbe auf Höhe Blankenese. Eigentlich war es verboten, dort zu campen, aber wer sollte das schon kontrollieren? Also haben wir geankert und sind mit einem Schlauchboot übergesetzt.

Es war ein ganz großes Abenteuer. Lagerfeuer am Strand, Geschichten, Stockbrot. Während die Frauen das Picknick aufbauten, schlugen wir Männer die Zelte auf. Die Romantik war perfekt, als mein Vater das Kofferradio auspackte. Dachten wir. Denn statt Cowboysongs kam eine Katastrophenmeldung. In der Elbmündung war ein Tanker auf Grund gelaufen und verlor Öl. Es sei strengstens verboten, mit Verbrennungsmotoren auf dem Wasser unterwegs zu sein und offenes Feuer zu machen. Jetzt wurde es spannend. Wir löschten das Feuer und hofften im Dunkeln, dass uns der Ölteppich nicht erreicht. Mein Bruder und ich durften auf dem Schiff übernachten, das war wohl sicherer.

Am nächsten Morgen wachten wir auf, als das Schiff einfach umkippte. Die Ebbe war so stark, dass dem Boot schlicht das nötige Wasser fehlte, um sich zu halten. Der Vorteil war, dass wir, dank Wasserknappheit, nun zu Fuß auf die Insel gehen konnten. Dort mussten wir auf die Flut warten, die das Segelboot wieder aufstellte. Aber es kam noch besser.

Plötzlich kam ein gewaltiger Sturm auf. So richtiger Sturm. In meiner Erinnerung sind die Wellen meterhoch, wir hatten Angst. Es wurde tatsächlich gefährlich, auf der Insel zu bleiben. Zum Glück gab es ja dieses Schlauchboot, auf das allerdings maximal drei Personen passten. Rita holte nach und nach alle von uns aufs Schiff. Als meine Mutter, zusammen mit unserem panischen Hund, im Boot saß, mussten mein Bruder und ich allein auf der Insel warten. Sie hatte noch ziemlich lange ein schlechtes Gewissen. Aber dem Hund ging es tatsächlich am schlechtesten.

Zum Schluss waren wir froh, diese Insel hinter uns zu lassen.

Seitdem habe ich nie wieder gesegelt. Aber tatsächlich würde ich es sehr gern mal tun. Ein Crewmitglied hat sogar ein Boot – ich werde mal fragen, ob's diesen Sommer was wird, denn eigentlich war Wasser schon immer mein Freund!

# EVENTS

MACH MAL BLAU

ZU DEN CRUISE DAYS WIRD DER HAFEN INS RECHTE LICHT GERÜCKT,
UND EIN KREUZFAHRTSCHIFF NACH DEM ANDEREN LÄUFT AUF

# FAHRT INS BLAUE

Der 19. Juli 2004 war ein ganz normaler Montag. Eigentlich. Doch an jenem Tag im Juli wurden die Hamburger von einem Virus infiziert. Dem Kreuzfahrtvirus. Denn an jenem Julitag fuhr Commodore Ronald W. Warwick mit der brandneuen „Queen Mary 2" ein perfektes Anlegemanöver und dockte den – zwar nur zweitlängsten, aber sicherlich berühmtesten – Luxusliner der Welt unter den Augen gut einer halben Million Schaulustiger entlang dem Elbufer am Kreuzfahrtterminal I im Grasbrookhafen an.

Seitdem pflegen die Hamburger und die Seekönigin eine geradezu marintime Beziehung. Wann immer sich das 345 Meter lange Schiff für einen Zwischenstopp in Hamburg ankündigt, pilgern Hunderttausende erwartungsfroh an die Hafenkante, um den geschmeichelten Besserverdienenden auf den insgesamt 13 Passagierdecks frenetisch zuzujubeln.

Bis zu jenem Tag waren Kreuzfahrtschiffe zumeist nur relativ unbemerkt die Elbe in Schleichfahrt stromaufwärts gedieselt, weil sie – aus welchen Gründen auch immer – ins Dock mussten. Doch dank des „Ritterschlags" für das Kreuzfahrt-Etappenziel Hamburg durch die britische Cunard-Line haben sich mit jedem Folgejahr die Besuche imposanter Kreuzfahrtschiffe in Hamburg praktisch verdoppelt. Kreuzfahrer sind in. Sie werden gern gefeiert und das nicht nur beim alljährlich wiederkehrenden Hafengeburtstag.

Diese positive Entwicklung führte schließlich zu der Idee, dieser ganz besonderen Schiffsgattung einen wirklich großen Auftritt zu ermöglichen, zur gegenseitigen Bereicherung: Kreuzfahrttouristik-Werbung als kulturell-angehauchtes Partyspektakel. Oder umgekehrt. Das imposante Schauschwimmen ging am letzten Juliwochenende des Jahres 2008 unter dem Titel „Hamburg Cruise Days" erstmals über den liquiden Laufsteg Elbe. Und der Premierenerfolg war so enorm, dass sich die Hamburg Marketing GmbH (HMG) dazu entschloss, die Hamburg Cruise Days als regelmäßig wiederkehrendes Kreuzfahrer-Fest zu etablieren. „Die Hamburg Cruise Days werden 2010 ebenfalls zu den attraktivsten Großveranstaltungen der Hafenmetropole Hamburg zählen", versprach Thorsten Kausch, der

Geschäftsführer der HMG. „Die Begeisterung der Menschen und die vermittelten Bilder haben die Marke Hamburg als pulsierende Stadt am Wasser nachhaltig gestärkt. Wer sich für Kreuzfahrten interessiert, ist weltoffen, begeisterungsfähig und anspruchsvoll – Kreuzfahrten passen zu unserer Stadt!"

So zelebrierten Hamburg und seine kreuzfahrtverrückten Bewohner vom 30. Juli bis zu 1. August 2010 zum zweiten Mal die „Cruise Days", in deren Mittelpunkt konsequenterweise die Kreuzfahrtschiffe standen. Und wie bei einer Wiederaufführung üblich wurde beim zweiten Mal alles noch ein wenig größer, prächtiger und vor allem „blauer".

So machten gleich sechs Kreuzfahrer an den beiden Terminals am Grasbrook sowie in Altona fest, darunter die beiden Kussmundschiffe.

### AIDAaura

202 Meter lang, eine Mischung aus klassischem Kreuzfahrt- und legerem Clubschiff mit einem 3500 Quadratmeter großen Sonnendeck ...

### ... und die AIDAluna

252 Meter lang und 32,2 Meter breit, ein Clubschiff mit insgesamt 1025 Passagierkabinen, von denen sich 359 im Innen- und 666 im Außenbereich befinden, sowie dem mit 2300 Quadratmetern größten schwimmenden Fitness- und Wellnessbereich im Stile eines „Indischen Spa".

### Die rundum erneuerte Astor

setzt für ihre maximal 578 Passagiere auf moderne und elegante Exklusivität, während die Kleiderordnung auf der ...

### ... 13 Jahre alten Columbus

der Hapag-Lloyd auf Lässigkeit („smart casual") beruht. Dieses Schiff der „Drei Sterne plus"-Kategorie gilt in der Branche als „das ideale Schiff für Kreuzfahrteinsteiger". 420 Passagiere finden auf der „Columbus" Platz.

### MS Deutschland

Das gerade reparierte „Traumschiff" Deutschland (es war Ende Mai 2010 vor Norwegen wegen eines Brandschadens im Maschinenraum havariert) besticht durch seinen nostalgischen Flair der goldenen zwanziger Jahre. Das „Grandhotel zur See", das unter der Flagge der Reederei Peter Deilmann fährt, bietet 520 Passagieren (auch: Statisten) Platz, denn es spielt ja bekanntlich die Hauptrolle in der beinahe schon legendären ZDF-Serie.

### Mein Schiff

Das halbe Dutzend der Ozeanriesen wird durch die 264 Meter lange „Mein Schiff" komplettiert, mit der die „TUI-Cruises" nach eigenen Angaben „neue Maßstäbe in der Kreuzfahrt-Branche" setzen wollen: Die elegant eingerichteten Kabinen sind überwiegend mit großzügigen Balkonen und Veranden versehen.

Trotz der zahlreichen Musik- und Theaterveranstaltungen entlang dem Elbufer, von den Norderelbbrücken bis herunter nach Wedel, sind die Cruise Days definitiv nicht als zweiter Hafengeburtstag mit einer durchgehenden Budenmeile an den Landungsbrücken angelegt. Dosenwurf und Express-Tattoos, Pizza-Döner und Dixi-Toiletten sind mit doch exklusiverem Kreuzfahrtflair nicht kompatibel. Daher setzen die Veranstalter auf „Dezentralisierung", auf Kunst und Kultur und gehobene Unterhaltung; auf zahlreiche „Walking Acts" von mehr oder weniger etablierten Schauspielgruppen entlang der gesamten Hafenkante, auf Konzerte wie den Auftritt eines weiblichen Shanty-Chors unter der Leitung der Hamburger Rockikone Achim Reichel und natürlich auch auf Informationen, Informationen und noch einmal Informationen über das Kreuzfahrtbusiness. „Wer das übliche Remmidemmi will, braucht aber bloß ein paar Hundert Meter weiter aufs Heiligengeistfeld zu schlendern, wo zeitgleich das Hummelfest stattfindet", empfiehlt Carlo Blumenberg, Entrepreneur der Kreuzschiffparty und zuständig für die Öffentlichkeitsarbeit. „Niemand muss befürchten, während der Cruise Days zu verhungern oder zu verdursten. Die zahlreichen gastronomischen Betriebe entlang dem Ufer sind bereit ..."

Am Sonnabend verwandelte sich dann mit Einbruch der Dämmerung der gesamte Hafen in einen farbenprächtigen Sommernachtstraum und durch die zahlreichen Partyboote und improvisierten Diskotheken gleichzeitig in einen gigantischen Tanzpalast; optisch untermalt von der feierlichen Auslaufparade der Kreuzfahrer, an der neben den Kreuzfahrtschiffen auch das berühmte Museumsschiff „Cap San Diego", der „Weiße Schwan des Südatlantiks", sowie das russische Schulschiff „Sedov", der größte noch fahrende Windjammer der Welt, teilnahmen.

Jetzt wurde der Hafen auch endlich zum „Blue Port": Das hatte sich zumindest der Hamburger Lichtkünstler Michael Batz, Leiter des Theaters in der Speicherstadt, einmal mehr vorgenommen. Blaues, transparentes Licht soll Liebe und Sehnsucht ausdrücken; zum Meer, zur Ferne, zum liquiden Element Wasser. „Ich möchte mit diesem Projekt zeigen, dass der Hafen nicht nur aus Nutzflächen besteht, sondern auch ein urbaner Bedeutungsraum ist für Gefühle und Sehnsüchte – und ein Magnetfeld, das die Menschen immer wieder anzieht", beschreibt der Künstler seine Arbeit. Im Vergleich zu den Hamburg Cruise Days vor zwei Jahren waren 2010 etwa doppelt so viele Gebäude und Objekte zu beiden Seiten des Stroms „eingebläut", nämlich 60; darunter erstmals die Docks 10 und 11 sowie als „Begrenzungspunkt" der Partyzone das Riesenrad auf dem Sommerdom. „Die blau illuminierten Gebäude und Objekte beiderseits der Elbe bilden eine Schleuse, durch die die Schiffe in einen imaginären Hafen fahren, in den inneren Bezirk der Hamburg Cruise Days", erklärt der Lichtkünstler, für den es

Haben ihr blaues Wunder erlebt:
150 000 Besucher kamen 2010 zur Parade der Traumschiffe.

fast schon eine Art Lebensaufgabe geworden ist, auch schwerste Objekte mittels der Farbe Blau „zum Schweben zu bringen". Für ein leichteres und beschwingtes Lebensgefühl – mindestens eine ganze Nacht lang – und in spätestens in zwei Jahren wieder ...

Alexander Schuller

Susanne Böhm, 33, moderiert seit 2008 die Sendung „Guten Abend RTL" für Hamburg und Schleswig-Holstein um 18.00 Uhr.

# SUSANNE BÖHM



## DEUTSCH-DEUTSCHER FLUSS

Eigentlich habe ich schon in der Nähe der Elbe gelebt, als Hamburg noch nicht meine Heimatstadt war. Etwa 300 Kilometer weiter flussabwärts liegt meine Geburtsstadt Köthen in Sachsen-Anhalt. Hier wird der Fluss nur von grünen Wiesen und Sträuchern gesäumt, und vieles erinnert an die Süderelbe im Norden. In Aken (wo die Frösche quaken – ein Kinderwitz von damals) überquerten wir mit unseren Fahrrädern mit einer winzigen Fähre den manchmal reißenden Fluss, um weiter Richtung Barby zum Spargelessen zu radeln.

Seit Hamburg meine Heimat ist, liegt die Elbe wieder direkt vor meiner Haustür. Obwohl mich meine Spazier- und Joggingrunden meistens an die Alster führen, halte ich die Nase allzu gern in diese Mischung aus Fernweh und Heimathafen. Mit dem Fahrrad haben wir schon etliche Touren entlang, unter und auf der Elbe gemacht. Alter Elbtunnel, Altes Land, Cranz, Finkenwerder, Teufelsbrück und Blankenese, Falkenstein und mit den HVV-Fähren zurück zu den Landungsbrücken. Es ist also auch hier im Norden wieder der Sport, der mich mit dem Fluss meiner Kindheit Verbindung aufnehmen lässt. Letztendlich fand dann auch meine Hochzeit im vergangenen September (fast) an der Elbe statt. Im Elbmarschland in Haseldorf liefen wir von der Kirche St. Gabriel über den Deich zu unserer Location – und mit dem Wind im Schleier war auch ein bisschen Elbluft zu Gast an unserem Tag!

DIE BESTEN EVENTS IM HAMBURGER HAFEN

# LEINEN LOS, HIER IST WAS LOS



### Dockville Festival

Das hanseatische Pendant zu Woodstock. Dreck im Gesicht, den Dunst von Bratwurst in der Nase und wummernde Bässe: Um echte Festivalatmosphäre zu erleben, müssen Hamburger nur den Sprung auf die Elbinsel Wilhelmsburg wagen. Das Reiherstiegviertel wird schon als der neue Trendstadtteil der Hansestadt gehandelt. Und seit einigen Jahren ist das Dockville Festival im August in Wilhelmsburg ein Magnet für Freunde von Open-Air-Festivals. Über drei Tage rocken Bands verschiedener Musikrichtungen die Elbinsel und locken damit besonders junge Menschen aus der ganzen Bundesrepublik an.

**www.msdockville.de**

### Elbjazzfestival

Der Hamburger Hafen wird Umschlagplatz für Jazz aus aller Welt. Hafenflair am Elbufer und hochkarätige Musiker – bei dieser Kombination kommen nicht nur hartgesottene Jazzfans ins Schwärmen. Beim internationalen Elbjazzfestival im Hamburger Hafen treffen an zwei Tagen Newcomer und Legenden des Jazz aufeinander. Die Konzerte finden sowohl auf großen Open-Air-Bühnen als auch in kleinen Hafenbars statt.

**www.elbjazz.de**

### Fischmarkt

Bananen fliegen durch die Luft, Pflanzen werden zu Spottpreisen aus Lkw heraus verkauft, und Fischverkäufer brüllen sich die Seele aus dem Leib. Die einen stehen frühmorgens auf, um das unverwechselbare Flair des Hamburger Fischmarktes zu erleben, auf dem so gut wie alles verkauft wird. Für feierfreudige Kiezgänger ist das Fischbrötchen der perfekte Abschluss einer langen Partynacht. Fischmarkt ist längst Kult – und das wissen nicht nur die Hanseaten.

April bis Oktober: So 5 – 9.30 Uhr
November bis März: So 7 – 9.30 Uhr

### Hafengeburtstag

Mit seinen jährlich über eine Million Gästen ist der Hamburger Hafen eines der beliebtesten Geburtstagskinder des hohen Nordens. Seit 1977 wird an einem Wochenende rund um den 7. Mai ein riesiges Volksfest veranstaltet, und zwar von der Speicherstadt über die Landungsbrücken bis nach St. Pauli. Live-Bühnen, Wurstbuden, Zuckerwatte-Stände und Karussells säumen das Elbufer. Höhepunkte sind das traditionelle Schlepperballett, Feuerwerke und das große Parade-Einlaufen der Schiffe aus aller Welt.

### Hanseboot

Wenn die internationale Bootsausstellung in Hamburg im Herbst stattfindet, gleicht das einem maritimen Fest. Yachten und Motorboote, von denen so viele träumen, können in den Messehallen und im Hafen bestaunt werden. Besonders beeindruckend sind die Weltneuheiten, die zu diesem Anlass in der Hansestadt präsentiert werden. Die Hanseboot zeigt eine Woche lang, wie die Zukunft auf dem Wasser aussehen wird.

**www.hamburg-messe.de/hanseboot**

### Harbour Front Festival

Wenn die ersten Blätter fallen, wird auch im Hafen umgeblättert. Jedes Jahr lesen an elf Tagen im September um die 100 jungen Literaten und international bekannte Autoren aus ihren Neuerscheinungen vor. Darunter waren bereits John Irving, Günter Grass, Elke Heidenreich und John Grisham. Den ausländischen Schriftstellern leihen deutsche Schauspieler ihre Stimmen.

Die Lesungen und Musik-Events finden auf dem Museums-Frachtschiff „Cap San Diego" und an wechselnden Veranstaltungsorten rund um die Reeperbahn, der HafenCity, in der Speicherstadt und an den Landungsbrücken statt. Von Romanen zu aktuellen gesellschaftspolitischen Themen bis zu Krimis ist für jeden Bücherwurm etwas dabei.

**www.harbourfront-hamburg.com**

### Harburger Binnenhafenfest

Kleiner Hafen mit großem Potenzial. Im Harburger Binnenhafen trifft moderne Architektur auf urige Hafenkultur. Ein Gegensatz, der sich positiv ergänzt und deshalb nicht nur die Harburger zum alljährlich stattfindenden Harburger Binnenhafenfest lockt. In lockerer Atmosphäre können Besucher an der Festmeile sowohl die typischen Volksfestbuden antreffen als auch Kunsthandwerker, Ausstellungsstände lokaler Vereine, Schausteller und Musiker. Viel Kunst also, was daran liegt, dass die Kulturwerkstatt Harburg die Veranstaltung organisiert.

**www.harburger-hafenfest.de**

### HSH-Nordbank Run

Was für ein Auflauf. Vier Kilometer sind nicht viel, erfüllen aber einen guten Zweck. Beim HSH-Nordbank Run geht es nicht darum, besonders schnell zu sein, sondern Teamgeist zu beweisen. Denn mindestens zehn Läufer gehören zu einer Gruppe, für jeden wird eine Spende von sechs Euro gezahlt. Jedes Team packt noch einmal zehn Euro drauf. Die Spenden gehen an den Verein „Kinder helfen Kindern" vom Hamburger Abendblatt.

**www.hsh-nordbank-run.de**

Die Paraderolle Hamburgs: Alle zwei Jahre feiert die Stadt ihren Hafen bei den „Cruise Days". Höhepunkte sind die Auslaufparade der Traumschiffe und das Feuerwerk.

### Fachmesse Maritime Security & Defence

Captain Jack Sparrow hätte sicherlich Schwierigkeiten gehabt, sich Eintritt zu verschaffen. Denn spätestens an der Sicherheitsschleuse hätten der Säbel und wahrscheinlich auch das markante Aussehen Hollywoods bekanntesten Piraten enttarnt. Auf der Fachmesse Maritime Security & Defence geht es genau darum, die Weltmeere sicherer zu machen. Und die größten Gefahren gehen dabei von Piraten aus. Deshalb stellen Unternehmen der Sicherheitsindustrie und andere maritime Einrichtungen ihre neusten Entwicklungen zu diesem Thema vor. Zu sehen gibt es Schiffskonzepte, Waffen, ferngelenkte Aufklärungshubschrauber – und die Besucher lernen viele kleine wirkungsvolle Tricks kennen, mit deren Hilfe Gefahren auf dem Meer umgangen werden können. Künftig soll die Messe alle zwei Jahre stattfinden.

**www.hamburg-messe.de**

### Reeperbahnfestival

Drei Tage Musik, Kunst und Kultur auf über 20 Bühnen rund um die Hamburger Vergnügungsmeile: Seit 2006 lockt das Reeperbahnfestival jährlich im September bekannte, aber auch weniger bekannte Musiker und Bands in die Hansestadt. Ein Wochenende lang heizen diese nicht nur den musikverrückten Hamburgern auf dem Kiez ein, aus ganz Deutschland kommen Fans zu dem etwas anderen Festival in den hohen Norden.

**www.reeperbahnfestival.com**

### Osterfeuer

Dafür brennen viele Hamburger. Entlang der Elbe finden jedes Jahr große Osterfeuer statt, jeweils am Ostersonnabend. Der Legende nach sollen mit den großen Feuern die bösen Geister des Winters vertrieben werden. Aber auch wenn das nicht funktioniert: Kuschelig wird's trotzdem, egal, bei welchen Witterungsverhältnissen. Besonders beliebt sind die Feuer unterhalb des Treppenviertels in Blankenese und am Elbstrand in Övelgönne. Und für alle, die sich nicht für ein Feuer entscheiden können, bietet sich eine Osterfeuerfahrt auf einer Barkasse an. Los geht's wie bei den klassischen Hafenrundfahrten an den Landungsbrücken.

### Spreehafenfestival

Karibik für zu Hause. „Umsonst und draußen" – mit diesem Motto wirbt das Spreehafenfest, das jährlich auf der Elbinsel Wilhelmsburg an der Harburger Chaussee stattfindet. Das leicht alternativ angehauchte Festival findet direkt hinter den hohen Zollzäunen statt, sodass ein freier Blick auf den Hamburger Hafen möglich ist. Das bedeutet jedes Mal wortwörtlich einen Wink mit dem Zaunpfahl, dass das hässliche Gitter, nach Meinung der Insulaner, endlich weg muss. Party mit Reggae und Ska, Blick auf Speicher, Hafenkräne und rauchende Schornsteine – Industrieromantik lässt grüßen.

**www.spreehafenfestival.de**

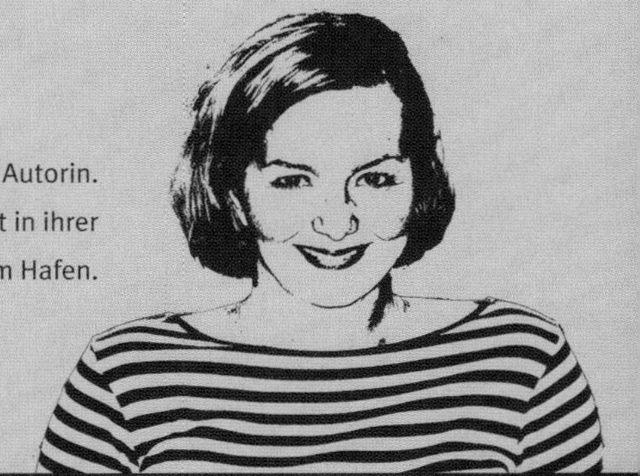

Simone Buchholz, 37, ist freie Journalistin und Autorin. Ihr Debütroman »Revolverherz« spielt in ihrer Lieblingsgegend, dem Kiez und dem Hafen.

## SIMONE BUCHHOLZ

# DIE BARKASSEN SCHWANKTEN IM TAKT

Es muss schon Jahre her sein. Es war ein Sommer in einer Zeit, als noch kaum jemand „Frau Hedis" Tanzcafé kannte, als nur ein paar zufällig eingeweihte Tagediebe auf der kleinen Musikbarkasse durch den Hafen schaukelten und tanzten, erst dem Sonnenuntergang entgegen, dann durch die beleuchtete Freihandelszone. „Frau Hedi" war einfach nur ein schnell und dreckig zum Tanzcafé umgerüstetes Boot, ein paar Lichterketten und Glitzervorhänge drangehängt, drei, vier alte Stehlampen draufgestellt, Musik an, Kapitän an, Bier auf, los. Man musste weder vorher Karten kaufen noch tagelang anstehen. Man musste einfach nur an den Landungsbrücken aufs Schiff warten und zusteigen. Es war herrlich simpel und gefühlvoll.

Am liebsten lehnte ich die ganze Zeit seitlich an der Rehling, mit einem Glas billigem Weißwein in der Hand. Ich hielt die Nase in den Wind, guckte, wie sich die Farbe des Hamburger Himmels änderte, und hörte mir den Soundtrack meiner Stadt an. Das Klackern und Klötern der Docks, das erhabene Brummen der riesigen Ereignisse im Containerterminal, das Tuten der Nebelhörner, die sentimentale Stille rund um den Moldauhafen. Und dazu: Musik. Es fühlte sich an, als würde die Barkasse im Takt schwanken. Als würden die Kreuzfahrtschiffe und Schlepper und Lastenkähne die Melodien summen. Als wäre Hamburg ein einziges, großes Lied, und der Hafen wäre der Beat. Ab und an steppte ein Rudel Möwen vorbei. Lassen Sie mich rechnen: Mai bis September, das sind fünf Monate. Ein Monat hat vier Wochenenden, macht zwanzig. Ein Wochenende, das waren zwei Abende und manchmal auch noch ein Sonntagnachmittag auf „Frau Hedi" – ich muss in jenem Sommer ungefähr vierzig bis fünfzig Hafenrundfahrten gemacht haben. Wie eine Wahnsinnige bin ich da rumgegurkt, bei jedem Wetter. Seitdem fühle ich mich an Land nicht mehr sicher.

DIESES BIER HAT SOGAR SEINE BRAUEREI ÜBERLEBT.
DER „WELT-ASTRA-TAG“ WIRD JEDES JAHR MIT ZAHLREICHEN BANDS
UND ABSURDITÄTEN WIE BIER-PINGPONG BEGOSSEN

# EIN HERZ FÜR ANKER

Nein, wirklich gut ging es Astra nicht vor 13 Jahren. Seit 1647 brauten die Bavaria-St.-Pauli-Brauerei und ihre Vorgänger mit Blick auf den Hafen ihren Gerstensaft, und ihre Marke Astra war seit der ersten Buddel 1909 – ein Jahr vor der Gründung des FC St. Pauli – eines der Zugpferde. In den 90ern aber trank man lieber Premium-Pilsener und trendige Exoten aus Mexiko als die „Maurerbomben“ oder „Handgranaten“ von Astra, deren Image tatsächlich dem Bauarbeiter mit heraushängender Hinternkimme entsprach.

1997 aber, auf dem Höhepunkt der Krise, als die Schließung der traditionsreichen Brauerei drohte, standen die Hamburger zusammen und protestierten und zechten, was das Zeug hielt. Und Astra sagte Danke mit einem Brauhoffest, bei dem sich 35 000 Hamburger am Urtyp vergriffen, selbst der Erste Bürgermeister Henning Voscherau lenzte einen Drei-Liter-Humpen.

Das ist lange her. Die Brauerei wurde 2003 letztlich doch geschlossen und später abgerissen, Astra gehört jetzt dem dänischen Carlsberg-Konzern und wird bei Holsten an der Holstenstraße gebraut.

Und doch ist noch genug geblieben, dass auch verwöhnte Schwaben, Bayern und Franken beim Besuch in Hamburg zur prollig-kultigen Knolle greifen, denn Astra, das Bier mit dem roten Herz-Anker, ist, geschicktem Marketing sei Dank, untrennbar mit den braun-weißen St.-Pauli-Kickern und dem Hafen verbunden. Mögen andere Biere, zum Beispiel das leider nicht mehr gebraute Astra Export, bekömmlicher sein, bei Astra stimmt der Charakter, es liegt gut in der Hand wie ein Schweißgerät, eine Putzkelle oder eine Totenkopffahne. Unvergessen ist das vielleicht beste Astra-Werbeplakat der Brauereigeschichte, das einen wettergegerbten, graubärtigen Seemann zeigte, der stolz eine Sekttulpe in der Hand hielt. Überschrift: „Finden Sie den Fehler!"

Und deshalb gibt es das Brauhoffest weiterhin jedes Jahr, auch wenn der Brauhof an der Bernhard-Nocht-Straße Geschichte ist und man sich seit 2002 immer im August an den Landungsbrücken zum „Welt-Astra-Tag" trifft. 2009, zum 100. Markenjubiläum, kamen 80 000 Durstige (unter ihnen natürlich auch die Pauli-Kicker) an die Hafenkante und gaben sich zum Rock von Newcomerbands und alten Recken wie D-A-D und Fiddler's Green … nun, ja … die Hafenkante, spielten Bier-Pingpong und Kistenstapeln.

In jedem Jahr werden sich ein Gewinner des Astra-Bandwettbewerbs „Du in Concert" und viele weitere Gruppen die Klinkenkabel in die Hände geben. Und die eine oder andere Knolle, ausgeschenkt im praktischen Plastikbecher. Nur eines vermisst man beim Welt-Astra-Tag an den Landungsbrücken: das Gebirge von roten Leergutkisten, das sich einst mehrere Meter hoch im alten Brauhof erhob und einem zeigte, dass man wirklich etwas geschafft hatte.

Tino Lange

KÄPT'N POLLMANNS HAFENSCHNACK

# DIE HEIMLICHE KÖNIGIN DER HAMBURGER

So manche Bayern wünschen sich ihren König Ludwig II. zurück aufs Märchenschloss, andere schielen neugierig auf die Ereignisse in europäischen Adelshäusern. Die Hamburger haben ihre Königin längst gewählt. Wenn sich die „Queen" ankündigt, dann bereitet ihr Hamburg einen einzigartigen Empfang. Egal, ob sie am frühen Morgen oder mitten in der Nacht zu erscheinen gedenkt, Tausende Kreuzfahrtbegeisterte bereiten ihr einen roten Teppich.

Bei rund 12 000 Schiffsankünften pro Jahr fallen statistisch die wenigen Besuche der „Queen Mary 2" in Hamburg nicht ins Gewicht. Auch nicht die aller Kreuzfahrer zusammen, die inzwischen Hamburg mit wachsender Begeisterung anlaufen. Trotzdem sind sie nicht nur für Hamburger und Touristen Höhepunkte. Und wenn dann auch noch eine Schiffstaufe ansteht, dann haben wir im Oberhafenamt alle Hände voll zu tun. Parade, Feuerwerk, Gästeshuttles, Liegeplatz und Sonderprogramm wollen koordiniert werden, damit im Hafen trotz der Feierlichkeiten alles glatt läuft.

Frauen an Bord bringen ja angeblich Unglück. Bei Schiffstaufen ist das übrigens genau umgekehrt. Nur eine weibliche Hand soll nach altem Brauch die Flasche am Schiffsrumpf zerschlagen. Aber das in jedem Fall beim ersten Versuch, sonst ist das ein böses Omen. Aber nein, Seeleute sind nicht abergläubisch. Höchstens ein ganz klein bisschen.

VOM ROMANTISCHEN DÄMMERTÖRN
BIS ZUR RASANT SCHNELLEN FAHRT

# HIER KOMMEN SIE AUF TOUREN

Entlang den Landungsbrücken, dem Johannisbollwerk und den Vorsetzen bis hin zur Mündung des Nikolaifleetes liegt eine Vielzahl von Schiffen, mit denen man den Hafen erkunden kann. Vorn, direkt an der Elbe, liegen die großen mit dem Aussehen von schnittigen Yachten oder romantischen Raddampfern. An der Innenkante liegen Hamburgs traditionelle Barkassen, mit denen auch Fahrten durch die engen Kanäle der Speicherstadt möglich sind. Die Törns dauern meist eine Stunde, die Preise auf den großen Schiffen liegen bei 14 Euro, bei Barkassen bei 12, Kinder bis 14 Jahre zahlen die Hälfte. Rund 15 verschiedene Unternehmen bieten Hafentouren an. Die Erklärungen der Schiffsführer sind durchweg sehr sachkundig, sie sind aktuell informiert, auch über Schiffe, die erst wenige Stunden an den Kais liegen. Dazwischen gibt es auch mal Döntjes, wie man in Hamburg Geschichten nennt, an deren Wahrheitsgehalt gezweifelt werden darf. Hauptsache, sie sind gut erzählt.

Die Rundfahrtunternehmen bieten nicht nur informative Törns durch den Hafen an, sondern auch abendliche Touren bei Kerzenlicht, Fahrten bis zur Ober- und zur Unterelbe, Fahrten bei besonderen Ereignissen wie dem Hafengeburtstag oder den Hamburg Cruise Days, in der Vorweihnachtszeit und in der Silvesternacht. Dazu spezielle Thementouren, beispielsweise zur Logistik, zur Geschichte und zum Wachstum des Hafens. Oder man bekommt gezeigt, wie von der Postbarkasse „Jan“ aus früher an einer langen Bambusstange Briefe zu den großen Schiffen hinaufgereicht wurden. Bei vielen dieser Touren reicht allerdings eine Stunde Fahrtzeit nicht aus, dafür muss man mindestens doppelt so viel Zeit einplanen.

Sehr praktisch sind die Touren, die die Maritime Circle Line anbietet. Ihre traditionellen Barkassen starten von Landungsbrücke 10 aus und laufen bei ihrer Rundfahrt die historischen Attraktionen an. Dazu gehören der Traditionsschiffhafen, das Internationale Maritime Museum, die BallinStadt und die „Cap San Diego“. An jeder dieser Stationen kann man aussteigen, die Museen besuchen und dann mit dem nächsten Schiff weiterfahren.

Wer ohne Führung einfach mal so durch den Hafen schippern will, kann auch eine normale Tageskarte für den Hamburger Verkehrsverbund HVV lösen und damit von morgens bis abends die Hafenfähren benutzen. Die Tour mit der HVV-Hafenfähre Linie 62 zwischen Sandtorhöft und Finkenwerder beispielsweise wird gern als die kleinste Kreuzfahrt der Welt bezeichnet: An nahezu jedem Anleger gibt es Sehenswürdigkeiten und Gastronomie vom einfachen Imbiss bis hin zu edleren Restaurants.

Die Containerterminals sieht man vom Schiff nur aus der Ferne, ganz nah kommt man ihnen per Bus mit der Tour „Auge in Auge mit den Giganten“. Die Tour startet an den Landungsbrücken, geht über die Köhlbrandbrücke mit ihrem fantastischen Blick über die Hansestadt direkt auf die Containerterminals Burchardkai und Altenwerder. Dort steht der Bus unmittelbar an der Kaikante, und man kann miterleben,

# DER SCHÖNSTE WEG IN DEN HAFEN LIEGT UNTER WASSER



mit welchem ungeheuren Tempo und welcher technischen Präzision die Containerschiffe be- und entladen werden.

Auch eine richtige Hochseereise ist von den Landungsbrücken aus möglich: Zwischen April und Oktober legt jeden Morgen um neun Uhr der Hochgeschwindigkeitskatamaran „Halunder Jet" zur Fahrt nach Helgoland ab, der einzigen Hochseeinsel Deutschlands. Um 20.15 Uhr ist er zurück, dazwischen liegen fast vier Stunden auf der roten Insel. Ganz schön viel Seeluft und Inselfeeling für einen einzigen Tag.

**Die Hafenrundfahrt mit den Barkassen der Maritime Circle Line**
kann an unterschiedlichen Stellen unterbrochen und später fortgesetzt werden. Infos zu Stationen und Abfahrtzeiten unter www.maritime-circle-line.de

**Alle Hafenfähren im Hamburger Verkehrsverbund**
auch die Linie 62, finden Sie unter: www.hadag.de

**Auge in Auge mit den Giganten**
Weitere Informationen zur Terminal-Bustour: www.jasper.de

**Halunder Jet**
Tages- oder Mehrtagesausflüge nach Helgoland auf dem Katamaran können Sie online mit Sitzplatzreservierung buchen über www.helgoline.de

Wenn 2011 der St.-Pauli-Elbtunnel seinen 100. Geburtstag feiert, dann feiert ganz Hamburg mit. Erbaut wurde er in erster Linie für die Hafenarbeiter, damit sie sicher bei Wind und Wetter auf dem kürzesten Weg ihren Arbeitsplatz erreichen konnten. Als er eingeweiht wurde, galt er als technische Sensation. Für uns im Hafen ist die 426,5 Meter lange Fahrt immer noch sensationell, bei Staus ein gar nicht so geheimer Geheimtipp und jedes Mal begeisternd, wenn der Lastenaufzug samt Auto nach unten schwebt.

Menschentrauben standen früher beim Schichtwechsel in den Werften an den Aufzügen an. Heute sind es nicht mehr Hafenarbeiter, sondern im Sommer ganze Schwärme von Touristen, die sich einen Spaziergang unter der Elbe nicht entgehen lassen wollen. Sie profitieren noch immer von einer alten Regelung, die den Arbeitern eine kostenlose Passage zusprach, solange sie zu Fuß oder mit dem Rad unterwegs waren. Weil die Stadt einen Reitweg finanzierte, der von den reichen Bürgern unentgeltlich genutzt wurde, ließ sich eine Gebühr für den „kleinen Mann" am Elbtunnel nicht durchsetzen.

Damit das weltweit einzigartige Baudenkmal noch lange der kürzeste Weg vom Hafen in das Herz von Hamburg bleibt, wird er von Grund auf instand gesetzt. Für alle, die im Hafen arbeiten, vom Süden Hamburgs schnell in die Innenstadt kommen wollen, oder für die, die einfach nur die besondere Atmosphäre unter Wasser genießen wollen.

# CONTAINER

DIE HOCHSTAPLER

CMA CGM OTELLO
MARSEILLE

ERST LEHNTEN DIE HANSEATEN CONTAINER AB.

DANN MACHTE DIE PRAKTISCHE TRANSPORTBOX HAMBURG ZUM WELTHAFEN

# EINE KOMPLIZIERTE BEZIEHUNGS-KISTE



Draußen am Kai liegen drei Überseeschiffe, Frachter der Reedereien Hapag-Lloyd, APL und NYK. Die Be- und Entladung ist in vollem Gang, die Hebevorrichtungen der Containerbrücken rauschen an ihren Trossen auf die Schiffsdecks herab, sie stellen die 20 bis 30 Tonnen schweren Kisten auf die Schiffe oder holen sie an Land. Stahl knallt auf Stahl, Elektro- und Dieselmotoren brummen und dröhnen. Es geht wieder aufwärts am Containerterminal Altenwerder im Frühjahr 2010, nach einer Rezession für den Hamburger Hafen von mehr als eineinhalb Jahren.

Im gut gedämmten Steuerungsraum des Terminals sieht man das, hört aber nichts davon. Die Männer der Schicht, die „Operater“, sitzen vor ihren Bildschirmen und überwachen die Anlage mit ihren vollautomatisch fahrenden Hubwagen und den ferngelenkten Containerbrücken. Der HHLA-Terminal Altenwerder ist der modernste der Welt. „Die Mitarbeiter hier sind hoch qualifizierte Spezialisten“, sagt Geschäftsführer Ingo Witte. „Mit dem alten Berufsbild des Hafenarbeiters hat das längst nichts mehr zu tun. Und wenn wir in Hamburg wieder mal einen neuen Terminal bauen würden, wäre der sehr nah am Design dieser Anlage dran.“

Einen neuen Terminal wird Hamburg allerdings so bald nicht brauchen. Denn die Unternehmen im Hamburger Hafen machten im Jahr 2008 eine Erfahrung, die sie bis dahin nicht kannten – die Zahl der Containerumschläge sank. In jenem Jahr waren es zunächst nur einige Tausend Ladebewegungen weniger als 2007. Doch 2009 brach der Containerverkehr auf den Hamburger Terminals um ein Drittel regelrecht ein. Die Weltwirtschaftskrise forderte auch in der Hansestadt ihren Tribut. Wann der Hamburger Hafen wieder an das Rekordjahr 2007 anknüpfen kann, ist ungewiss.

Der Container ist das wichtigste Transportmittel für Güter im modernen Welthandel. Fast alles, was in die Stahlkiste hineingepackt werden kann, wird heutzutage auch darin befördert – seien es Lebensmittel oder Getränke, Textilien oder Möbel, sei es Stahl oder Holz. Vor allem aber stecken in den Millionen Containern, die jährlich auf Schiffen, Zügen und Lastwagen bewegt werden, Bauteile für die Industrie. Die Kosten für den Transport per Schiff sind für jedes einzelne Stück nahezu verschwindend gering. Eine Flasche Wein kommt aus Australien oder Südafrika für einige Cent nach Hamburg, ein Fernsehgerät aus China für einige Dollar. „Ohne den Container als ein unschlagbar günstiges Transportmittel wäre die weltweite Arbeitsteilung, wäre die Globalisierung, wie wir sie heute erleben, nicht möglich“, sagt der Bremer Hafenmanager Detthold Aden, der auch Präsident des Branchenverbandes ZDS ist.

Der Hamburger Hafen, der schon im 19. Jahrhundert internationalen Rang besaß, wurde mit der Einführung des Containers zum Welthafen. Zunächst allerdings glaubten viele Hafenmanager und Politiker in der Stadt nicht daran, dass sich das neue System durchsetzen würde. Der amerikanische Spediteur und Reeder Malcom McLean setzte

seit Ende der 50er-Jahre Container ein, zunächst vor allem in den USA, seit den 60er-Jahren weltweit. Nachdem die Kisten international gültige Standardmaße erhalten hatten, stiegen immer mehr Reedereien vom konventionellen Stückgutumschlag auf die genormten Boxen um. Hamburgs früherer Hafensenator und HHLA-Chef Ernst Plate ließ sich davon nicht überzeugen. „Die Kiste kommt mir nicht in meinen Hafen“, sagte er Anfang der 60er-Jahre. Viele deutsche Reeder verspotteten die neuartigen Containerfrachter als „Schachtelschiffe“.

Der Siegeszug der Kiste allerdings ließ sich dadurch nicht aufhalten. In Bremen war bereits 1966 der erste Container angelandet. Hamburgs damaliger Hafensenator Helmuth Kern erkannte, dass nun etwas geschehen musste. Vom Bremer Senat wurde er umworben, für den Containerumschlag einen gemeinsamen „Hansaport“ in Bremerhaven zu errichten. Das lehnte Kern jedoch ab und begann mit der HHLA und mit Eurokai den Aufbau von Terminals in Hamburg. 1968 brachte die „American Lancer“ der Reederei United States Lines die ersten Container in die Hansestadt. Bald darauf hatte Hamburg Bremen beim Containerumschlag überholt. In der Hafenwirtschaft brachte der Container die tiefste Zäsur seit Jahrhunderten. Noch bis in die 80er-Jahre hinein wurden die Güter auf den Kaianlagen in traditioneller Weise umgeschlagen, in Säcken, Gebinden, Fässern oder Kisten. Paletten, Gabelstapler und Kräne dienten zwar als Hilfsmittel – doch im Vergleich erwies sich der Stückgutverkehr gegenüber dem Container als hoffnungslos veraltet und unterlegen. Mithilfe der Stahlkisten ließ sich ein Vielfaches dessen von den Schiffen holen oder daraufbringen, was die Hafenarbeiter in mühsamer Hand- und Knochenarbeit bewältigen konnten. Die Zeit der Stauer und der „Schauerleute“, die zu Tausenden im Hafen arbeiteten, ging zu Ende.

Wirtschaftskrisen gab es zwar auch nach der Einführung des Containers. Doch keine Krise – bis 2008 – konnte das Wachstum des Containerumschlags im Hamburger Hafen stoppen. Im Jahr 1980 bewegten die Hamburger Terminals erstmals mehr als eine Million Containereinheiten (TEU). Bis zum Jahr 2007 verzehnfachte sich diese Zahl.

Möglich war das nur, weil die Hafenwirtschaft – unterstützt von der städtischen Politik – die Terminals immer wieder modernisierte und ausbaute. Wo heute der HHLA-Terminal Altenwerder arbeitet, stand früher ein Fischerdorf. Die Anlage ging im Jahr 2002 in Betrieb, nach fast 20-jähriger Planung, nach jahrelangen erbitterten Auseinandersetzungen zwischen dem Senat und den Bewohnern von Altenwerder, das geschleift und abgerissen werden musste, nach harten politischen Kämpfen zwischen der grün-alternativen GAL und der regierenden SPD. „Wäre Altenwerder damals nicht in Betrieb gegangen, hätte Hamburg vom Boom des Containerumschlags im vergangenen Jahrzehnt bei Weitem nicht so profitieren können“, sagt der HHLA-Manager Ingo Witte.

Zwei Strahlemänner:
Die Schlosser Jürgen Dunkelmann
und Yunus Cerrahoglu.

Jahrelang sah es so aus, als würde dieser Boom nicht enden. Die Containerwirtschaft verzeichnete höhere Wachstumsraten als nahezu jeder andere Wirtschaftszweig. Die Terminals arbeiteten am Rand der Kapazitätsgrenze. Bei den Mitarbeitern von HHLA und Eurogate häuften sich die Überstunden. Bis zu 18 Millionen TEU, so kalkulierte man noch im Jahr 2008, könnten in Hamburg im Jahr 2015 jährlich umgeschlagen werden. Doch die Wirtschaftskrise ließ solche Träume platzen. 2009 verzeichnete der Hamburger Hafen nur noch einen Umschlag von sieben Millionen TEU. Damit steht Hamburg derzeit im internationalen Vergleich der Containerhäfen auf Rang 15. Das Projekt für einen neuen „Container Terminal Steinwerder" wurde umgetauft in „Central Terminal Steinwerder". Wann die neue Anlage im mittleren Hafen für welchen logistischen Zweck gebaut wird, ist noch offen.

Für Thomas Eckelmann, den Gründer und Chef des Terminalbetreibers Eurogate, steht allerdings außer Frage, dass diese Krise überwunden wird. „Hamburg", sagt er, „wird aus der ersten Liga der Häfen keineswegs absteigen."

Olaf Preuß

# WIE MAN SCHIFFEN EIN TIDEFENSTER ÖFFNET

Jedes Schiff mit einem Tiefgang von bis zu 12,80 Metern kann den Hamburger Hafen, egal, ob bei Ebbe oder Flut – also tideunabhängig –, anlaufen. Große Containerschiffe erreichen allerdings größere Tiefgänge – und können trotzdem nach Hamburg kommen, wenn auch nicht immer voll beladen. Wie das geht? Die Nautische Zentrale, das Pendant zum Tower am Flughafen, öffnet diesen Schiffen ein Tidefenster. Damit kann der Tiefgang auf 15,10 Meter erhöht werden.

Der Unterschied zwischen Niedrig- und Höchststand des Pegels beträgt in Hamburg immerhin 3,60 Meter. Diesen Effekt machen wir uns zunutze und dirigieren die Schiffe so, dass sie mit dem Flutberg die Elbe hinauf in den Hafen „surfen" oder ihn beim Auslaufen so treffen, dass sie den hohen Wasserstand bis zur Mündung ausnutzen können.

Das Tidefenster ist ein Zeitfenster, das dem aktuellen Verlauf der Tide angepasst wird. Gesteuert wird der Schiffsverkehr auf der Elbe von erfahrenen Nautikern, die rund um die Uhr im Einsatz sind. Sie wissen immer, welche Schiffe auf dem Weg nach Hamburg sind, an welchen Terminals sie liegen oder wann sie ablegen wollen. Und sie sorgen dafür, dass die berühmte „Handbreit Wasser unterm Kiel" jederzeit sichergestellt ist.

EIN KLEINES INFO-STÜCK ÜBER DIE GROSSE KISTE

# SITZT, PASST, WACKELT UND HAT LUFT



### Sind Container auf der ganzen Welt gleich?

Anfang der 60er-Jahre einigten sich die damals wichtigsten Wirtschaftsnationen auf Standardmaße für Schiffscontainer. Grundlage dafür sind die amerikanischen Fuß-Maße. Sie wurden herangezogen, weil der Container in den USA entwickelt worden war. Seine Abmessungen orientierten sich an denen amerikanischer Lastwagen und Tunneldurchfahrten.

### Gibt es verschiedene Größen?

Das Standardmaß für die Zählung von Kapazitäten und Containerbewegungen ist der 20-Fuß-Container, „Twenty Foot Equivalent Unit" (TEU). Diese Stahlkiste ist rund sechs Meter lang, 2,60 Meter hoch und 2,44 Meter breit. Die heutzutage am weitesten verbreitete Variante ist der 40-Fuß-Container. Darüber hinaus gibt es eine Reihe von Abwandlungen, etwa 45-Fuß-Container oder „High cube"-Container, die etwas höher sind. Voll beladen wiegen die Container rund 30 Tonnen.

### Wie viele Container passen auf ein Schiff?

Der erste Containerfrachter, die amerikanische „Ideal X", war ein umgebauter Tanker aus dem Zweiten Weltkrieg. Das Schiff ging in den USA erstmals 1956 mit 58 Containern auf Fahrt. Die heutzutage größten Containerfrachter sind die dänische „Emma Maersk" und ihre sieben Schwesternschiffe. Jedes von ihnen kann rund 15 000 Containereinheiten (TEU) transportieren.

### Wie viel Energie verbraucht der Containertransport?

Für jeden einzelnen Container werden auf den größten Containerschiffen weniger als drei Liter Schweröl je 100 Kilometer Distanz verbraucht. Die Transportkosten für die einzelnen Güter sind deshalb auf den Überseestrecken extrem niedrig. Eine Flasche Wein aus Australien kommt für wenige Cent, ein Fernseher aus China für einige Dollar nach Hamburg.

### Welches sind die größten Containerhäfen?

Und wo steht Hamburg? Der Container veränderte das Gesicht der Häfen weltweit seit den 60er-Jahren radikal. Der arbeitsintensive Umschlag von Stückgut wurde durch einen hoch automatisierten Betrieb auf den Terminals abgelöst. In Hamburg gibt es derzeit vier große Containerterminals: Burchardkai, Tollerort und Altenwerder gehören der HHLA, der Predöhlkai im Waltershofer Hafen ihrem Konkurrenten Eurokai/Eurogate. In kleinerem Umfang schlägt auch das Unternehmen BUSS noch Container um. Im Jahr 2009 betrug der Umschlag in Hamburg sieben Millionen Einheiten (TEU), im Rekordjahr 2007 waren es rund zehn Millionen TEU. Die gesamte Umschlagskapazität des Hamburger Hafens liegt nach Auskunft des Unternehmensverbandes Hafen Hamburg mit entsprechenden Modernisierungen derzeit bei rund 25 Millionen TEU. Hamburg steht damit in der Reihe der weltgrößten Containerhäfen, gemessen am Umschlag, derzeit auf Platz 15. Die drei größten Containerhäfen sind Singapur (26 Millionen TEU Umschlag im Jahr 2009), Shanghai (25 Millionen) und Hongkong (20 Millionen).

### Kann man die Hamburger Containerterminals besichtigen?

Besonders nah kommt man dem Hamburger Hafenbetrieb bei der Tour „Auge in Auge mit den Giganten", einer Hafenrundfahrt per Bus mit sachkundiger Führung. Der Veranstalter Jasper fährt die Teilnehmer dabei auch auf Containerterminals – die sind Hochsicherheitsgebiete und für Außenstehende sonst kaum zugänglich. Gute Einblicke in den Terminal Altenwerder bekommt man auch am Aussichtspunkt am Moorburger Elbdeich. Von dort aus lässt sich der Betrieb auf der modernsten Containeranlage der Welt aus der Nähe beobachten. Mehr Infos über die Bustour unter
www.jasper.de

DER HAMBURGER SOENKE GREVE ÜBER SEINEN VERANTWORTUNGSVOLLEN JOB ALS CONTAINERBRÜCKENFAHRER

# »ICH BEWEGE 1600 TONNEN MIT ZWEI HÄNDEN«

Die Arbeit verlangt in jedem Augenblick volle Konzentration. Soenke Greve sitzt am Burchardkai in der verglasten Fahrerkanzel einer Containerbrücke der HHLA. Seine Aufgabe besteht darin, die schweren Kisten zwischen Schiff und Kaimauer zu bewegen.

In welcher Höhe befindet sich Ihr Arbeitsplatz?
Hier oben sitze ich 36 Meter über der Kaianlage. Dies ist die modernste und höchste Containerbrücke am Burchardkai.

Sie schauen ständig senkrecht nach unten, wie lange kann man in dieser Körperhaltung arbeiten?
Ich bin immer vier Stunden am Stück hier oben. Danach wechsle ich mich mit einem Kollegen ab, der jetzt dort unten als Einweiser steht, und er übernimmt meinen Platz in der Fahrerkanzel.

Wie viele Menschen arbeiten zusammen, um ein Containerschiff zu be- oder entladen?
Wir sind sieben Leute. Zwei Containerbrückenfahrer, die sich wie wir als Einweiser und Fahrer abwechseln. Drei Fahrer für die Van Carrier. Das sind die Hubwagen, die über die Container hinwegfahren, sie von oben greifen und auf der Kaianlage transportieren. Dann noch eine Brückenaufsicht, die mit einem Handfunk-Terminal alle verladenen Container erfasst, und ein Ablöser, der überall dort eingesetzt wird, wo eine Hand fehlt.

Ist das Team immer gleich zusammengesetzt?
Nein, aber jeder, der hier arbeitet, hat den gleichen Ausbildungsstand. So können wir uns immer aufeinander verlassen.

Wie wirken sich Wind und Wetter auf diese Arbeit aus?
Nebel, Regen oder Schneeflocken können natürlich die Sicht verschlechtern, und starker Wind bringt sogar beladene Container ins Schwingen. Ab Windstärke acht ist das so gefährlich, dass wir mit der Verladung aufhören müssen. Dann verriegeln wir die Brücken, damit sie nicht vom Wind gefahren werden. Denn so eine Containerbrücke bietet eine Windangriffsfläche wie das Schulschiff „Gorch Fock“ unter Segeln.

Wie lange machen Sie diese Arbeit schon?
Seit mehr als 20 Jahren bin ich hier für die HHLA tätig. Langweilig ist das nie geworden. Die Schiffe, an denen ich arbeite, sind alle anders. Auch in den vielen Jahren in meinem Beruf habe ich immer noch nicht alle Arten kennengelernt.

Verladen Sie immer nur Blechkisten?
Nein, Containerschiffe nehmen ja heute alle möglichen Ladungen auf. Da gibt es beispielsweise auch die Flatracks, das sind Ladeplattformen mit den Grundmaßen eines Containers, die Schwergüter oder sperrige Ladung tragen.

Hoch auf dem roten Wagen –
arbeitet Soenke Greve auf einer Containerbrücke.

Manchmal hängen an den Haken der Containerbrücke auch ganze Eisenbahnwaggons oder Luxusyachten. Machen Sie sich Gedanken über die enormen Werte, die Sie bewegen?

Ja, aber mit Vorsicht muss ich alle Ladungen bewegen, auch die normalen Container.

Das ist zentimetergenaue Arbeit, wie schafft man das?

Wir haben da so unsere kleinen Tricks. Wenn die Sonne scheint, dann sehe ich an den Schatten, wie weit der Spreader (die Traverse, an der ein Container eingerastet ist, Anmerkung der Red.) schon abgesenkt ist. Bei den letzten 25 Zentimetern klappen sich an allen vier Ecken die sogenannten Flipper aus, die den Container dann führen.

Wo lernt man, eine Containerbrücke zu fahren?

Heute gibt es dafür einen Simulator. Dort wird man acht Tage lang geschult. Dann kommt die Ausbildung am Schiff, dort läuft man erst einmal in der Abteilung mit, steht neben der Brückenaufsicht und sieht, worauf es in der Praxis ankommt.

Wie denken Ihre Freundde über Ihren Beruf?

Die reagieren darauf sehr positiv. In deren Augen bin ich jemand, der 1600 Tonnen mit seinen zwei Händen bewegt. Das finden die Leute interessant.

Eigel Wiese

EUROGATE-CHEF THOMAS ECKELMANN ERKLÄRT, WIE SEIN VATER INTERNATIONAL VERBINDLICHE CONTAINERMASSE EINFÜHRTE

# »17 WHISKEYS IM ›CRAZY HORSE‹«



Das Containergeschäft musste in den vergangenen Jahren starke Umsatzeinbrüche hinnehmen. Viele Unternehmen verkleinerten sich daraufhin. Thomas Eckelmann, Co-Chef des Containerterminals Eurogate, ist trotzdem fest überzeugt, dass Hamburg seinen Hafen noch ausweiten sollte.

Herr Eckelmann, als 1968 die ersten Container in Hamburg umgeladen wurden, also noch zur großen Zeit des Stückgutumschlags, war die Eckelmann-Gruppe seit Generationen eines der führenden Hafenunternehmen in der Stadt. Wie kam Ihre Familie zum Container?

Mein Vater Kurt Eckelmann war die treibende Kraft. Zu Beginn der 1960er-Jahre lernte er bei Verwandten in den USA den Schiffscontainer kennen, den der Transportunternehmer Malcom McLean dort 1956 eingeführt hatte. Mein Vater war schnell überzeugt, dass dieser Behälter die Hafenwirtschaft und den Seetransport weltweit komplett umkrempeln würde. Da wollte er rechtzeitig dabei sein. Mit sehr viel Energie und Geschick rang er der Stadt und dem damaligen Monopolisten HHLA ein Grundstück auf dem heutigen Burchardkai ab. Das wollte die HHLA aber später selbst haben, und mein Vater forderte eine fünfmal so große Fläche hier auf dem heutigen Predöhlkai als Ersatz. Er gab sich dann am Ende mit 220000 anstelle von 250000 Quadratmetern zufrieden.

Ihr Vater gehörte auch zu denjenigen, die dem Container international zum Durchbruch verhalfen.

Ja, in den 60er-Jahren nahm er im Auftrag des Bundesverkehrsministeriums als Vertreter Deutschlands an etlichen Sitzungen der Internationalen Standardisierungsorganisation bei. Er hatte großen Anteil daran, dass für den Container international verbindliche Maße festgelegt wurden. Dazu beigetragen hatte auch, dass mein Vater den Leiter der amerikanischen, der russischen und der französischen Delegation bei 17 Whiskys im legendären Pariser Nachtclub „Crazy Horse“ auf seine Verhandlungslinie (Einführung von 20- und 40-Fuß-Containern) „eingestimmt“ hatte.

Wie lange dauerte es, bis der Hamburger Hafen von einem Stückgut- zu einem Containerhafen wurde?

Das dauerte etwa zwei Jahrzehnte. Zu Beginn des Containerzeitalters sah die Szene der Terminalbetreiber im Hamburger Hafen noch völlig anders aus als heutzutage. Es gab eine ganze Reihe von Unternehmen und Reedereien wie Hapag-Lloyd; Hamburg Süd und DAL Deutsche Afrika Linien hatten anfangs noch ihre eigenen Terminals. Von all diesen Betreibern blieben Ende der 90er-Jahre nur die HHLA und Eurogate übrig, auch BUSS schlägt noch Container um, aber eine vergleichsweise geringe Zahl.

Schon 1997, also lange vor der Wirtschaftskrise, haben Sie bei der Stadt die Erweiterung des Eurogate-Terminals beantragt, um die steigenden Containermengen bewältigen zu können. Was wurde aus den Plänen angesichts der Rezession?

Wir wollen und wir werden den Terminal erweitern müssen, denn nach dieser Krise wird der Containerumschlag wieder wachsen. Vielleicht nicht so stark wie in den zurückliegenden Jahren, aber dennoch. Es wäre naiv zu glauben, die Globalisierung des Welthandels, die internationale Arbeitsteilung zwischen den Ländern und Regionen, sei vorüber. Genau dafür aber braucht man auch in Zukunft den Container.

Wie wird die Erweiterung Ihres Terminals aussehen?

Wir wollen die Anlagen nach Westen hin erweitern, in Richtung des heutigen Petroleumhafens. Die Umschlagkapazität soll von gut vier Millionen Containereinheiten (TEU) auf sechs Millionen ausgebaut werden. Unser Problem ist, dass sich die Genehmigungsverfahren Jahr um Jahr in die Länge ziehen. Die Erweiterung ist uns von der Stadt im Jahr 1997 zugesagt worden – wir rechnen heute damit, dass der erste Erweiterungsabschnitt 2016 in Betrieb gehen kann und das gesamte Projekt 2019 vollendet ist. Das muss man sich vorstellen: 22 Jahre vom Antrag auf die Erweiterung bis zum Vollzug. Manchmal denke ich, das Glück ist mit den Untüchtigen, weil wir durch den krisenbedingten Mengenrückgang im Containerumschlag im Moment mit dem Zeitplan leben können.

Ein für den Hafen extrem wichtiges Thema ist die Vertiefung der Elbe. Auch dieses Projekt verzögert sich Jahr für Jahr. Mit welchem Ergebnis rechnen Sie?

Die heutige Einschätzung, dass die Vertiefung der Fahrrinne Ende 2013 abgeschlossen sein wird, halte ich für sehr optimistisch. Wir brauchen die Anpassung aber. Wirtschaftlich erreichbar ist der Hamburger Hafen für Schiffe mit etwa 10 000 Containereinheiten (TEU). Damit solche Schiffe – und es wird immer mehr von ihnen geben – Hamburg optimal anlaufen können, muss die Elbe zügig vertieft werden. Die größten Containerschiffe wie die „Emma Maersk“ tragen bereits seit September 2006 15 000 TEU. Diese Schiffe können den Hamburger Hafen nicht wirtschaftlich sinnvoll beladen anlaufen.

Rolf Zamponi

TOURISTENFÜHRER CHRISTOPH HEILMANN BRINGT BESUCHER BEI EINER BUSTOUR DORTHIN, WOHIN SONST NUR ARBEITER KOMMEN: ZU DEN RIESIGEN CONTAINERTERMINALS

# »NICHT NUR WAS FÜR MUSKELMÄNNER«

CONTAINER

**Hamburg nach Maß**
Christoph Heilmann
Rambachstr. 15
20459 Hamburg
Tel. 31 55 68

**Hafenrundfahrt „Auge in Auge mit den Giganten“**
Friedr. Jasper Rund- und Gesellschaftsfahrten GmbH
Mühlendamm 86
22087 Hamburg
Tel. 22 71 06 10
www.jasper.de

**Wie sind Sie zum Hamburger „Hafenerklärer“ geworden?**
Ich kam 1975 in die Stadt, um Betriebswirtschaft zu studieren. Nebenbei arbeitete ich als Fremdenführer, wie es damals noch hieß. Bei den Führungen merkte ich, welch große Anziehungskraft der Hafen auf die Gäste ausübt, und habe mich dann immer mehr damit beschäftigt.

**Seit wann entwickeln Sie eigene Ideen für Touren?**
Im Jahr 2001 habe ich das Unternehmen „Hamburg nach Maß“ aufgebaut. Seitdem biete ich individuelle Themenführungen an. Ich höre mir die Wünsche von Unternehmen oder auch Vereinen an und arbeite dann entsprechend Touren nach deren Vorstellungen aus. Möglichst biete ich dabei einen Blick hinter die Kulissen und gehe mit den Leuten an Orte, zu denen sie sonst nicht kommen.

**So wie auf einen Containerterminal?**
Ja, die Terminals sind ja heute eigentlich völlig unzugänglich. Aber viele Menschen sind von dieser Umschlagsart fasziniert und haben den Wunsch, diese einmal aus der Nähe zu erleben. Also habe ich in Zusammenarbeit mit dem Busunternehmen Jasper eine Tour entwickelt, die unmittelbar an die Kaikanten und Containerbrücken heranführt.

**Wenn man Ihre sachkundigen Erklärungen hört, hat man den Eindruck, Sie hätten selbst mal im Hafen gearbeitet ...**
Nein, aber ich habe mir das alles ganz genau angesehen. Ich bin in den Fahrerkanzeln von Portalhubwagen und Containerbrücken gewesen und habe mir von den Leuten ganz genau erklären lassen, was sie dort tagtäglich machen.

**Wie reagieren Ihre Tourteilnehmer angesichts riesiger Schiffe und haushoher Containerbrücken?**
Sie sind sehr beeindruckt. Gerade bei jungen Menschen herrscht oft noch das Vorurteil, Arbeit an der Kaikante sei schmutzig und eigentlich nur etwas für Männer, die mit Muskeln bepackt sind. Doch bei einer solchen Tour wird bildhaft, wie technisch anspruchsvoll die Logistikkette abläuft. So mancher Schüler, der das eigentlich nie als eigenen Berufsweg in Erwägung gezogen hat, kann sich danach vorstellen, im Hafen zu arbeiten.

Eigel Wiese

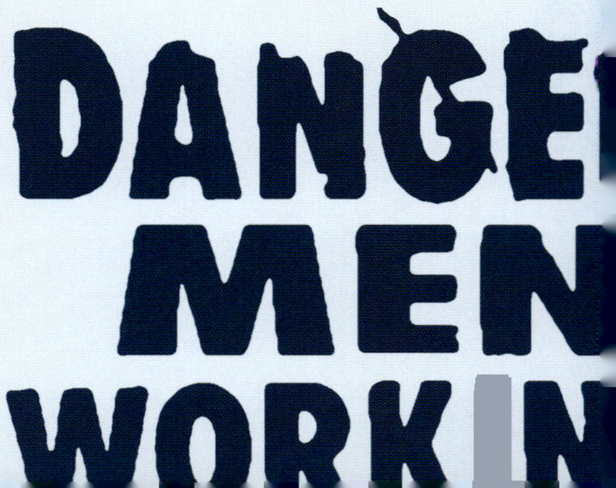

# FRANK HORCH



Frank Horch, 62, ist Geschäftsführer der Blohm + Voss
international GmbH und Präses der Handelskammer Hamburg.

## GEFANGEN VON UND ZWISCHEN SCHIFFEN

Es war ein strahlender Maitag im vergangenen Jahr, und ich hatte Besuch aus Wiesbaden. Was lag da näher, als den „Landratten" Elbe und Hafen zu zeigen. Die ersten Handbreit Wasser ließ ich sie unter dem Kiel meines Segelschiffes im Finkenwerder Hafen fühlen. „Das lässt sich gut an", war die einhellige Meinung. Davon ermutigt, wurde ich verwegener. Es blieben noch ein paar Stunden bis zu einem geplanten Konzertbesuch in der Laeiszhalle. Warum nicht die Zeit nutzen und gemeinsam mit meinen Freunden das Ziel auf dem Wasserwege erreichen? Als langjähriger Kenner des Hamburger Hafens sah ich hier keine größeren Hürden. Also gingen wir zu Fuß zum Fähranleger Finkenwerder und legten vom Köhlfleet mit der HVV-Fähre ab. Vorbei ging es an ein- und auslaufenden Schiffen, die ich meinen Gästen bis zur Zahl der Tonnage und der Knoten minutiös beschreiben konnte. Dabei genossen wir den wunderschönen Blick auf das Elbufer vor Blankenese. Nur kurz getrübt wurde unsere Idylle, als wir am Anleger Neumühlen Wortfetzen von einer möglichen Verzögerung auf dem Weg zu den Landungsbrücken aufschnappten. Ungerührt setzte ich jedoch in der Manier eines Hafenrundfahrt-Kapitäns meine Erläuterungen zum Containerterminal Burchardkai und zum Athabaskakai, die wir an Steuerbord hinter uns liegen ließen, fort. Dort lagen Groß- und Feederschiffe und lieferten mir die Stichworte für einen längeren Exkurs zum Thema „Hamburg als Drehscheibe für den Containerumschlag". Aber als mein Blick rechter Hand auf das Gelände meines Arbeitgebers, der Traditionswerft Blohm + Voss, fiel, dämmerte mir, was ich noch vor einigen Minuten verdrängt hatte. Aus dem Trockendock „Elbe 17" schob sich gerade ein großer Massengutfrachter auf die Elbe. Und am Ausrüstungskai der Werft erkannte ich einen Großtanker, der auf das Eindocken wartete. Was bedeutete: Die Elbe würde zwei Stunden lang für den übrigen Schiffsverkehr komplett gesperrt werden. Damit war auch die Fährverbindung zum Sandtorhafen abgeschnitten, unserem Ausstieg Richtung Laeiszhalle. Das Warten auf der Fähre versuchte ich mit einem Live-Kommentar des komplizierten Ein- und Ausdockens zu überbrücken. Muss wohl alles Eindruck hinterlassen haben. Denn über das verpasste Konzert verloren meine Besucher kein einziges Wort mehr.

EUROGATE
PORT GDAŃSKI EKSPLOATACJA
Z P M C
KIRCHDORF

WIE TRANSPORTIERT MAN KRÄNE ODER EIN 50 METER LANGES ROTORBLATT? FÜR KOMPLIZIERTE FÄLLE WIE DIESEN GIBT ES DIE SCHWERGUT-EXPERTEN VOM HAFENLOGISTIK-KONZERN BUSS

# SCHWERE GESCHÜTZE

Auf dem BUSS-Hansa-Terminal im Hamburger Hafen findet sich viel schweres Gerät: Transformatoren für Kraftwerke, Rotorblätter für Windturbinen, Großbagger und Planierraupen, Schiffsmotoren und -propeller. Die ganz großen Teile liegen offen oder in Kunststofffolien verpackt, kleinere Güter stecken in maßgefertigten Holzkisten. „Alles, was in einen Container hineinpasst, steckt heutzutage auch drin", sagt Johann Killinger, Chef des Hamburger Hafenlogistik-Konzerns BUSS. „Für das, was nicht hineinpasst, sind wir die Experten."

Die Verschiffung von Schwergut – in der Fachsprache „Projektladung" genannt – ist im Vergleich zum Containerverkehr zwar ein Nischenmarkt, aber dennoch ein hoch komplexes Geschäft. „Der Schwergutumschlag ist viel arbeitsintensiver als die Verladung von Containern", sagt Killinger. Kein Wunder: Die Verladung von Containern wurde seit der Einführung der Stahlkisten immer weiter automatisiert. Innerhalb weniger Minuten bewegt der Fahrer einer Containerbrücke so viel Ladung wie früher eine ganze Gruppe von „Schauermännern" innerhalb mehrerer Stunden. Bei der Ver- und Entladung von Schwergut allerdings geht nichts automatisch. Jedes Stück hat sein spezielles Maß, sein eigenes Gewicht. Mehrere Hundert Tonnen wiegt etwa ein großer Kraftwerkstransformator. Dafür braucht man Spezialkräne sowohl an Land wie auch auf den Schiffen.

Die Männer auf den Hamburger Schwergutterminals – auch die HHLA betreibt dieses Geschäft – sind hoch qualifizierte Experten. Die „Stauer" müssen die teils monströsen Transportstücke auf den Spezialschiffen so befestigen, dass sie auf rauer See nicht verrutschen und den Frachter zum Kentern bringen. Die Stauerei von Schwergut ist mittlerweile ein so seltener Beruf geworden, dass BUSS seine Männer im Notfall auch schon mal an Reedereien oder Terminalbetreiber in anderen Häfen ausleiht.

Die Ladung auf dem BUSS-Schwergutterminal wirkt wie ein Schaufenster der deutschen Industrie, wertvollste Technologie wartet hier auf den Export. Das Geschäft mit Schwergut verzeichnete in den vergangenen Jahren gute Wachstumsraten. Der geplante weitere Terminal CTS im mittleren Hafen könnte deshalb zum Ende dieses Jahrzehnts in Betrieb gehen.

Olaf Preuß

Sperrgepäck XXL:
Die „Zen Hua 20" transportiert Kräne von China nach Hamburg.

CONTAINER

TAUSENDE KASTIGE CONTAINER IN VIELEN FARBEN LANDEN TÄGLICH IM EUROGATE-TERMINAL HAMBURG. ES IST EIN KOMPLIZIERTES PLANSPIEL: WO KOMMT WELCHE FRACHT HIN?

# LEGO FÜR ERWACHSENE

Ein Schiff erscheint auf dem Bildschirm vor Birgit Hansen. So klein, dass es aussieht, als wäre es mit Legosteinen gefüllt. Doch Mirko Paeth sieht, dass die Legosteine Container sind – der Tallymann steht direkt neben dem Frachter, an der Pier beim Eurogate-Terminal in Waltershof. Ein Hafenkran hebt einen blauen Container aus dem Schiff und setzt ihn vor Mirko Paeth ab. Ein anderer Container fährt gerade vor Birgit Hansens Bürofenster auf einem Van Carrier vorbei. Als Ship-Planner arbeitet sie vom Schreibtisch aus. Die Wasserkante, an der Mirko Paeth steht, liegt einige Hundert Meter entfernt. Nicht ganz so weit weg, aber auch draußen bewegt sich Goran Stojanovic am Eingang des Terminals: Der Gate-Checker kontrolliert einen Lastwagen, der gerade einen Container bringt, der demnächst vielleicht auch auf Birgit Hansens Bildschirm erscheint oder vor Mirko Paeths Füßen steht. Die Arbeit von Tallymann, Ship-Planner und Gate-Checker greift nahtlos ineinander – und immer sind Container im Spiel.

„Bei uns in Hamburg arbeiten mehr als 1700 Menschen", sagt Corinna Romke, Sprecherin von Eurogate, dem größten Container-Dienstleister Europas. Sie selbst sitzt die meiste Zeit der Woche in der Zentrale in Bremen, an einigen Tagen in ihrem zweiten Büro beim Eurogate Containerterminal Hamburg (CTH) in Waltershof: 1999 schlossen die damalige Hamburger Eurokai-Gruppe und die Bremer Lagerhaus-Gesellschaft (BLG) ihre Containersparten zusammen – seitdem existiert Eurogate, die in Hamburg in Konkurrenz und in Kooperation mit der stadteigenen HHLA steht. Gemeinsam haben die Containerspezialisten vor gut fünf Jahren eine Chipkarte eingeführt, mit der Lastwagenfahrer sich einfacher bei Eurogate oder an den HHLA-Terminals anmelden können.

Wie ein vielspuriger Grenzübergang sieht diese Schnittstelle aus, wo die Trucker sich an- und abmelden und wo Goran Stojanovic steht. Hier am „In- and Outgate" müs-

sen alle Laster vorbei, die Container bringen oder abholen. Goran Stojanovic tippt die Kennziffer der Kisten auf ein Datenfunkgerät, das er in der Hand hält. Sofort bekommt er die Bestätigung aus dem Zentralrechner. „Man kann gar keinen Fehler machen, wenn man die Nummer falsch eintippt", verrät der Hafenfacharbeiter. „Die letzte Ziffer ist eine Kontrollziffer, die nach einer bestimmten Formel aus den anderen errechnet wird." Vertippe man sich, falle der Fehler sofort auf.

Eine Plombe sichert jeden Container. Goran Stojanovic untersucht, ob die Kunststoffummantelung des Stahlbolzens unbeschädigt ist. Seit sieben Jahren ist er als Hafenarbeiter bei Eurogate im Dienst. Ursprünglich hat er Blechklempner gelernt. „Ich habe auch schon am Flughafen, bei Blohm+Voss, in Papenburg und bei Airbus gearbeitet", erzählt Goran Stojanovic, der im kroatischen Rijeka geboren wurde. Die Gemeinsamkeit zwischen seinen Jobs: Alle haben etwas mit Hafen oder Flughafen zu tun.

Ähnliches gilt für Mirko Paeth. Er steht in einer kleine Kabine am Fuß der Containerbrücke, die mitfährt, sobald sich die Brücke neu positioniert: die „Tallybude". Er ist ein Vorarbeiter, hier heißt das Tallymann, und er überwacht, wie die Container von dem Schiff gelöscht werden. Paeth lernte einmal Schiffbauer und arbeitet schon seit 16 Jahren im Hafen.

„Ich sehe zu, dass hier alles vernünftig abläuft", fasst Mirko Paeth seinen Job zusammen, als seine Tallybude ruckt, weil die Containerbrücke vorfährt. „Ich gucke, dass keine unberechtigten Personen hier herumlaufen. Dass die Lascher, die für die richtige Befestigung zuständig sind, angeschnallt sind, wenn sie arbeiten. Dass die Container heil sind." Per Funk spricht Mirko Paeth mit den Kollegen auf dem Schiff. Auf dem Tisch der Tallybude liegen ein Stauplan, ein Apfel, zuckerfreie Kaugummis und eine Tüte scharfe Lakritze.

So einen Stauplan hat auch Birgit Hansen vor sich, auf dem Bildschirm ihres Computers. Die Nordfriesin ist Wirtschaftsingenieurin und begann vor sechs Jahren ihren Job als Central-Planner bei Eurogate. Sie berechnet die „Moves": die Bewegungen, die notwendig sind, bis ein Schiff be- oder entladen ist. Auf ihrem Bildschirm kann sie jeden einzelnen Container per Mausklick ansteuern und so das Innere jedes Frachters kontrollieren, der an den Liegeplätzen bei Eurogate festmacht.

Es wirkt wie ein Strategiespiel am Computer. In welcher Reihenfolge heben die Brücken die Container von Bord? Wo auf dem Gelände kommt welche Kiste hin? Das entscheiden Ship-Planner wie Birgit Hansen. Falls ein Schiff anders beladen ist als vorher angekündigt, müssen sie improvisieren, zum Teil auch abends oder am Wochenende: „Dann versuchen wir, das von zu Hause aus zu flicken", erklärt Birgit Hansen. Was die Ship-Planner sich dann ausdenken, setzen ihre Kollegen draußen um. Aber was sich am Bildschirm einfach hin und her schieben lässt wie ein Legostein, ist im Hafen eben doch immer noch ein verdammt schwerer Container.

Heike Schäfer

# KULTUR

DER STURM

DER ELBPHILHARMONIE-CHEF, EIN DJ UND DER GRÜNDER DES MOJO CLUBS DISKUTIEREN DEN TYPISCHEN SOUND DES HAFENS

# AUF EINER WELLENLÄNGE

Dreiklang aus Experten: Oliver Korthals, Sebastian Reiher und Christoph Lieben-Seutter (v.l.).

Ein „Veermaster“, wie er in dem berühmten Shanty besungen wird, ist weit und breit nicht zu sehen, und die Beine des Schippers am Steuerrad der MS „Bruno“ machen auch überhaupt keinen „scheepen“ (schiefen) Eindruck. Egal. Um sich über den Dreiklang aus Hamburg, Hafen und Musik zu unterhalten, ist ein Platz auf dem Bug eines Kajütboots trotzdem genau das Richtige. Erst recht, während es aus dem Spreehafen in Richtung Landungsbrücken tuckert.

In der für diesen Anlass angeheuerten Experten-Besatzung ist einiges an Musik drin. Zwei Elbphilharmonien erstmals in einem Boot: die eine personifiziert durch Generalintendant Christoph Lieben-Seutter als Repräsentant eines Projekts, das angesichts der Kostenexplosionen noch längst nicht alle in ihr Herz geschlossen haben. Die andere, entschieden günstigere Kulturadresse wird durch Sebastian Reier – DJ-Künstlername: „Booty Carrell“ – vom Golden Pudel Club vertreten, der sich selbst den nicht ganz ironiefreien Namen „Elbphilharmonie der Herzen“ verlieh und vom Fischmarkt 27 aus tapfer gegen den Musik-Mainstream anfeiert. Szenestars wie Rocko Schamoni und Jacques Palminger haben in dem Häuschen ihre künstlerische Heimat. Wenn auswärtige Gäste kommen, kriegen sie vor Begeisterung schon mal etwas durcheinander, wie ein Gast-DJ aus Los Angeles, der stolz an seine Freunde twitterte: „Yeah, ich trete in Hamburg im Golden Pudel Club auf, da haben schon die Beatles gespielt!“ Was gut klingt, aber trotzdem nicht stimmt.

Dritter im Bunde ist Oliver Korthals, mit Leif Nüske einer der Gründerväter des Mojo Clubs, für den nach jahrelanger Pause die Wiederaufbauarbeiten an der Spitzenadresse Reeperbahn 1 begonnen haben. In den 90ern etablierte sich der Mojo mit seinem Dancefloor-Jazz-Angebot als Hamburgs erste Partyadresse, im Februar 2012 soll er unterhalb der „Tanzenden Türme“ neu eröffnet werden.

Klassische Höchstkultur, kunterbunter Exotentreff und Clubszene also. Passt gut zusammen, weil alle drei zum Klang des Hamburger Hafens gehören wie der Fisch ins Brötchen. Die Männer verstehen sich bestens; eigentlich kein Wunder. Korthals erklärt sich das mit der räumlichen Nähe der drei Spielstätten zum Wasser, die er für den verbindenden gemeinsamen Nenner hält. „In früheren Jahrzehnten war der Hafen für Hamburg immer auch ein Einfallstor für Musik.“

Alle drei sind der Meinung, dass das feuchte Herz der Hansestadt eine Menge Hörenswertes bietet. „Der Hafen an sich ist ja schon Musik“, findet Reier, „die Geräuschwelt, all das ist sehr musikalisch.“ Vom Wasser aus schweift der Blick an der Großen Elbstraße entlang, wo seit einiger Zeit wieder das Hafenklang seine Heimat hat, ein Club, in dessen Tonstudio unter anderem Udo Lindenberg und die Einstürzenden Neubauten vor den Mikros standen. Doch um den Sound des Hafens in sich aufzunehmen, reicht es schon, mit offenen Ohren die Elbe entlangzufahren. Club-Gründer Korthals’ liebste Klänge sind die industriellen Geräusche aus den Containerterminals und natürlich die Schiffsirenen. DJ Sebastian Reier steht auf das sich ständig verändernde Quietschen der Landungsbrücken-Pontons, und dem Elbphilharmonie-Chef hat es besonders das typische Klackern der Seile an die Masten angetan, garniert mit klassischem Möwengeschrei.

Für jede Generation und jeden Geschmack bietet der Hamburger Hafen mitsamt seiner Nachbarschaft am Nordufer den passenden Gefühls-Soundtrack. Ganz klassisch gefällig? Da gäbe es von Georg Philipp Telemann die Ouvertüre „Hamburger Ebb und Fluth", 1723 zur Feier des 100. Geburtstags der Hamburgischen Admiralität geschrieben. Fast so klassisch: Auf den Schunkelwellen von NDR 90,3 läuft immer noch das „Hamburger Hafenkonzert", Stapellauf 1929 und damit die älteste Radiosendung der Welt. Etwas jüngere Musikfans sind in den Clubs rund um die Reeperbahn sozialisiert worden. Indra, Kaiserkeller, Star-Club, der Karrierestart der Beatles, überhaupt, die wilden Beat-Jahre. Inzwischen ist die „geile Meile" (Udo Lindenberg) als Touristenmagnet familientauglicher und massenkompatibler geworden, in musikalischer Hinsicht nicht zuletzt auch durch den Erfolg des allherbstlichen Reeperbahn-Musikfestivals.

Schon dieser Schnelldurchlauf zeigt: Die Hafen-Sentimentalität kann einen in Hamburg in jeder Altersklasse erwischen, Beispiele dafür finden sich reichlich in den Hitlisten mit HH auf dem Nummernschild. Als Jan Delay noch bei den Beginnern war, knödelte er in „City Blues" seine Liebeserklärung an die lokale Waterkant: „Hamburg ist ein derber Beat, schön und schmuddelig. Und der Hafen, der ist das Herz, die Bassline". Die Band Kettcar rockte sich mit der Textzeile „An den Landungsbrücken raus, dieses Bild verdient Applaus" in hiesige und andere Herzen.

Auch Musicals laufen in dieser Stadt offenbar umso besser, je mehr Nähe zum Wasser sie haben: Im Operettenhaus stach in den vergangenen Jahren das Udo-Jürgens-Musical in See, um endlich mal nach New York zu kommen. Am anderen Elbufer werden die ansonsten in Bussen angelieferten Musical-Touristen in Barkassen zum Erfolgsmusical „König der Löwen" geschippert und dürfen so erst mal etwas frische Hafenatmosphäre einatmen, bevor sie in den Dschungel ziehen.

Und dann sind da noch die vielen Hamburger Shanty-Chöre. Man muss beileibe nicht von auswärts sein oder voll wie eine Strandhaubitze, um beim Anblick so einer Männertruppe mitsamt obligater Quetschkommode in gerührtes Mitbrummen zu verfallen. In der „Haifisch-Bar" kann es jederzeit passieren, dass die Bedienung eine Gitarre unterm Tresen hervorkramt und der ganze Laden gerührt Seemanslieder grölt, auch der „Schellfischposten" ist eine sichere Anlegestelle für Freunde gediegener musikalischer Geselligkeit. Ina Müller, Hamburgs nächste Heidi Kabel, weiß etliche Lieder darüber zu singen.

Kurioserweise ist ausgerechnet ein Beute-Hamburger eine der wichtigsten Galionsfiguren maritimen Liedguts: Freddy Quinns Wiege stand in Wien, nicht an der Elbe oder wenigstens der Alster. Egal, niemand ist perfekt. Dafür liefert er mit „Junge, komm bald wieder" einen Konsensklassiker. Auf die Frage nach dem ganz großen Hamburger-Hafen-Hit nennen Christoph Lieben-Seutter, Sebastian Reiher und Oliver Korthals unisono Freddys Sentimental-Schlager.

Die Worte Hamburg und Hafen reimen sich zwar nicht, sind gemeinsam aber doch immer wieder ein Gedicht. Den Schlussakkord dieses Lobgesangs setzt Christoph Lieben-Seutter: „Der Hafen ist emotional unglaublich aufgeladen. Fernweh, Heimweh ... Das alles klingt da mit. Da ist Musik immer sehr nahe."

Joachim Mischke

Joachim Kaiser, 63, ist Vorstandsmitglied der Stiftung Hamburg Maritim,
Kapitän und Sachverständiger für historische Schiffe.

# JOACHIM KAISER





## ICH HABE EINE VISION

Nie werde ich diesen allerersten Moment vergessen: Als Buttje auf meinem ersten Fahrrad durch den Alten Elbtunnel gesaust, dann aufgetaucht in einer lärmenden, von tausend Gerüchen durchzogenen fremden Arbeitswelt voll monströser Objekte. Erst das Dröhnen der Niethämmer auf den Werften, wo unzählige Arbeiter um halbfertige Stahlkolosse herumwuselten. Dann das kilometerlange Gewirr der Kaischuppen, dahinter die Lademasten und Schornsteine der Ozeanliner. Mit bebendem Herzen schlich ich mich durch zum Kai, betörende Gerüche unbekannter Gewürze in der Nase, während hoch über mir, damals ein Dreikäsehoch, tonnenschwere Hieven wie Spielzeug durch die Luft schwebten. Unter den sich unablässig bewegenden Kränen das Getümmel der Arbeiter, die beim vielstimmigen Gejaule der Winden mit großer Gelassenheit ihre eigentümlichen Transportkarren bewegten, als wären sie gesteuert von einer unsichtbaren Choreografie. Tief beeindruckt und mit ein paar geklauten Bananen im Zampel (das gehörte zwingend dazu) radelte ich Stunden später zurück.

Später fuhr ich zur See, machte Patent in Hamburgs Seefahrtsschule an der Rainvilleterrasse, stets die blinkende Elbe und den geschäftigen Hafen draußen vor den Fenstern. In den Freistunden trieb ich mich gern im Altonaer Museum herum, bewunderte Modelle und Kapitänsbilder von alten Segelschiffen der Niederelbe und versuchte, mich in die Zeit zurückzuversetzen.

Als ich später die Seefahrt an den Nagel hängte, trieb mich eins um: die letzten alten Elbsegelschiffe und andere Hamburger Kleinodien zu retten, die hier und da noch in stillen Winkeln vor sich hingammelten. Die Gründung unserer Stiftung Hamburg Maritim bot genau hierfür die ideale Plattform. Was mit dem Dampfer „Schaarhörn“ begann und sich mit Lotsenschoner No. 5 „Elbe“ fortsetzte, dazu einer Reihe von Ewern und Kuttern, mündete in dem Projekt Sandtorhafen, dem neuen Heimathafen unserer Flotte.

Lange gab es schon diese Vision von einem intakten Stück alter Hafenwelt. Als wir 2002 die einsturzgefährdeten 50er-Schuppen mit ihren riesigen Holzdächern für eine Mark übernahmen, hielt man uns für Spinner. Heute ist das denkmalgeschützte Ensemble in weiten Teilen restauriert, eine raue Idylle hinten im Hafen.

In unseren Köpfen geistert die Vision des großen Hafenmuseums, vor dem sich Kräne drehen, Eisenbahnen ruckeln und Schiffe bewegen, ein Besuchermagnet mitten im Hafen – keine Utopie, wenn unsere Stadt das wirklich will ... bis dahin, so die hamburgische Volkspoesie, „fließt wohl noch viel Wasser die Elbe runter“!

FETTES BROT STATT FREDDDY QUINN, LOTTO KING KARL STATT HANS ALBERS: KLAR, ES SIND JETZT ANDERE, DIE DEN HAFEN BESINGEN. ABER DIE SEHNSUCHT UND DER LOKALPATRIOTISMUS SIND GEBLIEBEN

# HAMBURG, UNSERE PERLE



„Stadt Hamburg an der Elbe Auen, wie bist du stattlich anzuschauen, mit deiner Türme Hochgestalt, und deiner Schiffe Mastenwald“ heißt es in einer Fassung der 1828 von Albert Methfessel komponierten Hamburger Landeshymne „Hammonia“.

Mittlerweile ist der Mastenwald der alten Segler, besungen auch im Klassiker „De Hamborger Veermaster“ (1850), den hohen Bordwänden der Containerriesen gewichen. Und um der Elbe Auen zu sehen, muss man schon ein gutes Stück stromauf- oder stromabwärts fahren, denn im Hamburger Hafen herrscht jetzt Warentermindruck statt lieblicher Landschaft. Und doch ist der Hafen eine der beliebtesten Inspirationsquellen für Shanty-Chöre, Schlagerbarden, Hip-Hop-Reimbastler und Rockbands geblieben. In den Clubs und Bars, auf Privatpartys und Konzertfestivals und beim morgendlichen Torkeln durch Hamburgs Wohngebiete dürfen Hafen-Songs nicht fehlen.

Hans Albers ist dann immer noch ganz vorn mit dabei: „Auf der Reeperbahn nachts um halb eins“ funktioniert seit seiner Premiere im Film „Große Freiheit Nr. 7“ (1944) auch nachts um halb zwei als inoffizielle Stadthymne. Eine Hymne, die man auch in München, Frankfurt oder Berlin sofort mitsingt. Nicht zu vergessen: „Das Herz von St. Pauli“, „In Hamburg an der Elbe“, „In einer Sternennacht am Hafen“ und ungezählte weitere Hamburgensien.

Auch die übertriebene Schlagerromantik der 1930er- bis 1960er-Jahre, gedacht für die Plattensammlungen von Handels- und Kriegsmarine, bestimmen das musikalische Hamburg-Bild bis heute. „Lili Marleen“ Lale Andersen aus Bremerhaven schmachtete 1941 „Unter der roten Laterne von St. Pauli“, und Freddy Quinn hatte – obwohl Österreicher – ab 1962 sehr starkes „Heimweh nach St. Pauli“.

Egal, von woher es Künstler nach Hamburg verschlägt: Hafen und St. Pauli müssen besungen werden. Udo Lindenberg aus Gronau wusste 1973, dass „Alles klar auf der Andrea Doria“ ist, denn auf der „geilen Meile Reeperbahn“ treibt sich Udo gern rum, wenn er nicht gerade im Hotel Atlantic Eierlikör schlürft. „Schon Störtebeker wusste, dass der Norden rockt, und hat mit seinem Kahn hier gleich angedockt“, rappte Fettes Brot 1995 in „Nordish by nature“ und schuf einen Partyhit für die Ewigkeit und eine weitere Hymne, deren Popularität wohl nur noch von Lotto King Karl übertroffen wird: „Hamburg meine Perle, du alte Hafenstadt, du bist mein Zuhaus, du bist mein Leben“. Mittlerweile gibt es so viele Lieder rund um den Hamburger Hafen, dass man den Überblick verliert.

Und gibt es auch ein Lied für die nicht seltenen Situationen, in denen einem das Treiben rund um die Waterkant zu viel wird? Ja, Die Sterne schenkten uns 2002 eine wirklich anrührende Ballade für den Heimweg von der Reeperbahn morgens um halb sieben: „Die Nacht vorbei, der Kiez gefegt, und alles schleicht, was sich bewegt: Da hilft nichts auf der Welt, wenn dir St. Pauli auf den Geist fällt“.

Tino Lange

Wo man wie Uwe (l.) und Kuddel
an den Landungsbrücken singt,
da lass dich ruhig nieder.
Böse Menschen kennen keine Lieder.

„LA PALOMA" IST AUF DER GANZEN WELT BERÜHMT, WEIT MEHR ALS TAUSEND VERSIONEN EXISTIEREN. ABER WER HAT DEN HIT EIGENTLICH ERFUNDEN?

Melodie für Millionen: Der Komponist Sebastián Iradier komponierte „La Paloma".

# DIE HEIMAT IST EIN HIT

Gern stellen wir uns folgenden Wortwechsel zwischen zwei Gästen einer Hafenbar in St. Pauli vor, die schwankend an der Jukebox stehen und debattieren, welche Version von „La Paloma" jetzt laufen soll. „Die von Hans Albers natürlich! Der hat das Lied schließlich erfunden!", würde der eine sagen. „Quatsch", gäbe der andere zurück. „‚La Paloma', das war eindeutig Freddy! Das ist sein Lied. Freddy forever!" Beide hätten Recht – und wären doch auf dem völlig falschen Dampfer. Denn sosehr die (Wahl-) Hamburger Legenden Hans Albers und Freddy Quinn mit diesem Lied identisch zu sein scheinen, so wenig würden sie sich die Urheberschaft desselben auf die Fahne geschrieben haben. „La Paloma", diese Hymne des Hamburger Hafendistrikts, diese Melodie gewordene Sehnsucht nach der Ferne und nach dem Heimkommen, ist schon über 150 Jahre alt, stammt von einem Basken, der sie angeblich auf Kuba schrieb, und existiert in unzähligen Versionen rund um die ganze Welt.

Sebastián Iradier hieß der 1809 in Lanciego im Norden Spaniens geborene Lebemann, der nach einigen eher glücklosen Jahren als Kirchenmusiker über Madrid nach Paris gelangte, möglicherweise bis nach New York und eben nach Kuba. Er war Gesangslehrer hochmögender Damen der spanischen und französischen Gesellschaft, sogar der Kaiserin Eugenie, der aus Spanien stammenden Gattin Napoleons III. Ob er wirklich in Havanna war, ist Spekulation, die Iradier durch Textzeilen von „La Paloma" freilich selbst fleißig nährte. 1865 starb der Komponist, in dessen Nachlass sich rund 150 Lieder fanden, in seiner baskischen Heimat, im Haus der Eltern in Vitoria.

1953

1961

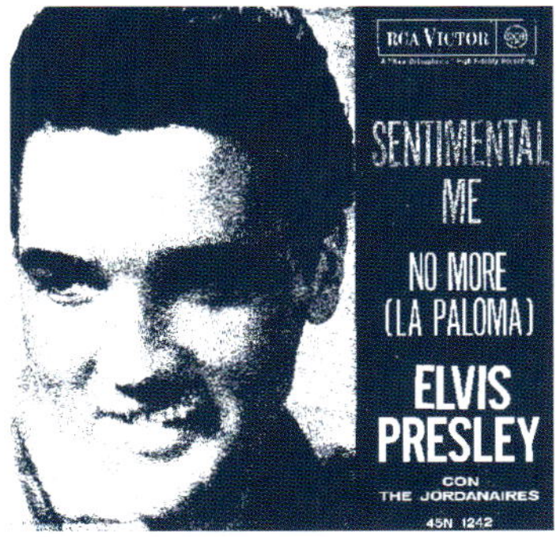


1962

1976

Geblieben ist von Iradier trotzdem nichts als „La Paloma". Das Lied ist in China so bekannt wie auf Hawaii, wo sich die sentimental-beschwingte Weise von der Taube ideal mit den Klängen von Ukulele und Pedal Steel Gitarre verbindet. Der Song passt sich einer Mambo-Kombo ebenso mühelos an wie den gepfefferten Riffs einer Bigband. Er kann als finnischer Tango oder als Habanera übers Parkett rollen, als Matrosenliedchen mit Mundharmonika, als New-Wave-Engtanznummer oder als Pariser Chanson. Das Lied kennt Belcanto-Versionen und den schrecklichen Missbrauch am Tor zu den Gaskammern in Auschwitz, wo der inhaftierte Gitarrist Coco Schumann auf Geheiß der SS „La Paloma" zupfen musste.

Die Deutschen, insbesondere die Hamburger, lieben „La Paloma" nicht erst seit Hans Albers. Im Film „Große Freiheit Nr. 7" machte er das Lied in teilweise ziemlich trunkenen Versionen, zu dem ihm Regisseur Helmut Käutner einen neuen, traurig-fatalistischen Text geschrieben hatte („Einmal holt uns die See/Und das Meer gibt keinen von uns zurück/Seemanns Braut ist die See/Und nur ihr kann er treu sein"), unsterblich. Eine erste deutsche Version hatte bereits zu Iradiers Lebzeiten, Mitte des 19. Jahrhunderts, ein Mitarbeiter des Verlags Schott namens Rupp geliefert. Freddy Quinns Fassung von 1961 wurde dann zum Millionenhit. „La Paloma" ist einer Umfrage zufolge bis heute der Deutschen Lieblingslied, noch vor „Yesterday" von den Beatles. Begleitet von 88 599 Laienchorsängern, die den Text vom Blatt mitschmetterten, sang sich Freddy Quinn an Bord der „Rickmer Rickmers" auf dem Hafengeburtstag 2004 mit „La Paloma" gar ins „Guinness Buch der Rekorde".

Selbst größte Fans von Elvis Presley oder Charlie Parker, von Louis Armstrong oder Paco de Lucia werden schwerlich behaupten, dass deren Version von „La Paloma" das Beste aus dem Repertoire ihrer jeweiligen Lieblinge sei. Aber eine Melodie, die derart erhaben ist über Zeitläufte und Ideologien, geografische und Genregrenzen, muss schon etwas ganz Besonderes haben.

Kaum ein Lied ist so gut dokumentiert und bis auf seine Anfänge so gründlich erforscht wie „La Paloma". Ein im Ruhestand befindlicher Einzelhändler in Iradiers Sterbeort Vitoria hat bislang knapp 1000 Aufnahmen aus aller Herren Länder gesammelt, das Münchner Trikont-Label veröffentlichte mehrere CDs mit kuriosen bis gloriosen Einspielungen, die der Soundkünstler Kalle Laar zusammentrug. Die Dokumentarfilmerin Sigrid Faltin drehte eine Kino-Doku über „La Paloma", und vor zwei Jahren erschien ein Buch mit vier CDs über jenes Lied, das der Publizist Thomas Groß „die Ursonate des Pop" genannt hat. Der Verlag heißt wie das Meer, dem alle, die „La Paloma" lieben, zumindest metaphorisch verfallen sind: mare. Und natürlich residiert er in der Stadt, die die unbestrittene „La Paloma"-Heimat der Herzen ist: in Hamburg.

Tom R. Schulz

IN HAMBURG KANN DER BESUCHER DURCH EINE FAST UNENDLICHE ANZAHL VON MUSEEN WANDERN UND SIEHT IMMER NOCH MEHR UND MEER

# LAUFSTEG DER SCHIFFS-MODELLE

Wieso hat es das nicht schon längst gegeben, fragte man sich, als am 25. Juni 2008 das Internationale Maritime Museum im mustergültig restaurierten Kaispeicher B eröffnet wurde. Aber es wird wohl für immer ein Rätsel bleiben, wieso erst ein privater Stifter wie der Sammler Peter Tamm initiativ werden musste, damit Deutschlands größte Hafenstadt endlich ein eigenes Schifffahrtsmuseum bekam.

Dafür hat Hamburg mit dem Internationalen Maritimen Museum der Peter Tamm sen. Stiftung jetzt eine Institution, wie es sie weltweit kein zweites Mal gibt: Das Deutsche Schifffahrtsmuseum in Bremerhaven dokumentiert die deutsche Schifffahrtsgeschichte, „Nauticus – The National Maritime Center“ in Nordfolk/Virginia die amerikanische, das berühmte National Maritime in Greenwich die britische, das Zentralmuseum der Kriegsmarine in St. Petersburg die russische und das Nederlands Scheepvaartsmuseum die niederländische. Im Internationalen Maritimen Museum wird den Besuchern aus aller Welt die Schifffahrt dagegen als Geschichte der Menschheit dargestellt. Der rote Backsteinbau an der Koreastraße, das älteste erhaltene Gebäude des Hamburger Hafens, ist bis unters Dach gefüllt mit Tausenden von Kunstwerken und mehr als 36 000 Modellen

Ein Stein im Brett: Die Queen Mary 2, hier gebaut aus 780 000 Legosteinen im Internationalen Maritimen Museum, genießt bei den Hamburgern größte Sympathie.

Knochenjob: Kriegsgefangene fertigten das Knochenschiff „Chesapeake“ im Internationalen Maritimen Museum.



– von den ersten Wasserfahrzeugen im Jungpaläolithikum über die Galeeren der Antike, die Koggen des Mittelalters, die Caravellen der großen Entdecker, die Dampfschiffe des 19. Jahrhunderts bis hin zu den Containerschiffen der Gegenwart. Dokumente, Pläne, Waffen, Möbel, Werkzeuge, Uniformen, aber auch Hightech-Geräte der Tiefseeforschung führen auf spannende Weise vor Augen, was die Menschheit den Meeren verdankt und welche ungeahnten Chancen der Wasserplanet, auf dem wir alle leben, für die Zukunft eröffnet.

Ausgangspunkt der weltweit größten privaten maritimen Sammlung ist ein Erinnerungsstück von Stifter Peter Tamm: das Modell eines Küstenfrachters im Maßstab 1:1250. Tamm bekam es 1934 im Alter von sechs Jahren geschenkt, und von da an war seine Sammellust entfacht. Mit seiner Leidenschaft fürs Maritime ist der ehemalige Springer-Vorstandschef nicht allein, nur so lässt sich erklären, dass Schifffahrtfans in kaum einer anderen Stadt so auf ihre Kosten kommen wie in Hamburg. Neben dem großen Panorama im Kaispeicher B zeigen viele weitere Museen der Hansestadt interessante Aspekte der Schifffahrts- und Hafengeschichte.

Mit der Hafenfähre 62 können Sie elbabwärts fahren. Nach Stationen am Altonaer Fischmarkt und an dem wie eine Luxusyacht aus dem Wasser ragenden Dockland-Gebäude hält die Hafenfähre schließlich am Museumshafen Oevelgönne. Hier sind Kutter, Ewer und Tjalken zu bewundern, die hier fest vertäut auf den Wellen schaukeln. All die Fischerei- und Frachtfahrzeuge sind nicht ausgemustert, sondern schwimm- und einsatzfähig – Zeugnisse einer noch immer lebendigen Geschichte.

Wer noch mehr über die Geschichte erfahren will, sollte in das Altonaer Museum gehen, wo in der Abteilung Schifffahrt und Fischerei nicht nur über den Bau von Holz- und Eisenschiffen, sondern auch über den Alltag der wagemutigen Fischer berichtet wird. Bilder und fantastische Modelle zeigen, unter welch abenteuerlichen Bedingungen Altonaer Fischer im 17. und 18. Jahrhundert ganz bis nach Grönland fuhren, um Wale zu fangen. Mit kleinen Booten rückten sie den riesigen Meeressäugern zu Leibe, die dennoch kaum eine Chance hatten. Allein zwischen 1670 und 1679 erlegten Fischer aus Altona fast 4000 Wale.

Dass es bei der christlichen Seefahrt manchmal auch recht martialisch zugehen konnte, zeigt das Museum für Hamburgische Geschichte anhand gruseliger Originale: Mit riesigen Eisennägeln wurden die Schädel hingerichteter Piraten zur Abschreckung auf Pfähle gespießt. Beim Bau der Speicherstadt fanden Arbeiter 1878 die Schädel am Grasbrook, der Hamburger Hinrichtungsstätte. Aufgrund der Hinrichtungsart ließen sie sich als Piratenschädel identifizieren. Einer davon könnte, so mutmaßen Wissenschaftler, der Kopf des sagenhaften Klaus Störtebeker gewesen sein, der vermutlich am 20. Oktober 1401 vom Hamburger Scharfrichter hingerichtet wurde – ein Ereignis, um das sich viele Legenden

Klein, aber fein: Schiffsminiaturen im Maßstab 1:1250 im Internationalen Maritimen Museum.

ranken. Ausgerechnet der Schädel des Freibeuters wurde im Januar 2010 aus dem Museum gestohlen, warum, weiß bis heute keiner. Aber in Hamburgs großem Geschichtsmuseum am Holstenwall geht es nicht nur um Piraten: Mit großartigen Schiffs- und Hafenmodellen, Inszenierungen und Bildern dokumentiert die neu gestaltete Abteilung Hafen und Schifffahrt Hamburgs maritime Geschichte vom Mittelalter bis zur Gegenwart. Und wer selbst einmal das Ruder in die Hand nehmen möchte, kann sich im ersten Stock auf der original rekonstruierten Brücke des Frachtdampfers „Werner" ein paar Minuten wie ein Kapitän fühlen und per Video eine Hafenrundfahrt unternehmen, die zurück in die 1930er-Jahre führt.

In dieser Zeit zog es zahllose Menschen aus Deutschland und Osteuropa in die Neue Welt. Viele von ihnen bestiegen von Hamburg aus die Schiffe, die sie über den Ozean bringen sollten. Sie verbrachten die letzten Tage vor ihrer Abreise in einer Auswandererstadt, die die „Hamburg-Amerikanische-Paketfahrt-Actien-Gesellschaft" auf Initiative ihres Direktors Albert Ballin schon 1907 für ihre Passagiere auf der Elbinsel Veddel erbaut hatte. Hier konnten die vielfältigen Ausreiseformalitäten schnell und effizient erledigt werden. Seit 2007 führt das Erlebnismuseum BallinStadt mit Bildern, Fundstücken, Filmen und Inszenierungen sinnlich vor Augen, was es damals für die Menschen bedeutet hat, die vertraute Heimat gegen eine ungewisse Zukunft in der Fremde einzutauschen. In einer genealogischen Datenbank kann jeder nachsehen, ob vielleicht auch einer seiner Vorfahren von hier aus seinen Weg in die Neue Welt angetreten hat.

Das Hafenmuseum an der sogenannten 50er-Strecke, dem letzten Schauplatz des Hafens, der noch aus der Kaiserzeit stammt, ist ebenfalls einen Besuch wert. Schon jetzt bietet das Museum mit seinem Schaudepot, in dem etwa 10 000 Objekte in Hochregalen lagern, den schwimmenden Objekten und den Hafensenioren, die vor Ort über die Geschichte der Hafenarbeit berichten, viel maritime Atmosphäre. Doch für die Zukunft hat Hamburg hier noch einiges vor. Wenn alles gut geht, wird das Hafenmuseum in ein paar Jahren zu den größten Touristenattraktionenen der Hansestadt gehören.

Peter Tamm, der am Fenster seines stilvollen Büros im Maritimen Museum steht, sich eine dicke kubanische Zigarre anzündet und den abendlichen Blick über die HafenCity genießt, findet das gut. „Ein neues Hafenmuseum wäre hervorragend. Vor allem würde es uns gut ergänzen, denn alles, was man bei uns findet, ist dort nicht zu sehen – und umgekehrt. Die Pläne, die Modelle, die Bilder sind im Maritimen Museum zu sehen, die Originale im Hafenmuseum. Ich denke, wir würden sehr gut zusammenarbeiten."

Matthias Gretzschel

DIE DIREKTORIN DES MUSEUMS FÜR ARBEIT,
PROF. KIRSTEN BAUMANN, BLICKT IN DIE ZUKUNFT

# »DAS NEUE HAFENMUSEUM WÄRE EIN PUBLIKUMSMAGNET«

Welche Bedeutung hat das heutige Hafenmuseum?

Das Hafenmuseum Hamburg an der sogenannten 50er-Strecke ist eine Außenstelle des Museums der Arbeit, die in Kooperation mit der Stiftung Maritim betrieben wird. Es besteht aus einem riesigen Schaudepot, das in dem historischen Schuppen 50A untergebracht ist, sowie Großobjekten am Land und im Wasser. Dazu zählen Kräne, Waggons und Lokomotiven der historischen Hafenbahn sowie schwimmende Objekte wie der Schwimmdampfkran „Saatsee" oder der 1958 gebaute Stückgutfrachter „Bleichen". Wer das Hafenmuseum besucht, kann noch das besondere Flair erleben, das den Hamburger Hafen jahrzehntelang bestimmt hat.

Und wie wird diese Geschichte dort vermittelt?

Einerseits durch eine große Zahl originaler Objekte am originalen Standort, vor allem aber durch die persönliche Begegnung mit Menschen, die früher im Hafen gearbeitet haben und nun als Zeitzeugen Auskunft geben. Diese Hafensenioren machen das Museum zu einem sehr lebendigen Ort.

Warum planen Sie und die Behörde für Kultur, Sport und Medien denn trotzdem ein völlig neues Konzept für das Hafenmuseum?

Weil sich das Thema noch viel umfassender und attraktiver darstellen lässt. Aber alle Experten, die die Hamburger Museumsszene kennen, sind sich darin einig, dass das Thema Hafen große Möglichkeiten bietet.

Das Studio Andreas Heller Architects & Designers soll einen Masterplan erarbeiten. Wie könnte der aussehen?

Ausgangspunkt für den Masterplan des Hafenmuseums sind die Dinge, die bereits vorhanden sind: das Schaudepot, die Kaianlagen und die Großobjekte. Ganz sicher werden auch die Hafensenioren als Zeitzeugen weiterhin eine große Rolle spielen. Das bietet genügend Anknüpfungspunkte für ein modernes und attraktives Konzept, das sich als Publikumsmagnet erweisen wird.

Dieses Projekt dürfte einen zweistelligen Millionenbetrag kosten. Wer soll das bezahlen?

Diese Frage richtet sich an die Politik. Ich könnte mir aber vorstellen, dass sich ein wirklich überzeugendes Konzept auch politisch durchsetzen lässt.

Von den Museumshäfen über die Museumsschiffe, das Maritime Museum sowie diverse andere Museen – maritime Geschichte wird in Hamburg an ganz unterschiedlichen Orten museal vermittelt. Müsste es nicht endlich ein Gesamtkonzept geben?

Ein Gesamtkonzept, in das sich ein neues und attraktives Hafenmuseum ideal einpassen würde, ist in der Tat notwendig. Aber vielleicht bietet gerade das Hafenmuseum die Chance, die maritime Museumsszene überzeugend und zukunftsweisend neu zu ordnen.

Matthias Gretzschel

THEATER, AUSSTELLUNGEN UND DENKMÄLER IM UND UM DEN HAFEN

# DIE KULTUR IST IN FAHRT

## Beatlemania

Diese Band ist kein Schnee von Yesterday. Beatlemania, eine Ausstellung rund um die vier Pilzköpfe aus Liverpool, ist nicht weit entfernt von dem Ort, an dem alles begann: dem Starclub, in dem vor Jahrzehnten die steile Karriere der ersten Boygroup der Welt begann. Das etwas andere Museum versetzt seine Besucher in die 60er-Jahre zurück und präsentiert auf fünf Etagen und 1300 Quadratmetern Raritäten und Ausstellungsstücke rund um John, Paul, George und Ringo. Im nachgestellten Managerbüro können die ersten Plattenverträge bestaunt werden, natürlich ist auch ein echter Tauchgang mit der „Yellow Submarine" im Angebot. Die echten Fans eifern ihren Idolen im Karaokestudio nach.

Nobistor 10
22767 Hamburg
Tel. 01805/85 37 53
www.beatlemania-hamburg.com

Öffnungszeiten: täglich von 10–19 Uhr, letzter Einlass um 18 Uhr. Eintritt für Erwachsene 12 Euro, ermäßigt 9 Euro, Kinder (6 bis 14 Jahre) 8 Euro

## König der Löwen

Die Geschichte vom kleinen Löwen Simba ist zum Brüllen gut. Im Theater im Hafen kommen beim Musical „Der König der Löwen" nicht nur Kinder voll auf ihre Kosten, sondern die ganze Familie wird von der Musik, dem außergewöhnlichen Bühnenbild und der ganz besonderen Atmosphäre begeistert sein.
Theater im Hafen Hamburg

Norderelbstraße 6
20457 Hamburg
www.stage-entertainment.de

Tickets unter 01805/44 44, im Internet oder direkt an der Theaterkasse. Karten ab 48 Euro, Ermäßigungen für Kinder, Schüler und Studenten und Behinderte

## Finkwarder Speeldeel e. V.

„Dat du min Leevsten büst" und „Hamborger Veermaster" – diese Hamburger Traditionslieder sind nicht nur den absoluten Folklore-Fans ein Begriff. Grund dafür sind Musik- und Tanzvereine wie die Finkwarder Speeldeel, die das norddeutsche Liedergut immer wieder ins Gedächtnis zurückholen, das Plattdeutsche am Leben erhalten und sogar die traditionelle Finkenwerder Tracht tragen. Die Sänger und Tänzer des Vereins, der bereits über 100 Jahre alt ist, bieten sowohl platt- als auch hochdeutsche Evergreens, Shanty-Musik und norddeutsche Döntjes bei ihren Auftritten. Auf jedem bekannten norddeutschen Festival sind sie dabei und versprühen dort ihren norddeutschen Charme. Also snack mol wedder platt.

Informationen zu den Terminen ihrer Auftritte unter
www.finkwarder-speeldeel.de

## Criminal Dinner in der Speicherstadt

Arsen und Spitzenessen. Ein anspruchsvolles Menü, dazu ein Glas Wein und nette Gesellschaft – hört sich ganz nach einem perfekten Dinner an. Doch dann: ein Mord. Das erleben Gäste beim Criminal Dinner in der Speicherstadt. In einer ehemaligen Kaffeerösterei erwartet Gourmets ein mörderisch gutes Abendessen. Dabei schlüpfen sie in die Rolle eines Ermittlers in den 50er-Jahren, der bei der Aufklärung des Verbrechens hilft. Ein etwas anderer Restaurantbesuch, der nicht nur Krimifans Spaß macht.

Ehemalige Hamburger
Kaffeebörse
Pickhuben 3
20457 Hamburg
Tel. 200 06 41 05
www.criminaldinner-hamburg.de

Jeweils sonnabends 19 bis 23.15 Uhr, Dinner mit einem Vier-Gänge-Menü ab 79 Euro pro Person

## Alter Elbtunnel

Ein Denkmal unter der Elbe. Eigentlich hat sich seit 1911 nichts verändert. Die Kacheln sind die gleichen geblieben, die Aufzüge auch. Über 426 Meter lang ist der Alte Elbtunnel, durch den sowohl Fußgänger als auch Fahrzeuge von St. Pauli aus nach Steinwerder und zurück die Elbe „unterqueren“ können. Bei seiner Eröffnung galt er als technische Sensation und steht seit 2003 unter Denkmalschutz. Sogar Autos können mit großen Aufzügen in 24 Meter Tiefe gebracht werden, soweit sie durch die engen, weiß gefliesten Tunnelröhren passen. Denn während des Baus orientierte man sich lediglich an der Größe von Kutschen, die den Tunnel damals hauptsächlich nutzen, um auf die andere Seite der Elbe zu gelangen.

Bei den St. Pauli
Landungsbrücken 7
20359 Hamburg

Fußgänger und Radfahrer können den Tunnel rund um die Uhr kostenlos benutzen. Autos:
Mo bis Fr 5.30–20 Uhr,
Sa 5.30–16 Uhr, Gebühr 2 Euro

## Golden Pudel Club

Wäre der Begriff nicht so abgegriffen, würde man die feste Institution im Hamburger Hafen als Kult bezeichnen. Etwas abseits vom Reeperbahntrubel, direkt am Hamburger Fischmarkt ist die Disco für alle Feierfreunde geeignet, die nicht auf Mainstream stehen, sondern eher in lockerer Atmosphäre, im Sommer vielleicht sogar unter freiem Himmel, feiern möchten. Die kleine Tanzfläche ist immer brechend voll, wenn bekannte Szene-DJs Hip-Hop, Electro und Rock auflegen. Einen Dresscode gibt es nicht, dafür ist der Club viel zu entspannt – eine Einstellung, die nicht zuletzt auf einen der Clubbetreiber, den Sänger Rocko Schamoni, zurückzuführen ist.

Am St. Pauli Fischmarkt 27
20359 Hamburg
Tel. 31 97 99 30
www.pudel.com

## Theater in der Speicherstadt

Spiel mir das Stück vom Tod. Es geht um den Kampf um die Seele des Jedermann. Seit mehr als zehn Jahren begeistert die dunkle, aber doch bitterernste Komödie „Hamburger Jedermann“ an acht Wochenenden im Jahr der Theaterfans aus ganz Deutschland. Der geizige Kaufmann Jedermann wird aufgrund seines schlechten Lebensstils vom Tod heimgesucht. In der kurzen Zeit, die ihm noch bleibt, versucht er, seine Sünden zu bereinigen, um dann ohne Schuld vor Gottes Gericht treten zu können. Die Hamburger Speicherstadt bietet für dieses Theaterspektakel die perfekte Kulisse, Open-Air, direkt am Brooksfleet.

Hamburger Art Ensemble
Theater in der Speicherstadt
Am Sande 1
20457 Hamburg
Tel. 369 32 37
www.hamburger-jedermann.de

Spielzeit Juli/August, jeweils Fr, Sa und So um 20 Uhr, Karten von 18 bis 49 Euro

## Große Freiheit 36

Im Keller gibt's düstere Klänge, im Obergeschoss spielt Lateinamerika auf. Und die echte Clubatmosphäre erleben die Besucher genau mittendrin. In der Großen Freiheit 36 ist für jeden Geschmack etwas dabei. Mit einem gemischten Programm, bestehend aus regelmäßig stattfindenden Partys und Konzerten europaweit bekannter Künstler, ist je nach Veranstaltung ein sehr gemischtes Publikum anzutreffen. Metal und Rock dominieren im Kaiserkeller, in der Galerie Café 36 kann öfter mal Cha Cha, Tango und Rumba getanzt werden.

Große Freiheit 36
22767 Hamburg
Tel. 31 77 78 11
Tickethotline: 43 31 10
www.grossefreiheit36.de

Öffnungszeiten und Eintrittspreise hängen von der jeweiligen Veranstaltung ab. Karten für die Konzerte können über die Tickethotline sowie an allen bekannten Vorverkaufsstellen gekauft werden.

## Hafenbahnhof

Sie ist die letzte Kulturbastion an der Waterkant. Fast 100 Jahre ist der Hafenbahnhof alt, der heute Café, Bar und Live-Club beherbergt. Lesungen, Vernissagen, Konzerte finden in den alten Räumen statt, die früher den Bahnhofswärtern als Aufenthaltsräume gedient haben. Heute ist sie eine der letzten Kulturbastionen an der Elbmeile. Obwohl der Bahnhof ziemlich „ab vom Schuss" ist, lohnt sich ein Besuch. Besonders bei den Jazzabenden und bei den Partys am Wochenende ist regelmäßig volles Haus.

Große Elbstraße 276
22767 Hamburg
Tel. 25 48 25 01
www.hafenbahnhof.com

Öffnungszeiten
Sommerterrasse Hafenbahnhof
(Rainvilleterrasse 4)
täglich 10–20 Uhr

## Hamburg Dungeon

Nichts für Hasenfüße. Das Vorbild stammt aus London, aber in Hamburg ist es mindestens genauso gruselig. Im Hamburg Dungeon in der Speicherstadt lernen Besucher die dunklen Seiten Hamburgs kennen. Die Hitze während des großen Brandes am eigenen Leib zu spüren, die Hinrichtung von Störtebeker miterleben oder sich vor der Sturmflut von 1717 retten – 500 Jahre Geschichte können ganz schön schaurig sein.

Kehrwieder 2 (Block D)
20457 Hamburg
Tel. 36 00 55 20
Buchungen: 01805/66 69 01 40
www.the-dungeons.de

Öffnungszeiten
Juli und August:
täglich 10 – 19 Uhr
September bis Juni:
täglich 10 – 18 Uhr,
für Kinder kostet der Eintritt 15,95 Euro, Erwachsene zahlen 19,95 Euro

## Schmidts Tivoli und das Schmidt Theater

Hamburgs „heißeste Ecke" liegt mitten auf der Reeperbahn – und zwar im Schmidts Tivoli, dem Varieté-Theater auf Hamburgs sündiger Meile. Spätestens das St.-Pauli-Musical „Heiße Ecke" machte das Theater, das vom Expräsidenten der St.-Pauli-Kiezkicker Corny Littmann geleitet wird, über die Grenzen der Hansestadt hinaus bekannt. Neun Schauspieler erwecken 50 Charaktere zum Leben, die sich auf dem Hamburger Kiez um die Wurstbude tummeln. Aber auch wenn sich „Caveman" mal wieder aus seiner Höhle traut und etwas von seinen Weisheiten über Mann und Frau preisgibt, sind die Besucher begeistert. Die beiden Schauspielhäuser sind bekannt für ihre schrägen, witzigen Theaterinszenierungen, Musicals und Varietés.

Spielbudenplatz 27 – 28
20359 Hamburg
www.tivoli.de

Tickethotline: 31 77 88 99
(Mo bis Sa 9 – 19 Uhr,
So 14 – 19 Uhr)

### Denkmal von Bismarck

Mit seiner Höhe von 34 Metern ist es kaum zu übersehen und bietet einen fürstlichen Blick über die Elbe. Von einem riesigen Sockel im Alten Elbpark kurz hinter den Landungsbrücken blickt der ehemalige Reichskanzler Fürst Otto von Bismarck auf die Elbe. Gebaut wurde das überlebensgroße Denkmal von 1901 bis 1906 vom Architekten Johann Emil Schaudt und vom Berliner Bildhauer und Jugendstilkünstler Hugo Lederer. Der Sockel diente während des Krieges als Luftschutzbunker, ist heute aber nicht für Besucher zugänglich. Trotzdem lohnt sich ein Besuch beim Fürsten, denn auch vom Sockel aus ist der Ausblick toll.

Zugang zum Alten Elbpark über Seewartenstraße
20459 Hamburg

### St. Pauli Theater

Bunte Lichtreklame, Sexshops und laute Clubs: Auf den ersten Blick wirkt die Reeperbahn nicht so, als könnte sie anspruchsvolle Kultur bieten. Das St. Pauli-Theater beweist das Gegenteil. Es ist nicht nur das älteste Privattheater Hamburgs, sondern auch in einem denkmalgeschützem Gebäude beherbergt und strahlt damit einen ganz besonderen Charme aus. Musiktheaterproduktionen, Kabarett, Comedy, Stücke mit einem Bezug zu Hamburg, aber auch klassische und moderne Stücke des anspruchsvollen Unterhaltungstheaters stehen auf dem Spielplan.

Spielbudenplatz 29 – 30
20359 Hamburg
www.st-pauli-theater.de

Kartenreservierung / -verkauf unter Tel. 47 11 06 66 (Mo bis Sa 10 – 19 Uhr, So 14 – 19 Uhr), an der Theaterkasse oder an allen bekannten Kartenvorverkaufsstellen.

### Panoptikum

Es ist zum Dahinschmelzen im wortwörtlichen Sinne. Einmal neben Elvis Presley, Angela Merkel oder der Queen stehen – oder vielleicht doch lieber neben neben Jan Fedder? Im Panoptikom, Deutschlands größtem Wachsfigurenkabinett, ist das möglich. Zwar sind die Stars und Berühmtheiten nicht lebendig, sehen aber täuschend echt aus. Mehr als 120 Figuren können Sie derzeit bestaunen.

Spielbudenplatz 3
20359 Hamburg
Tel. 31 03 17
www.panoptikum.de

Öffnungszeiten
Mo bis Fr 11–21 Uhr, Sa 11–24 Uhr, So 10–21 Uhr. Für Kinder bis 18 Jahre kostet der Eintritt 3 Euro, Erwachsene zahlen 5 Euro, Schüler, Studenten und Senioren 4,50 Euro. Für Gruppen gibt es Sondertarife.

### Hamburger Engelsaal

Auch für kleine Teufel interessant: „Die Haifischbar" im Engelsaal ist ein ganz besonderes Singspiel, in dem Geschichten rund um den Hamburger Hafen, die Seefahrt und die weite Welt erzählt werden. In den 60ern gab es „Die Haifischbar" bereits als Fernsehserie, in der unter anderem Freddy Quinn und Heidi Kabel auftraten. Die aktuelle Theaterversion, die regelmäßig auf dem Spielplan steht, trifft aber genauso den richtigen Ton.

Valentinskamp 40–42
Belle Etage
20355 Hamburg
Kartentel. 319 74 76 99

DIE BESTEN MUSEEN IM UND UM DEN HAFEN

# KUNST IM QUARTIER

## Altonaer Museum

Im Herzen Altonas befindet sich das Altonaer Museum für Kunst und Kulturgeschichte, das besonders wegen seiner neu gestalteten Schiffbauabteilung für Hafenfreunde interessant ist. Der Bereich Schiffbau wurde im Jahr 2008 wiedereröffnet und ist über die Grenzen Hamburgs hinaus bekannt. Im Zentrum stehen Holz- und Eisenschiffbau, die zu den bedeutensten Bereichen der Schifffahrt gehören. Andere Highlights sind die große Galerie an Galionsfiguren genau wie die neu gestaltete Fischereiabteilung.

Museumstraße 23
22765 Hamburg
Tel. 42 81 35 35 82
www.altonaermuseum.de

Das Museum ist dienstags bis sonntags von 10 bis 17 Uhr geöffnet. Der Eintritt kostet 6 Euro, ermäßigt 4 Euro, für Kinder bis 17 Jahre ist der Eintritt frei.

## BallinStadt Auswanderermuseum

Last Exit Freiheit. Für die Auswanderer waren die Hallen im Hamburger Hafen die letzte Heimatstätte, bevor sie ein neues Leben in der großen weiten Welt außerhalb Europas begannen. Auf 2000 Quadratmeter Fläche können Besucher die Auswandererwelt BallinStadt erleben, sie lernen zu verstehen, warum die Menschen vor über 100 Jahren diesen großen Schritt wagten. Zudem haben Besucher die Möglichkeit, sich im kostenlosen Familienforschungsbereich auf die Spuren ihrer Vorfahren zu begeben.

Veddeler Bogen 2
20539 Hamburg
Tel. 31 97 91 60
www.ballinstadt.de

Erwachsene zahlen 12 Euro, Kinder bis 12 Jahre 7 Euro. Zudem gibt es Ermäßigungen für Gruppen, Schüler und Familien. Das Museum ist von Oktober bis April von 10 bis 16.30 Uhr geöffnet, April bis September von 10 bis 18 Uhr. Einlass ist bis eine Stunde vor Schließung.

## Buddelschiff- und Muschelmuseum

Im Willkomm-Höft in Wedel bei Hamburg kann man nicht nur Schiffe begrüßen. Mehr als 200 Buddelschiffe gibt es dort zu bestaunen, und man fragt sich immer wieder: Wie kriegt man bloß das große Schiff in diese kleine Flasche? Einige sind mit einem Fassungsvermögen von 40 Litern alles andere als klein, andere sind nur unter der Lupe zu erkennen. Außerdem finden sich in dem Museum rund 1000 Muscheln, Schnecken und mehr aus allen Ozeanen unserer Welt.

Schulauer Fährhaus
Parnassweg 29
22880 Wedel
Tel. 04103/92 00 16
www.schulauer-faehrhaus.de

Eintritt 2 Euro für Erwachsene, die ein Kind kostenfrei begleiten darf. Rentner und Studenten 1,50 Euro. Für Gruppen gibt es Sondertarife. Die Ausstellung ist von März bis Oktober täglich von 10 bis 18.30 Uhr geöffnet, November bis Februar nur am Sonnabend, Sonntag von 10 bis 18 Uhr und nach Vereinbarung für Gruppen.

## Cap San Diego

Der weiße Schwan des Südpazifik liegt majestätisch an den Landungsbrücken vor Anker. Aber er kann auch anders. Die „Cap San Diego" ist das größte fahrtüchtige zivile Museumsschiff der Welt und macht mit ihren insgesamt 159,40 Metern nicht nur bei Touristen, sondern auch bei den Bewohnern der Hansestadt Eindruck und gehört fest in das Panorama des Hamburger Hafens. Aufgrund seines Aussehens wurde der im Jahr 1961 gebaute Stückgutfrachter genau wie seine fünf Schwesterschiffe „Weißer Schwan des Südpazifik" genannt. Regelmäßig pendelte das Schiff zwischen Europa und Südamerika hin und her. Weil sich die Containerschifffahrt immer mehr durchsetzte, wurden Schiffe wie die „Cap San Diego" vom Markt verdrängt. 1986 stand das Schiff kurz vor der Verschrottung. Glücklicherweise wurde es stattdessen restauriert und ist seit 1988 Museumsschiff. Täglich kann es besichtigt werden, und zwar von der Brücke bis in den Maschinenraum hinein. Mit Sonderausstellungen wird immer wieder für Abwechslung auf dem Museumsschiff gesorgt, und ein vielfältiges kulturelles Angebot mit Lesungen und Konzerten lockt ein breites Publikum auf den 49 Jahre alten Stückgutfrachter.

Liegeplatz: Überseebrücke an den Landungsbrücken
20459 Hamburg
Tel. 36 42 09
www.capsandiego.com

Die „Cap San Diego" ist täglich von 10 Uhr bis 18 Uhr für Besucher geöffnet. Erwachsene zahlen 7 Euro für die Ausstellung, Kinder unter 14 Jahren 2,50 Euro. Für Studenten, Behinderte, Jugendliche und Gruppen gibt es ermäßigte Eintrittspreise.

## Hafenmuseum Hamburg

Revierschifffahrt, Hafentaucherei und Dampfschifffahrt – wer sich für diese Themen interessiert, sollte sich einen Besuch im Hafenmuseum Hamburg nicht entgehen lassen. In 100 Jahre alten riesigen Hallen können die Besucher die Geschichte des Hafens erkunden, die Arbeitswelt dort mit seinen großen Schiffen, den imposanten Kränen und der Hafenbahn kennenlernen. Auch der schwimmende Dampfkran und der Stückgutfrachter MS „Bleichen" tragen zur originellen Hafenatmosphäre bei. In der Saison, von Ostern bis Ende Oktober, bietet das Hafenmuseum Hamburg an jedem Wochenende seinen Besuchern ein wechselndes Programm an, auch speziell für Kinder.

Australiastraße
Kopfbau Schuppen 50 A
20457 Hamburg
Tel. 73 09 11 84
www.hafenmuseum-hamburg.de

Das Museum ist von Ostern bis Ende Oktober geöffnet, dann jeweils Dienstag bis Sonntag und an Feiertagen von 10 bis 18 Uhr. Der Eintritt für Erwachsene kostet 6 Euro, ermäßigt 4 Euro. Kinder und Jugendliche bis 18 Jahre haben freien Eintritt.

## Internationales Maritimes Museum

Mehr Meer geht nicht. Maritime Welten in unendlichen Weiten erleben – mit diesem Slogan wirbt das Internationale Maritime Museum in der HafenCity. Es ist weltweit das einzige Museum, das nicht nur die nationale Schifffahrtsgeschichte dokumentiert, sondern die gesamte Menschheitsgeschichte der Seefahrt in all ihren Facetten darstellt. Auf 12 000 Quadratmeter Ausstellungsfläche, insgesamt zehn Etagen, die passenderweise Decks genannt werden, wird die Geschichte der Schifffahrt präsentiert. 36 000 Schiffsminiaturen sind in großen Vitrinen zu bestaunen, und die Veränderung des Seehandels in den vergangenen Jahrhunderten bis zum Containerschiff wird anschaulich erklärt. Wissenschaftlich wird's auf Deck 7. Dort treffen die Besucher auf Tiefseeroboter, nie gesehene Fische und seltsame Geräusche.

Koreastraße 1
Kaispeicher B
20457 Hamburg
Tel. 30 09 23 00
www.internationales-maritimes-museum.de

Kinder bis 18 Jahre zahlen 7 Euro, Erwachsene 10 Euro, Sondertarife gelten beispielsweise für Familien, Gruppen, Schüler und Studenten. Außer montags ist das Museum täglich von 10 bis 18 Uhr geöffnet, am Donnerstag sogar bis 20 Uhr.

## Museumshafen Oevelgönne e. V.

Ein richtiges Museum ist es eigentlich nicht. Engagierte Mitglieder des Vereins sorgen für die Erhaltung historischer Wasserfahrzeuge. Ihr Ziel ist es, vom Segelschiff über das Frachtfahrzeug bis hin zum Hafenschlepper alles in ihrem kleinen Hafen zu sammeln und für Besucher zur Schau zu stellen. Wenn man sich vorher beim Verein anmeldet, kann man die Schiffe nicht nur direkt von Bord aus begutachten, sondern die Schiffe auf dem Wasser erleben.

Anleger Neumühlen
22763 Hamburg
Tel. 41 91 27 61
www.museumshafen-oevelgoenne.de

Eine Voranmeldung beim Verein ist sinnvoll, die Bürozeiten sind montags und dienstags von 10 bis 12 Uhr und am Mittwoch von 16 bis 18 Uhr.

## Rickmer Rickmers

Das schwimmende Wahrzeichen Hamburgs ist wichtiger Bestandteil des Hafens. Das ehemalige Frachtsegelschiff lief im August 1886 vom Stapel und transportierte bis 1924 Güter durch die Weltmeere. Später diente es als Segelschulschiff. Seit 1987 liegt der Großsegler an den Landungsbrücken und ist zur Besichtigung freigegeben. Im Bauch des Schiffes gibt es einen Ausstellungsbereich. Weitere Räume, wie der Kartenraum, die Schiffsküche und der Achterschiffbereich mit dem edlen Captain's Table, wurden im alten Stil restauriert.

St.-Pauli-Landungsbrücken
Ponton 1 A / Fiete-Schmidt-Anleger
20359 Hamburg
Tel. 319 59 59
www.rickmer-rickmers.de

Erwachsene zahlen 4 Euro, Kinder bis 12 Jahre 3 Euro. Für Gruppen, Schüler, Studenten und Familien sind die Preise ermäßigt. Von Juni bis Ende August ist das Museum täglich von 10 bis 20 Uhr geöffnet, am Freitag und Sonnabend bis 22 Uhr. Von September bis Mai ist die Besichtigung von 10 bis 18 Uhr möglich.

## Prototyp Museum

Ein absoluter Renner für Autoliebhaber: Rund 40 klassische und sehr seltene Sportwagen haben in der HafenCity ein neues Zuhause gefunden. In einer ehemaligen Kammfabrik hat die Prototypausstellung einen würdigen Platz gefunden. Die Besucher erleben eine Zeitreise zurück in die Entwicklungsphasen der ersten Automobile und ihren kreativen Konstruktionen. Auch die ersten bekannten Rennfahrer werden vorgestellt, genau wie deren Misserfolge, aber auch ihre großen Triumphe. Besonderes Augenmerk wird zudem auf die industriellen Illustrationen gelegt, genau wie auf die ersten Prototypzeichnungen, Rennplakate und die Aufnahmen bekannter Motorsportfotografen.

Shanghaiallee 7 /
Beim Lohseplatz
20457 Hamburg
Tel. 39 99 69 68
www.prototyp-hamburg.de

Geöffnet Di bis So 10–18 Uhr
Für Erwachsene kostet der Eintritt 7,50 Euro, Kinder zwischen 4 und 14 Jahren zahlen 4,50 Euro.

## U-Bootmuseum Hamburg U-434

Das Boooooooot ... In unmittelbarer Nähe zu den Hamburger Landungsbrücken liegt es, das größte nichtnukleare Jagd- und Spionage-U-Boot der Welt. Besuchern bereitet es einen spannenden Einblick hinter die Fronten des Kalten Krieges. Bis zum April 2002 stand das U-Boot im Dienst der russischen Nordmeerflotte und wurde danach von Blohm + Voss hergerichtet.

Liegeplatz:
St.-Pauli-Fischmarkt 10
20359 Hamburg
Tel. 32 00 49 34
www.u-434.de

Für Erwachsene kostet der Eintritt 9 Euro, Kinder von 6 bis 12 Jahren, Schüler und Studenten zahlen 6 Euro. Von Montag bis Sonnabend ist eine Besichtigung von 10 bis 18 Uhr möglich, am Sonntag von 11 bis 18 Uhr. Wegen der Enge im U-Boot ist die Besichtigung für Personen mit körperlichen Einschränkungen oder bei Gefahr von Klaustrophobie nicht zu empfehlen. Eine Besichtigung für Rollstuhlfahrer ist nicht möglich.

## Hamburgmuseum

Im Hamburgmuseum wird die Geschichte der Hansestadt im großen Stil präsentiert. Dem Hafen wird eine ganze Abteilung eingeräumt, schließlich war er bereits im Jahr 1912 neben New York und London einer der wichtigsten Anlaufstellen weltweit, also damals schon genauso bekannt wie heute. Einer der Höhepunkte in der Hafenausstellung ist das Originalbrückenhaus eines Frachtdampfers und ein großartiges Hafenmodell.

Museum für
Hamburgische Geschichte
Holstenwall 24
20355 Hamburg
Tel. 42 81 32 23 80
www.hamburgmuseum.de

Erwachsene zahlen 8 Euro, Ermäßigungen von 5 Euro gibt es beispielsweise für Gruppen, Schüler, Studenten und Behinderte. Kinder und Jugendlich bis 18 Jahre haben freien Eintritt.

Dienstags bis sonnabends ist das Museum von 10 bis 17 Uhr geöffnet, sonntags von 10 bis 18 Uhr.

# VON SCHAUERMÄNNERN, QUARTIERSLEUTEN UND DEM TALLYMANN

„Come mister tallyman tally me banana" – Harry Belafonte besingt einen armen Seemann, der sehnsüchtig auf den Zählmeister wartet, damit er endlich Feierabend machen kann. Die Zeiten des Tallymanns sind vorbei, seit er im Bananenschuppen mit einem Handzählgerät die Bananenstauden erfasst. Seegüterkontrolleur heißt das seit 1975, und sein Handwerkszeug ist in erster Linie ein Computer. Diese Berufsbezeichnung hat auch gleich den Quartiersmann mit ersetzt. Während der Tallymann in allen Häfen der Welt so heißt – Seegüterkontrolleur hin oder her –, gibt es die Quartiersleute als Bezeichnung für Lagerunternehmer nur in Hamburg. Vier Mann taten sich früher als Quartiersleute zusammen, um Ware für Kaufleute einzulagern, zu prüfen und dafür zu sorgen, dass sie während der Lagerung keinen Schaden nahmen.

Damit die Ladung überhaupt zu den Quartiersleuten gelangen konnte, waren die Schauermänner nicht aus dem Hafen wegzudenken. Schaurig-schöne Geschichten erzählen alte Hafenarbeiter über diese Zeit. In Gangs von sechs bis zwölf Arbeitern ließen sie sich zum Ent- und Beladen von Schiffen anheuern. Muskelkraft und Schnelligkeit waren gefragt. In Zeiten des Containers haben sich die Hafenberufe verändert. Die Geschichten und Lieder bleiben.

HAMBURG

# GESCHICHTE

IM FLUSS DER ZEIT

# WAS FÜR (GE-)

Wenn es um die Durchsetzung ihrer wirtschaftlichen und politischen Interessen ging, bedienten sich auch feine Hanseaten manchmal recht unfeiner Methoden. So ist sogar die Gründungsurkunde des Hamburger Hafens eine ziemlich dreiste Fälschung. Aber das liegt lange zurück und ändert nichts daran, dass Hamburgs „Tor zur Welt" eine lange und großartige Erfolgsgeschichte hat.

„Man kann sich kaum noch vorstellen, wie es hier Ende des 19. Jahrhunderts ausgesehen hat", sagt der Kunst- und Architekturhistoriker Ralf Lange. Er steht im Herzen der Speicherstadt auf der Pickhubenbrücke, die Brook und St. Annenufer verbindet, und blickt auf die backsteinernen Lagerhäuser, die mit ihren Giebeln, Türmchen, Windenerkern und Spitzbögen mittelalterlich anmuten, obwohl sie nicht viel mehr als 130 Jahre alt sind. „Etwa 16 000 Menschen mussten damals ihre Wohnungen räumen, damit die Speicherblöcke gebaut werden konnten. Es waren vor allem Hafenarbeiter, Ladenbesitzer, Gastwirte und Handwerker, die am Brook und am Kehrwieder in einfachen Fachwerkhäusern lebten. Aber auch stattliche Bürgerhäuser gab es hier", sagt Lange. Und er beschreibt das in der zweiten Hälfte des 17. Jahrhunderts am Neuen Wandrahm entstandene Traumhaus

Original und Fälschung? Nein, nur Fälschung. Hier die Replik des Freibriefs im Staatsarchiv. Das Original soll aus dem Jahr 1189 sein, wird aber auf 1265 datiert.

## SCHON IM 9. JAHRHUNDERT GAB ES EINEN KLEINEN HAFEN IN HAMBURG. DOCH DAS TOR ZUR WELT WAR DA NOCH LANGE NICHT GEBAUT





des Bürgermeisters Lutteroth, das mit einer doppelläufigen Freitreppe, den hohen Fenstern und dem prächtigen Fassadenschmuck schon beinahe wie ein fürstliches Barockpalais anmutete.

Nichts davon ist geblieben, jedes noch so schöne Haus fiel der Spitzhacke zum Opfer, denn es ging ums Eingemachte, um die Zukunft der Stadt. „Nach der Reichsgründung im Jahr 1871 war klar, dass Hamburg seinen zollrechtlichen Sonderstatus nur noch eine begrenzte Zeit verteidigen konnte. Bismarck wollte die Stadt endlich in das deutsche Zollgebiet eingliedern. 1881 gaben die Vertreter der Stadt nach und unterzeichneten den Zollanschlussvertrag, der als Ausgleich die Einrichtung eines Freihafens vorsah." Der Startschuss für die Speicherstadt. „Dort", so Lange, „sollte weiterhin das Privileg gelten, Importgüter zollfrei lagern, veredeln und unter bestimmten Bedingungen sogar verarbeiten zu dürfen." Doch für die Lagerung dieser Waren musste erst mal Platz geschaffen werden, wofür von 1885 bis 1888 der erste Bauabschnitt der Speicherstadt errichtet wurde. „1912 war der Lagerhauskomplex dann im Wesentlichen fertig", erklärt Ralf Lange, der gemeinsam mit Henning Rademacher das Speicherstadtmuseum betreibt und dort zahlreiche Zeugnisse vom Leben und der Arbeit in den alten Speichern bewahrt.

Die Umbrüche des späten 19. Jahrhunderts, die uns mit der Speicherstadt ein großartiges Architekturensemble beschert haben, sind zwar besonders gravierende gewesen, aber sie sind bezeichnend für die pragmatische Art, mit der Hamburg seinen Hafen den wechselnden Erfordernissen angepasst hat. Die Anfänge reichen bis ins 9. Jahrhundert zurück, als der Hafen noch längst nichts war, worauf man hätte stolz sein können. Bescheidene Schiffe wurden damals an einem bescheidenen Ankerplatz am Reichenstraßenfleet, einem Mündungsarm der Bille zur Alster, be- und entladen. Erst Ende des 11. Jahrhunderts ließ Ordulf Billung, Herzog von Sachsen, auf dem Gelände der heutigen Nikolaikirche seine „Neue Burg" und wenig später unweit des Reichenstraßenfleets eine „Kaimauer" aus Baumstämmen errichten. Damit entstand an der Alster das erste künstliche Hafenbecken, das allerdings schon 1164 bei einer Sturmflut wieder zerstört wurde.

Schon kurz darauf gründeten die Grafen von Schauenburg und Holstein westlich der Alster die Neustadt, in der sich bald Kaufleute ansiedelten. Da sie vom Grundzins befreit waren, florierten die Geschäfte, und am Alsterhauptarm entstand ein Hafen. Da er auch den durch Ostseehandel längst reich gewordenen Lübecker Handelsherren den Zugang zur Nordsee eröffnete, gewann er immer größere Bedeutung. Aber der Reichtum weckte Begehrlichkeiten, da blieben Konflikte nicht aus. Deshalb suchte Adolf III., Graf von Schauenburg und Holstein, allerhöchste Unterstützung: Als er 1189 mit einem Kreuzfahrerheer Richtung Heiliges Land unterwegs war, gelang es ihm, so die Überlieferung, eine Audienz bei Friedrich I. Barbarossa zu erhalten.

Der Kaiser zeigte sich von den handelspolitischen Ambitionen des Grafen beeindruckt und versprach ihm einen Freibrief für Hamburg mit wichtigen Privilegien. Das betraf die freie Schifffahrt bis zur Elbmündung, das Recht auf freien Warenverkehr in der gesamten Grafschaft Holstein, freien Fischfang auf der Elbe sowie Weide- und Holzeinschlagsrechte in der Umgebung der Stadt. Nicht zu verachten war auch die Befreiung der Bürger vom Kriegsdienst und die Zusicherung, dass im Umkreis von zwei Meilen keine Burgen mehr gebaut werden dürften.

Der Freibrief war jedenfalls ein enormer diplomatischer Erfolg, hatte aber einen erheblichen Schönheitsfehler: Adolf III. bekam nichts Schriftliches in die Hand. Das sollte sich im Herbst 1259 im Streit mit dem Bremer Erzbischof, der Stade gegen Hamburg ausspielen wollte, bitter rächen. Mündliche Zusagen reichten nun nicht mehr, deshalb musste man zu einer unkonventionellen Maßnahme greifen: Für den gewaltigen Betrag von 10 400 Mark – was der heutigen Kaufkraft von fast zwei Millionen Euro entspricht – beschafften sich die Ratsherren einen kaiserlichen Freibrief, der auf 1189 rückdatiert war. Obwohl das Siegel nicht recht zum Ausstellungsdatum passte, erfüllte die Fälschung ihren Zweck, und die damit verbundene Lüge hatte so lange Beine, dass sich Hamburg bis heute auf diesen unechten Freibrief beruft und den jährlich mit großem Aufwand gefeierten Hafengeburtstag darauf zurückführt. Inzwischen wird von Historikern bezweifelt, dass es zu einer wirklichen Begegnung zwischen Adolf III. und Friedrich Barbarossa gekommen ist (siehe Interview S. 172)

Der Hafen wuchs, im 14. Jahrhundert wurde er an die Alstermündung – den heutigen Binnenhafen – vorverlegt, als Mitglied der Hanse befuhren die Hamburger Koggen bald neue Handelswege im Ostseeraum, auf den britischen Inseln, an der Atlantikküste und im Mittelmeerraum. Ein wichtiges Hamburger Exportgut war das überall geschätzte Bier, Hamburg verdiente sich damit den Namen „Brauhaus der Hanse". Die Geschäfte liefen glänzend, auch wenn Piraten wie der legendäre Klaus Störtebeker immer mal wieder reiche Beute machten. 1482, zehn Jahre bevor Kolumbus die Neue Welt entdeckte, verlieh Kaiser Maximilian II. Hamburg das Stapelrecht – diesmal ganz regulär. Nun konnte die Hansestadt alle Händler, die auf dem Elbweg vorbeikamen, dazu zwingen, ihren Waren erst einmal in Hamburg anzubieten.

Mit der Entdeckung Amerikas verlor zwar die Hanse an Bedeutung, nicht aber der Hamburger Hafen. Ganz im Gegenteil, für die neuen überseeischen Handelswege erwies sich der Nordseezugang als ideal. Mit der industriellen Revolution im 19. Jahrhundert und dem Aufkommen der Dampfschiffe musste der Hafen quasi neu erfunden werden: 1840 reichten die Liegeplätze in der Elbe und im Binnenhafen nicht mehr aus, die Bürgerschaft beschloss die Erweiterung des Hafens auf dem Großen Grasbrook. Becken, Kaianlagen, Schuppen wurden gebaut, Schienen-

Er bewahrt das Gedachnis der Speicherstadt:
der Historiker Ralf Lange im Speicherstadtmuseum.

stränge verlegt, dem Sandtorhafen folgten der Grasbrookhafen, der Magdeburger Hafen und der Brooktorhafen.

„Hamburg hat seinen Hafen tatsächlich immer wieder neu erfunden“, meint Ralf Lange. Zuletzt sei dies mit der Einführung der Container Ende der 1960er-Jahre passiert. Hierdurch habe sich nicht nur die Hafenarbeit radikal verändert. Der Umschlag konzentriere sich heute auch westlich des Köhlbrands, wo die großen Terminals liegen. Im Osten des Freihafens sei kaum mehr als der Fruchtumschlag und ein Teil der Logistik geblieben, „allerdings nicht mehr in der Speicherstadt, sondern in modernen Lagerhallen auf dem Kleinen Grasbrook“, erklärt Lange, der sich nun wieder auf den Weg zurück ins Speicherstadtmuseum macht, dem Gedächtnis des traditionsreichen Lagerhausviertels. Köhlbrand, Moorburg, Waltershof und Altenwerder mit ihren Containerterminals kann man von der Pickhubenbrücke aus zwar nicht sehen. Dafür ist hier, zwischen den Lagerhäusern und den Fleeten, manches Kapitel der Geschichte des Hafens ganz gegenwärtig. Es ist eine Geschichte der Umbrüche und der Neuanfänge, die Hamburg jedes Jahr wieder gern feiert – selbst wenn die Gründungsurkunde nicht echt ist.

Matthias Gretzschel

# GESCHICHTE, GESCHICHTEN UND SEEMANNSGARN

Mit 7000 Wörtern pro Tag werfen angeblich Frauen um sich. Auf 2000 Wörter pro Tag soll es immerhin der Durchschnittsmann pro Tag bringen. Auf hoher See reichen die sicher eine Woche aus. Da die Crew in Wachen zu je vier Stunden eingeteilt ist, trifft man sich auf einen Plausch in trauter Runde höchstens zum Essen – ehe man sich zwischendurch wieder schlafen legt. Und wer an Bord die Hundswache von Mitternacht bis morgens um vier hat, der kommt zwischen Gewecktwerden und dem Wecken der nächsten Wachmannschaft mit 20 pro Schicht aus.

Auf den meisten Schiffen wird englisch gesprochen, selbst auf Schiffen unter deutscher Flagge sind die wenigsten Crewmitglieder heute noch deutschsprachig.

Was er an Bord nicht losgeworden ist, holt so mancher Seemann an Land nach. Dann ist die Zeit für Geschichten. Gutes Seemannsgarn braucht vor allem viele Adjektive und Superlative, damit aus einem kleinen Fisch ein Pottwal werden kann. Außerdem wird es im Laufe einer Nacht an Land immer länger gesponnen. So wie ich es mal erlebte, als plötzlich eine ganze Rotte Schweine übers Deck lief, oder der vermutete Schiffsgeist am Ende doch nur ein blinder Passagier war …

STELLTE KAISER FRIEDRICH BARBAROSSA DER STADT WIRKLICH EINEN FREIBRIEF AUS? DR. KLAUS JOACHIM LORENZEN-SCHMIDT ÜBER EINE RIESEN LÜGENGESCHICHTE

# »IM MITTELALTER WURDE FLEISSIG GEFÄLSCHT«



Dr. Lorenzen-Schmidt, Sie sind Oberarchivrat am Staatsarchiv Hamburg. Der Freibrief garantierte Hamburg wichtige Privilegien, ist aber nachweislich unecht. Welche Bedeutung besitzt eine solche Fälschung?

Allein die Tatsache der Fälschung ist von Bedeutung. Sie zeigt, dass Hamburg politisch etwas durchsetzen wollte, wofür es eigentlich keine Rechtsgrundlage gab. Im Übrigen ist der Freibrief für Hamburg natürlich wichtig, für die Reichsgeschichte ist er dagegen nur von geringer Bedeutung.

Die offizielle Lesart war ja lange Zeit, dass der Schauenburger Graf Adolf III. 1189 von Kaiser Friedrich Barbarossa die Privilegien erhalten, aber nicht schriftlich bestätigt bekommen habe. Hatte der Kaiser damals gerade nichts zum Schreiben bei sich?

Angeblich gab es einen Zettel, ein Actum, das den Inhalt bestätigt. Aber ob es tatsächlich existierte, darf man getrost bezweifeln. Wahrscheinlich ist unser Freibrief kein Dokument, das nachträglich einen an sich berechtigten Rechtsanspruch fixiert, sondern eine komplette Fälschung.

Einige Historiker bezweifeln, dass es überhaupt zu einer Begegnung zwischen Adolf III. und Barbarossa gekommen ist.

Dafür würde auch ich meine Hand nicht ins Feuer legen. Zu viele Dinge sind hier zweifelhaft. Nur zehn Tage nach der angeblichen Erteilung des Privilegs an Hamburg etwa hat Barbarossa dem Kloster Reinfeld ein schriftliches Privileg erteilt, das vollständig als Kaiserurkunde ausgefertigt worden ist. Der Kaiser reiste schließlich nicht nur mit einem Köfferchen ins Heilige Land, sondern verfügte auch auf dem Kreuzzug über eine Kanzlei, die jederzeit alle Dokumente ausfertigen konnte.

Das Privileg ist Hamburg also nie erteilt worden?

Wahrscheinlich nicht.

Seit wann weiß man, dass es sich um ein gefälschtes Dokument handelt?

Seit dem Ende des 19. Jahrhunderts ist klar, dass zumindest das Siegel nicht zum Ausstellungsdatum passt. Es stammt von Friedrich II., dem Enkel von Barbarossa, und war etwa um 1235 in Gebrauch. Damals zweifelte man aber noch nicht an der Echtheit des ganzen Dokumentes.

Seit wann ist das bekannt?

Das hat der Historiker Heinrich Reincke Mitte des 20. Jahrhunderts unter anderem anhand von Schriftvergleichen nachgewiesen. Aber Reincke stellte die Angelegenheit in recht mildem Licht dar. Er ging noch davon aus, dass der Hamburger Anspruch an sich gerechtfertigt war, und bezieht sich dabei auf das Actum, das allerdings auch er nie gesehen hat.

Ist es eine gute Fälschung?

Das kann man nicht sagen, wenn schon das Siegel nicht

passte und auch die Schrift nicht stimmte. Trotzdem hat das Dokument seinen Zweck erfüllt, die Hamburger konnten ihre Ansprüche im Konflikt mit dem Bremer Erzbischof durchsetzen, insofern war es dann doch eine gute Fälschung. Aber im Mittelalter wurde fleißig gefälscht, um Rechte zu gewinnen.

**Wenn man selber fälscht, bleiben keine Wünsche offen. War das Dokument taktisch klug abgefasst?**

Im Rahmen des damals denkbaren Horizonts hat Hamburg alle Rechte durchgesetzt, die es haben wollte.

**Wo befindet sich der Freibrief heute?**

Er wird im Urkundenarchiv des Staatsarchivs, einem feuer- und bombensicheren Raum, aufbewahrt. Aus konservatorischen Gründen stellen wir den Freibrief gar nicht mehr aus, zum letzten Mal war er im Jahr 2000 auf der Expo in Hannover zu sehen.

**Ist es nicht ein bisschen merkwürdig, dass Hamburg jedes Jahr seinen Hafengeburtstag feiert und sich dabei auf eine Fälschung beruft?**

Die Anregung für dieses Fest ist natürlich nicht vom Staatsarchiv oder dem Museum für Hamburgische Geschichte ausgegangen, aber man muss das ja nicht alles so furchtbar ernst nehmen. Ich habe damit kein Problem: Man muss die Feste feiern, wie sie fallen.

Matthias Gretzschel

# WAS ES FÜR EINEN SEEMANN HEISST, VON DER ROLLE ZU SEIN

Jeder kann mal aus der Rolle fallen oder von der Rolle sein. Für einen Seemann heißt das allerdings noch viel weniger was Gutes, denn dann ist er seinen Job los. Wer auf einem Schiff anheuert, wird in die Musterrolle eingetragen. Und er erhält umgekehrt einen Eintrag in sein Seemannsbuch. Das funktioniert in allen Häfen dieser Welt – bei uns laufen die Fäden von Musterrollen und Seemannsbüchern im Seemannsamt zusammen.

In Hamburg sitzt es in der Speicherstadt bei der Hamburg Port Authority. Seeleute aus aller Herren Länder gehen hier ein und aus, um ihr Seefahrtsbuch erneuern zu lassen. Wer lange zur See fährt, hat davon einen ganzen Stapel und kann im Ruhestand alle Stationen noch mal durchblättern und vor allem seine geleisteten Arbeitszeiten nachweisen.

Häufig sind die Kollegen aus dem Seemannsamt aber draußen im Hafen anzutreffen. Denn bei den kurzen Ladezeiten heutzutage schaffen es die Seeleute nicht immer, ihre Amtsgänge zu erledigen. Dann kommt das Amt eben zum Seemann statt er auf Landgang zum Amt.

Wäre auch eine prima Lösung für die nächste Kfz-Zulassung oder Passverlängerung, finden Sie nicht?

DER MYTHOS UM DEN PIRATENSCHÄDEL GEISTERT BIS HEUTE IN VIELEN KÖPFEN HERUM

Es ist nicht alles Gold was glänzt: Diese Bronzestatue von Störtebeker steht in der HafenCity.

# STÖRTEBEKERS HAUPTROLLE

Entsetzt ließ der Arbeiter den Spaten fallen und schrie laut auf. Auch seine Kollegen, die gleich darauf beunruhigt herbeigeeilt waren, blieben wie erstarrt stehen. Unten im Schlamm lag ein grausiger Fund: ein Schädel. Die Arbeiter, die 1878 beim Bau der Speicherstadt gleich mehrere solcher Totenköpfe entdeckt hatten, gingen anfangs davon aus, auf die Spuren eines Verbrechens gestoßen zu sein, wurden aber bald eines Besseren belehrt. Besonderheiten der Schädel und nicht zuletzt der Ort deuteten darauf hin, dass es sich in Wahrheit um einen bedeutenden Fund aus der maritimen Geschichte Hamburgs handelte.

20. April 1401: Am Grasbrook, dem Hinrichtungsplatz der Hansestadt, stehen 30 Piraten und warten auf die Vollstreckung des Todesurteils. Meister Rosenfeld, Hamburgs gefürchteter Scharfrichter, fährt noch einmal mit dem kleinen Finger prüfend über den glänzenden Stahl des Richtschwerts und will schon zur Tat schreiten, als Bürgermeister Kersten Miles ihn noch einmal zurückhält. Klaus Störtebeker, der Anführer der Vitalienbrüder, wie sich die Piraten nennen, hat den Bürgermeister noch auf ein Wort gebeten. Er wolle als Erster enthauptet werden und bitte darum, dass alle Kameraden, an denen er anschließend noch vorbeizugehen vermöge, verschont würden.

Miles ist belustigt, gewährt Störtebeker aber die Gnade. Im nächsten Moment schlägt Rosenfeld Störtebeker den Kopf ab. Doch dann – die Menge der Gaffer schreit auf – läuft der kopflose Störtebeker an der Reihe seiner Kame-

raden vorbei. Elf hat er schon passiert, als der Scharfrichter ihm den Richtklotz vor die Beine wirft, sodass der Rumpf zu Boden stürzt. Doch der Bürgermeister bricht sein Wort, alle Vitalienbrüder werden hingerichtet.

Diese Legende wird gern erzählt, auch wenn sie wenig mit der historischen Wahrheit zu tun hat. Und ob es sich bei einem jener Schädel, die Hafenarbeiter 1878 am Grasbrook gefunden haben, tatsächlich um das Haupt des berühmten Störtebeker handelt, ist ebenfalls zweifelhaft. Als sicher gilt nur, dass es die Köpfe von Hingerichteten waren. Sie wurden am einstigen Richtplatz gefunden, und Spuren zeigen, dass man sie mit großen Eisenstiften auf Pfähle genagelt hat – so stellte man die Totenköpfe von Piraten abschreckend zur Schau.

Wissenschaftler des Museums für Hamburgische Geschichte gehen davon aus, dass einer der gefundenen Schädel einem Anführer gehört hat. Doch selbst namhafte kanadische Forensiker konnten mittels Gentechnik nicht nachweisen, dass es Störtebeker gewesen ist. Aber der Mythos des vor mehr als 600 Jahren hingerichteten Piraten ist so lebendig, dass der vermeintliche Störtebeker-Schädel sogar einem Diebstahl zum Opfer fiel: Im Januar 2010 entwendeten offenbar geschichtsinteressierte Kriminelle die berühmte Hamburg-Reliquie aus der Ausstellung des Museums für Hamburgische Geschichte. Jetzt bleibt der Pirat ebenso verschollen wie sein Goldschatz.

Matthias Gretzschel

Peter Tamm, 82, besitzt die weltweit größte private Sammlung zur Schifffahrts- und Marinegeschichte. Sie ist heute im Internationalen Maritimen Museum zu bewundern.

## PETER TAMM

### FÜR IMMER TREU

Mein Vater führte mich als Kind zum Hafen, damals beherrschten noch Dampfschiffe das Bild. Da stand ich nun und beobachtete, wie Frachtschiffe, die aus fernen Häfen mit exotischen Namen über die Meere kamen, von Hafenarbeitern be- und entladen wurden. Fasziniert sah ich, wie die Säcke und Ballen auf Schuten gehievt und in Speicher bugsiert wurden.

Dann kam der Krieg mit den Bombennächten, die ich noch als Jugendlicher erlebt habe. Menschen starben, Häuser, ganze Straßenzüge stürzten ein, und auch der Hafen brannte lichterloh. Wieder stand ich an der Elbe und sah auf die geborstenen Kaianlagen, die Ruinen der Speicher und auf die Wracks. In der Nachkriegszeit musste ich Geld verdienen, um mein Studium zu finanzieren. 1948 ging ich zum eben gegründeten Hamburger Abendblatt und schlug der Redaktion vor, eine Serie über Hamburger Schiffe und deren Schicksale zu schreiben. Die Redaktion zeigte Interesse, und auf diese Weise machte ich mein Hobby zum Beruf. Bald schrieb ich auch über Schiffsneubauten und besuchte als Abendblatt-Redakteur Schiffstaufen und Stapelläufe.

Dem Hafen und der Seefahrt bin ich mein Leben lang treu geblieben, und ganz sicher werde ich schon als Kind am Kaispeicher B vorbeigelaufen sein, freilich ohne zu ahnen, welche Bedeutung dieses beeindruckende Hafenbauwerk einmal für mein Leben gewinnen würde.

DASS SCHIFFE UND ELBE TOLLE MOTIVE SIND, ENTDECKTEN KÜNSTLER SCHON IM 17. JAHRHUNDERT. HEUTE SIND DIE WERKE VON EMIL NOLDE UND JOACHIM LUHN WIE GEMALTE GESCHICHTSBÜCHER

# DER HAFEN IST MALERISCH

Im Jahr 1681 schuf der Hamburger Maler Joachim Luhn ein großes Panorama seiner Heimatstadt. Das sieben Meter breite Gemälde, das heute an der Nordwand der Kirche St. Jacobi hängt, zeigt die von starken Mauern und Befestigungsanlagen geschützte Stadt. Es zeigt aber auch, woher Hamburgs Reichtum stammt: Unterhalb von St. Michaelis ist die Hornschanze zu sehen, die Zufahrt zum Binnenhafen und das Baumhaus mit seinem geschweiften Dach, wo jeden Abend Knechte einen Baum vor die Einfahrt wuchteten, damit kein Schiff im Schutze der Dunkelheit hereinfahren konnte. Im Hafen selbst ist ein ganzer Wald von Masten zu sehen. Eines der vielen Schiffe hat Segel gesetzt und nimmt Kurs elbabwärts Richtung Nordsee. Auch ein Konvoischiff hat Luhn gemalt, das gut mit Kanonen bestückt ist. Schließlich sollte es die Hamburger Handelsschiffe sicher geleiten und vor Piratenüberfällen schützen. Luhns Gemälde bildet Stadt und Hafen im späten 17. Jahrhundert genau ab. Das wunderschöne Bild steckt aber zugleich voller spannender kleiner Episoden, es ist ein gemaltes Geschichts- und Geschichtenbuch. Seit 1819 kann es jedermann täglich in der Jacobi-Kirche betrachten, zuvor hing es in der Alten Ratsstube, dem damaligen Sitzungssaal des Senats.

Das war (Kirchturm-)Spitze! Joachim Luhns Panorama der Stadt hängt heute in St. Jacobi.

Visionen in Wasser: Hugo Vogel malte seine Vorstellung eines Welthafens für den großen Festsaal des Hamburger Rathauses.

Aber auch im heutigen Rathaus hängt ein repräsentatives Gemälde des Hafens: Der Berliner Maler Hugo Vogel hat es als monumentales Wandbild für den großen Festsaal geschaffen. Am 13. Juni 1909 wurde es – zusammen mit den beiden anderen Wandbildern, die die Alstermündung vor der Zeit der ersten Besiedlung sowie die Christianisierung des Nordens zeigen – feierlich enthüllt. Den gesamten oberen Bereich der Ostseite des Festsaals hat der Maler mit einer zeitgenössischen Werft- und Hafenszene gefüllt. Zu sehen sind ein Schwimmdock, ein Schiffsbauplatz und Überseedampfer – Vogels atmosphärische Vision von Hamburg als „Tor zur Welt". Das Bild ist so repräsentativ, wie es sich die damaligen Auftraggeber gewünscht haben, modern – oder gar avantgardistisch – war es zu seiner Entstehungszeit allerdings nicht.

Viel moderner ist Emil Noldes Sicht auf den Hafen: Im Februar und März 1910 zog es den Maler fast täglich dorthin. Er skizzierte die Arbeit der Schauerleute, die Schlepper, Schuten und Frachtschiffe. Anschließend entstanden zahlreiche Holzschnitte, Radierungen und Tuschzeichnungen mit Hafenmotiven, aber auch einige wunderschöne Gemälde. Dazu zählt zum Beispiel das 1910 entstandene Bild „Schlepper auf der Elbe" aus der Sammlung Rauert, das sich als Dauerleihgabe in der Hamburger Kunsthalle befindet. Himmel und Elbe gehen als dynamisches Wolken-Wasser-Gebilde in Gelb-, Grün- und Brauntönen ineinander über, während der schwarze Schlepper eine dunkle Rauchwolke hinter sich herzieht.

Etwas konservativer, aber gleichfalls sehr atmosphärisch, hat ein Jahr später Lovis Corinth den Hafen gemalt. Sein Gemälde „Blick von der Palmaille", das sich ebenfalls in der Kunsthalle befindet, zeigt rauchende Schlote vor einer ausladenden Elb- und Hafenlandschaft unter weitem Himmel. Eine stilistisch besonders interessante Hafenansicht hat Ivo Hauptmann, der Sohn des Dichters Gerhart Hauptmann, 1912 geschaffen. Aus zahllosen weißen, gelben, roten, grünen und blauen Tupfen komponierte der Mitbegründer der Hamburgischen Sezession eine lebhafte Hafenszenerie mit Dampfern, Seglern, Schleppern und Werftanlagen, ein spätes Meisterwerk des Pointillismus, das sich (leider) heute in einer Privatsammlung befindet.

Matthias Gretzschel

BEI DER STURMFLUT 1962 GING ALLES SCHIEF, WAS NUR SCHIEFGEHEN KONNTE. DASS DOCH NOCH VIELE MENSCHEN GERETTET WURDEN, IST HELMUT SCHMIDT ZU VERDANKEN

# DAS WASSER BIS ZUM HALS

Das Wetter spielte schon seit dem 12. Februar verrückt, aber es war nur ein Vorgeplänkel für das letzte Orkantief, das sich am 15. Februar über dem Nordmeer zusammenbraute und in Richtung Deutsche Bucht zog. Der Deutsche Wetterdienst verlieh ihm den Namen „Vincinette“ – die „Siegreiche“ ...

Nichts fürchtete man in den Amtsstuben damals mehr als einen falschen Alarm. Die Devise hieß „Ruhe bewahren, Panik vermeiden“. Das Hamburger Seewetteramt und das benachbarte Deutsche Hydrographische Institut hatten sich trotzdem bereits am Nachmittag zu einer Orkanwarnung durchgerungen. Aber bis die Meteorologen alle Instanzen des Norddeutschen Rundfunks zu einer Radiodurchsage bewegen konnten, wurde es 20.33 Uhr. Denn in Hamburg wähnte man sich in Sicherheit. Die Nordsee war schließlich über 100 Kilometer weit entfernt und die durchschnittliche Höhe der Deiche von 5,70 Meter galt als ausreichend. Ein Katastrophenplan existierte nicht.

Diese laxe Haltung gegenüber den Naturgewalten war nicht der einzige Grund, warum während der Sturmflut am 16. und 17. Februar 1962 in Hamburg 315 Menschen starben, zigtausend Tiere ertranken und Tausende von Häusern, Wohnungen und Existenzen zerstört wurden: Hinzu kamen blindes Gottvertrauen, fatale Fehleinschätzungen,

Sturmflut 1962: Fährstraße nach der Flut.

Hier war mal ein Weg. Nach der Flut 1962 gibt es wie hier in Altenwerder (Querweg) nur noch Wasserstraßen.

Desorganisation, Kompetenzgerangel, technische Pannen sowie der totale Zusammenbruch der Kommunikation. Die bis dahin höchste Flutwelle aller Zeiten – 5,71 Meter über Normalnull – hatte binnen kürzester Zeit mehr als ein Sechstel des Hamburger Staatsgebiets überschwemmt. Vor allem in den ärmeren Stadtteilen am südlichen Elbufer hatten die meisten Bewohner innerhalb weniger Minuten all ihr Hab und Gut verloren. Und einige auch ihre Partner, Kinder, Verwandten oder Freunde. Zwar hatten in der Nacht die Sirenen geheult, aber da es nirgendwo gebrannt hatte, waren die Menschen in ihren Betten liegen geblieben und von den Fluten im Schlaf überrascht worden. Die Deiche waren praktisch zeitgleich an 61 Stellen gebrochen. Tausende hockten nun in Todesangst auf den Dächern ihrer Behausungen oder klammerten sich an Äste oder Straßenlaternen. Im eisigen Wind schwanden ihre Kräfte jedoch schnell.

Auch diejenigen, die noch ein sicheres Dach über dem Kopf hatten, waren von der Außenwelt abgeschnitten. Moderne Zentralheizungen blieben genauso kalt wie die Kanonenöfen oder die Narag-Heizungen; Strom, Wasser und Gas funktionierten nicht mehr, das Telefon auch nicht, und Funkgeräte waren Mangelware: Deswegen gab es niemanden, der einen genauen Überblick besaß und die Rettungsmaßnahmen bündeln konnte.

Am Morgen des 17. Februar stürmte Hamburgs Polizeisenator Helmut Schmidt, der in der Nacht mit dem Auto aus Berlin von einer Innenministerkonferenz zurückgekehrt war, in die Einsatzzentrale im Polizeipräsidium am Karl-Muck-Platz. „Lieber effektvoll ohne Instanzwege als amtskorrekt ohne Wirkung", lautete sein Credo. Als der Leiter des Bezirksamtes Harburg, Mohr, um 6.41 Uhr dazu aufgefordert wurde, einen ersten Lagebericht zu geben, rief Schmidt, noch ehe der Beamte seinen zweiten Satz begonnen hatte, ungeduldig dazwischen: „Herr Mohr, hopp, hopp – an die Karte!" Daraufhin mischte sich der Polizeipräsident ein, um einen Eklat zu verhindern. Schmidt empfahl ihm ungerührt: „Gehen Sie mal lieber nach Hause. Sie halten hier nur den ganzen Betrieb auf."

Als Nächstes ließ Schmidt Fernschreiben an die Bundeswehr herausjagen, aber auch an die Generalstäbe der Amerikaner, Engländer, Belgier und Niederländer. Er kannte die Generalstäbe persönlich aus seiner Zeit im Verteidigungsministerium. Aber der Polizeisenator forderte gleich 200 Hubschrauber an! Zunächst erklärte man ihn für übergeschnappt. Als er jedoch persönlich nachhakte, ließen die Generäle sich überzeugen und sagten ihre sofortige Hilfe zu. Gegen Mittag kehrte der Erste Bürgermeister Paul Nevermann aus dem Urlaub zurück. Er hatte ihn abgebrochen und wollte sich nun über die Lage informieren. Schmidt begrüßte ihn mit den Worten: „Paul, halt mich jetzt nicht mit unwichtigen Fragen auf." Im nächsten Moment wandte er sich an den Vertreter der Hafen-Dampfschiffahrt A. G: „Könnte die Hadag mit ihren Schiffen die Leutchen aus Waltershof, die in Hamburg unterschlüpfen wollen, über die Elbe bringen? Das schafft Platz in den Notunterkünften ..."

Die Antwort lautete: „Ja, das wäre möglich."

„Wäre oder ist?"

„Ist, Herr Senator!"

„Ja, worauf warten Sie dann noch?"

Eine halbe Stunde später begann die Hadag mit der Evakuierung von etwa 1600 Menschen aus Hamburg-Waltershof und Hamburg-Neuenfelde zu den St.-Pauli-Landungsbrücken.

Boote waren am meisten gefragt, jedoch waren auch sie Mangelware: Der 36-jährige Bootsbauer Harry Sührcke fuhr mit einem brandneuen Sportboot aus seiner Werkstatt auf Verdacht in die Kleingartenkolonie Hövel in Niedergeorgswerder. Dort wohnten Freunde von ihm. „Schon wenn es da mal heftiger regnet, steht doch dort alles unter Wasser", sagte der Bootsbauer zu seinem verwunderten Gesellen Jörg Ackermann, den er zum Mitfahren aus dem Bett geklingelt hatte. Sein Instinkt hatte den Bootsbauer nicht getäuscht: Sührcke und Ackermann sahen überall Flutopfer. Sie konnten jeweils neun Menschen mit an Bord nehmen und in Sicherheit bringen. Während ihrer dritten Fahrt schlug das Boot an einem metallenen Zaunpfosten unter Wasser leck. Nach der sechsten Fahrt soff es ab. 15 000 Mark waren futsch, aber 54 Menschen waren gerettet worden!

Harry Sührcke war nur einer von vielen Tausend freiwilligen Helfern, die nicht erst gerufen werden mussten. Vor allem Jugendliche erschienen spontan bei den Hilfsorganisationen. Viele Erwachsenen waren irritiert: Denn zwischen den „faulen Halbstarken" und der auf Ordnung, Anstand und Disziplin geeichten Gesellschaft existierte eigentlich ein tiefer Graben. Plötzlich schleppten komplette Fußballmannschaften Sandsäcke an die Deiche, Lehrlinge reinigten und renovierten Wohnungen, Schulklassen legten Keller trocken oder sammelten Trümmer. 14 Schülerinnen aus Finkenwerder arbeiteten zwei Wochen lang im Schichtdienst rund um die Uhr als Dolmetscherinnen in einer provisorischen Telefonzentrale, weil die auswärtigen Helfer das Finkenwerder Plattdeutsch nicht verstanden. Die „Hamburger-Lehrerzeitung" schrieb vier Monate später etwas selbstbeweihräuchernd, „dass durch viele solcher Beispiele bewiesen werden konnte, dass die Erziehung im Elternhaus und in der Schule nicht vergebens gewesen ist ..."

Kameraleute und Fotografen hatten die Order, anstatt Leichen lieber „symbolhafte Bilder" einzufangen, etwa einen einzelnen treibenden Schuh im Wasser oder eine Kinderpuppe in einem Strauch. Es gab aber auch komische Motive: In einer verwüsteten Baracke der Kleingartenkolonie „Unsere Scholle" in Wilhelmsburg wurde ein gedeckter Gartentisch entdeckt, auf dem noch halbvolle Sektgläser standen. Kein einziges Glas war umgekippt.

Während die Presse nicht müde wurde, die Hubschrauberpiloten zu feiern, die trotz böiger Winde Hunderte von Menschen von Dächern retten, wurde über die grausige Arbeit der Bergungstaucher nur selten ausführlich berichtet: „In einem Behelfsheim entdeckten wir ein 15-jähriges Mädchen", erzählt Karl-Heinz Breitner von der Tauchsportgemeinschaft Siegerland, die damals freiwillig zur Unterstützung der Bundeswehr-Kampftaucher angereist war. „Sie steckte in einem 30 Zentimeter großen Loch in der Wand fest und war so ertrunken. Davor fanden wir den Vater, ebenfalls tot. Er hielt einen Hammer in der Hand. Er muss versucht haben, mit dem Hammer ein Loch in die Wand zu schlagen, aber das Wasser war wohl schneller. Im Nebenraum fanden wir schließlich auch noch die Mutter ..."

Die Leichen der Sturmflutopfer wurden unter Aufsicht der Bundeswehr auf der Eisbahn des „Planten un Blomen"-Parks zur Identifizierung aufgebahrt. Nachdem sich zunächst keine Freiwilligen für diesen Dienst gefunden hatten, wurden Soldaten, die in Kasernen Arreststrafen abzusitzen hatten, zwangsverpflichtet. Um die Stimmung der Leichenwäscher aufzuhellen, bekamen sie offiziell eine halbe Flasche Rum pro Schicht.

Am Dienstagmorgen nach der Katastrophe wurde das Wilhelmsburger Rathaus pünktlich um acht wieder für den Publikumsverkehr geöffnet. Um neun Uhr erschienen der technische Zeichner Werner Witek und die Stenotypistin Ellen Osinski vor den Standesbeamten und schlossen den Bund fürs Leben. Die 22-Jährige hatte ihren 24-jährigen Verlobten mit einem Schlauchboot aus seinem vom Wasser eingeschlossenen Elternhaus abgeholt und auch gleich seinen Koffer für die geplante Hochzeitsreise nach Österreich gepackt. Die „Bild"-Zeitung titelte: „Nach der Flut – Erste Trauung in Wilhelmsburg. Das Leben geht weiter".

Am 26. Februar 1962 versammelten sich auf dem Hamburger Rathausplatz 150 000 Menschen zur zentralen Trauerfeier für die Opfer der Sturmflut, unter ihnen auch die Bonner Politprominenz. Für zwei Minuten schwieg die ganze Stadt, rollte keine Bahn, kein Bus, kein Auto, kein Fahrrad. In den Betrieben hielten die Menschen inne. Nach den Klängen des Trauermarsches aus der „Eroica"-Symphonie trat der Erste Bürgermeister Paul Nevermann ans Rednerpult: „Liebe Leidtragende! Liebe Hamburger! Wir alle haben in der Katastrophennacht vom 16. auf den 17. Februar dreihundert Mitbürger verloren. Wir alle trauern um sie. Ihre Gräber sind noch geöffnet, da die Opfer der Flut immer noch nicht alle geborgen werden konnten ..."

Am 5. August 1962 entdeckten spielende Kinder die Leiche des 61-jährigen August Jacubek aus Hamburg-Billbrook an einem Bahndamm. Er galt seit der Sturmflutnacht als vermisst – das letzte gefundene Opfer der tödlichen „Vincinette".

Alexander Schuller



DIE STURMFLUT HINTERLIESS TRAURIGE STATISTIKEN

# EINE WELLE VON ZAHLEN

### Die Toten und Evakuierten

Bei der Katastrophe ließen auf Hamburgischem Staatsgebiet 315 Menschen ihr Leben (insgesamt forderte das Sturmtief „Vincinette" in Deutschland 339 Todesopfer). Mehr als 20 000 Menschen mussten aus dem Überschwemmungsgebiet evakuiert werden; 12 000 von ihnen wurden vorübergehend in Notaufnahmelagern wie Schulen und Jugendheimen untergebracht.

### Die Anzahl toter Tiere

1500 Rinder, 2500 Schweine, 125 Pferde, 90 Schafe und Ziegen sowie 19 300 Stück Federvieh aus landwirtschaftlichen Erwerbsbetrieben kamen in den Fluten um. Der Verlust der Tiere wurde auf zwei Millionen DM geschätzt. Außerdem verloren private Tierhalter eine große Anzahl von Schweinen, Schafen, Ziegen und Federvieh. Der finanzielle Schaden betrug ungefähr 500 000 DM.

### Die Höhe der Flut

Am Pegel St. Pauli wurden während der Februarflut 1962 folgende Höchstpegelstände gemessen: am 16. Februar, 16.10 Uhr, + 3,98 Meter NN = 2,28 m über MThw; am 17. Februar, 3.07 Uhr, + 5,71 Meter NN = 4,00 m über MThw. Zum Vergleich: Die letzte (bis dahin gemessene) höchste Sturmflut am 3. und 4. Februar 1825 erreichte + 5,24 Meter NN, die bisher höchste Sturmflut erreichte dort am 3. Januar 1976 + 6,45 Meter über NN (die Hamburger Deiche waren zu diesem Zeitpunkt bereits auf 7,30 Meter „internationale Flutbemessungsgrenze" erhöht worden).

### Die Deichbrüche

Die Deiche auf hamburgischem Staatsgebiet waren insgesamt an 61 Stellen gebrochen. An 45 weiteren Stellen waren sie so schwer beschädigt, dass bei anhaltendem Hochwasser weitere Deichbrüche die Folge gewesen wären. Die Länge der Durchbruchstellen betrug insgesamt rund 2,5 km. Allein von dem 16 km langen Elbdeich zwischen Moorburg und Cranz waren insgesamt etwa 10 Deichkilometer beschädigt (wenn auch nicht überall gebrochen). Die Größe des überschwemmten Gebiets betrug rund 12 000 Hektar, das ist mehr als ein Sechstel des hamburgischen Staatsgebietes.

### Die Wassermenge

Rund 220 Millionen Kubikmeter Wasser waren allein ins Hamburger Überschwemmungsgebiet zwischen Este und Bunthäuser Spitze eingedrungen. Diese Menge würde ausreichen, um den gesamten Hamburger Wasserbedarf (Verbrauchsstand 2005: 118 Liter pro Tag pro Kopf, rund 1,6 Mio. Einwohner) für dreieinhalb Jahre zu sichern.

### Die Fluthelfer

Insgesamt waren allein in Hamburg rund 26 000 Helfer im Einsatz.

### Die finanziellen Schäden

Die Schäden für die Wirtschaft beliefen sich auf rund 195 Millionen DM.

HAMBURG IST DIE STADT MIT DEN MEISTEN BRÜCKEN IN EUROPA, UND JEDE VON IHNEN TRÄGT EINE ANDERE GESCHICHTE

# VENEDIG KANN EINPACKEN

GESCHICHTE

Das Sorgenkind ist ziemlich groß: die Köhlbrandbrücke. Mit 3618 Meter Länge die zweitlängste Straßenbrücke Europas; 1974 gebaut. Rund 35 000 Fahrzeuge donnern täglich über sie hinweg, weshalb sie gerade in letzter Zeit wachsender Pflege bedarf. Wie die Köhlbrandbrücke halten viele ältere Brücken dem wachsenden Hafengüterverkehr nicht mehr stand und sind reparaturbedürftig – sie müssen jetzt schließlich Verkehrsmengen aushalten, für die sie nie konzipiert wurden.

Wie haltbar Brückenbauwerke auf der anderen Seite sein können, das demonstriert in Hamburg die Zollenbrücke über das Nikolaifleet. Sie wurde 1633 gebaut, wie die Jahreszahl auf dem Schlussstein des mittleren Bogens zeigt. Wenig jünger ist die 1668 fertiggestellte Ellerntorsbrücke über das Alsterfleet. So alt wurden nur wenige Hamburger Brücken jener Jahre. Sie waren meist aus Holz gebaut und mussten alle 20 Jahre erneuert werden. So war es früher auch bei der heute so wichtigen Lombardsbrücke. Die Wende brachte erst der Hamburger Brand von 1842. Nach dem Feuer, das fast die gesamte Innenstadt vernichtete, beschloss der Senat, künftig steinerne Brücken bauen zu lassen. In dieser Zeit entstanden beispielsweise die Brücken über den Alsterlauf zwischen der Kleinen Alster und der Mündung in die Elbe, Adolphsbrücke, Heiliggeistbrücke, Bleichenbrücke. Später wuchs die Zahl der Brücken sprunghaft mit dem Bau der Hamburger Hochbahn und der Speicherstadt. 2479 Brücken hat Hamburg heute, die Hansestadt ist die brückenreichste Stadt Europas. Dagegen sehen die „Brückenstadt“ Venedig mit 426 und Amsterdam mit 1539 Brücken arm aus.

Die beliebtesten Brücken sind diejenigen mit der schönsten Aussicht. Beispielweise die Lombardsbrücke mit dem Blick nach Süden über die Binnenalster auf die Kirchtürme Hamburgs. Oder die Krugkoppelbrücke mit der Aussicht auf die Außenalster.

Oft sind die historischen Brücken auch mit Standbildern geschmückt: Statuen von Seefahrern, Entdeckern oder Stadtgründern sollten die Stadt beschützen und den Anspruch Hamburgs verdeutlichen, Welthafen zu sein. So wie bei der 1897 errichteten Kersten-Miles-Brücke über die Helgoländer Allee. Ihre Pfeiler werden von vier Seehelden geziert, die für Hamburg die Piratengefahr gebannt hatten: Bürgermeister Kersten Miles, Kaufmann Simon von Utrecht, Admiral Karpfanger und Seefahrer Ditmar Koel. Dass es aber bis heute auch Verehrer der Piraten gibt, zeigte sich in der Nacht zum 5. Juni 1985: Da stürzte ein „Kommando Klaus Störtebeker“ das Standbild des Simon von Utrecht von seinem Sockel. Die dabei zerbrochene Nase und einen Arm nahm das Kommando mit. Erst zwei Jahre später kehrte der Piratenbezwinger, inzwischen restauriert, auf seinen Platz zurück.

Eigel Wiese

# NATUR

DEINE SPUREN IM SAND

EIN INSELWART AUF NESSSAND FÜHRT VON EINEM VERSTECKTEN GEWÄCHS DES NATURSCHUTZGEBIETES ZUM ANDEREN

# DER GRASHÜPFER



Unvermittelt bleibt Inselwart Michael Klamm am Strand stehen. „Sehen Sie", sagt er und deutet auf eine umgestürzte Pappel, „hier gehen viele Biologen vor Ehrfurcht schon mal in die Knie!" Er zeigt auf merkwürdige Grasbüschel, die sich fest an das bizarre Wurzelwerk des alten Baumes zu klammern scheinen. Dahinter glitzert der feuchte Sand der Elbinsel Neßsand und bildet eine sanft geschwungene Linie, die bis kurz vor den Horizont reicht. Wiebelschmiele heißt das büschelartige, vielleicht 30 Zentimeter hohe Gewächs, erklärt Klamm. Einzigartig sei es und wachse wie auch der Schierlingswasserfenchel nur an den Elbufern im Hamburger Hafen: „Die beiden Pflanzen gibt sonst nirgendwo auf der Welt." Mit einem sonoren Wummern seiner Maschinen fährt ein Frachtschiff vorbei, Minuten später schwappt die Bugwelle heran, und Klamm springt auf die höhere Grasnabe, um keine nassen Schuhe zu bekommen. Dann ist wieder Stille; die Stille eines kleinen Paradieses mitten in der Elbe. Und dennoch schon ist dies hier Teil des Hamburger Hafengebiets.

Acht Kilometer lang und etwa 800 Meter breit ist die Inselgruppe aus Schweinesand, Neßsand und Hanskalbsand. Der Hamburger Teil ist samt der vorgelagerten Elbebucht, des Mühlenberger Lochs vor Finkenwerder, Naturschutzgebiet. Eines von elf, die Hamburg rund um den inneren Hafen ausgewiesen hat. 650 Hektar umfasst die geschützte Zone von Neßsand und Mühlenberger Loch – und ist damit fast viermal größer als die Hamburger Außenalster. „Betreten verboten", warnen Schilder am Strand. Klamm passt hier auf, dass diese Aufforderung auch ernst genommen wird. Er macht es auf die sanfte Art: In grüner Hose, grüner Jacke und mit umgehängtem Fernglas wirkt der 55-jährige Beamte der Umweltbehörde wie ein freundlicher Förster. Er spricht mit den Menschen, die hier mit Booten anlanden, überzeugt sie von der Einzigartigkeit der Insel. „Das funktioniert gut", sagt er. Er ist eine Art Teilzeit-Robinson auf Neßsand. Von Montag bis Mittwoch arbeitet er in der Verwaltung, jeden Donnerstag im Sommer fährt er mit seiner Frau Christina mit einem kleinen Boot rüber auf die Insel. Oben, auf einem von Wildrosen und Sanddorn umrankten Hügel, ganz nahe am riesigen Radarturm, steht für sie eine Art Wochenendhaus. Abends, wenn der Ofen bullert, das große Wohnzimmerfenster zur nächtlichen Schiffspanoramaschau wird – dann wissen beide, dass es eine gute Entscheidung war, diese Aufgabe zu übernehmen, sagt Klamm. Den Wohnwagen an der Nordsee, ihr früheres Wochenenddomizil, haben sie längst abgeschafft.

Zur Aufgabe von Inselwart Klamm gehören auch Kontrollgänge ins Inselinnere. Mit seinen heutigen Besuchern geht es an den dichten Röhrichtzonen vorbei in einen Pappelwald. Sumpfdotterblumen blühen am Rand, Gräser und Blumen. In einem der hohen Bäume hat ein Seeadler-Pärchen seinen Horst gebaut. „Dort oben ist das Nest", flüstert Klamm. Die Gruppe marschiert still weiter, nur gelegentlich knacken Zweige unter den Schuhen. Vögel sind zu hören,

das Rauschen des Windes in den Wipfeln – und immer wieder das ferne Wummern von Schiffsmotoren. Dann lichtet sich das Unterholz, und der Blick fällt auf ein glitzerndes Schlickwatt: das Mühlenberger Loch. Vögel stelzen über den dunkelgrauen Boden. Brandgänse, Austernfischer, Möwen? Sie sind zu weit weg, um es genau zu erkennen.

Wie gemalt breiten sich hier auf der Altländer Seite der Insel der Nebenarm der Elbe und die Landschaft aus. Doch so natürlich, wie es scheint, ist hier kaum noch etwas. Die Inseln sind eigentlich mit Sand aus der Fahrrinne aufgespült. Selbst die heute geschützte Bucht, das Mühlenberger Loch, wurde in den 1940er-Jahren gegraben, um eine Landebahn für Flugboote zu schaffen. So wie im gesamten Hafen auch, ist hier die Landschaft vom Menschen schon mehrmals umgekrempelt worden.

Vom früheren Inselgewirr zwischen Norder- und Süderelbe ist wenig geblieben. Nur die Ortsbezeichnungen im Hafen wie Steinwerder oder Waltershof erinnern noch an die früheren Inseln. Verschwunden sind die Schwimmbäder dort, die es neben den Werften noch um 1900 gab. Die Fischerinsel Kattwyk nahe der heutigen Köhlbrandbrücke ist jetzt Sammelplatz für Export-Pkw. Wo einst Auenwälder an der Süderelbe standen, ragen heute die bedrohlich wirkenden Türme von Raffinerien auf. Und doch hat sich die Natur im Hafen immer wieder kleine Stückchen zurückerobert: Naturschützer verweisen auf ein Kiebitzbrutgebiet im Bereich Petroleumhafen, auf Wiebelschmiele und Wasserfenchel, die auch in manchen stillen Ecken von Hafenbecken wachsen. Auf eine Möwenkolonie an der Hohen Schaar in Wilhelmsburg, seltene Trockenrasen-Biotope auf Sandaufschüttungen. Doch Zeugnis, wie die Flusslandschaft hier einmal zwischen Harburg und Hamburg ausgesehen hat, legen vor allem die Naturschutzgebiete am Rand des Hafens ab – auch wenn die Landschaft wie auf Neßsand erst in den vergangenen Jahren entstanden ist. Man könnte aber auch sagen, sie ist hier wiederauferstanden.

Klamm zieht nun weiter, er will noch die künstlichen Dünen zeigen. An einer kleinen Lichtung bleibt er wieder stehen. Reste eines Fundaments sind hier zu sehen. „Hier lebte der erste Inselwart von Neßsand", sagt Klamm und erzählt die tragische Geschichte von Gerhard Japp.

Er muss ein freiheitsliebender Mensch gewesen sein. 1940, im Alter von 20 Jahren, lehnt sich der gelernte Hamburger Schiffbauer in der Kriegsmarine gegen seine Befehlshaber auf und wird wegen Meuterei zum Tode verurteilt. Kurz vor Vollstreckung erreicht ihn die Begnadigung, er wird aber zum Bewährungsbataillon 500 an die Ostfront versetzt, das nur wenige überleben. Japp wird schwer verwundet. Zurück in Hamburg, entdeckt er um 1941 mit dem Paddelboot die aufgespülten Inseln. Er zieht dorthin, kann das Land nach dem Krieg pachten und baut eine neue Hütte. Japp erntet hier Reet und verkauft es. 1952 stellt Hamburg die Insel unter Naturschutz, Japp ist nun der erste Inselwart. Er lernt eine Frau kennen, die, wie damals viele,

Hören das Gras wachsen:
Christina und Michael Klamm.

mit dem Paddelboot die Insel besucht. Die beiden bekommen drei Kinder und führen ein paradiesisches Leben in der Abgeschiedenheit der Insel. Bis zur Sturmflut 1962. Während Japp die ältere Tochter mit dem Boot zur Schule fährt, schlagen die Flut und der anwachsende Orkan erbarmungslos zu. Verzweifelt versucht Japp mit der Wasserschutzpolizei, seine Frau und die beiden Kinder von der Insel zu holen. Erst am nächsten Tag gelingt es ihm, nach Neßsand zu gelangen. Und findet seine Familie tot im Schlamm. Zwar heiratet Japp später wieder und kehrt mit seiner zweiten Frau zurück auf die Insel – doch von diesem Erlebnis kann er sich nicht erholen. 1973 stirbt Japp an einem Herzinfarkt.

Schweigend hört die Gruppe der Erzählung Klamms zu. Dann geht es weiter durch den Wald und über die Dünen zurück zum Strand gegenüber von Wittenbergen. Bis zur umgestürzten Pappel mit den Wiebelschmielen-Büscheln. Warum sie nur hier an der Elbe in Hamburg wachsen, ist nicht bekannt. „Allein das ist schon ein Wert – und darum lohnt es sich, das hier alles zu schützen", sagt Klamm. Wieder fährt ein Schiff dicht am Strand der Insel vorbei. Am Horizont leuchten die Containerterminals in der Abendsonne. Wie ferne Zeichen aus einer anderen Welt.

Axel Tiedemann

DER TIDENHUB IST MITTLERWEILE ZU EXTREM, GLAUBT EXPERTE HEINZ GLINDEMANN. SCHULD DARAN SEI DER MENSCH

# »WIR WOLLEN DEN STROM BESÄNFTIGEN«



Heinz Glindemann ist Erster Baudirektor bei der Hamburg Port Authority und doziert an der TU Hamburg-Harburg: „Tide und Sturmfluten" heißt der Titel seiner Vorlesung. Der 63-jährige Ingenieur wuchs an der Elbmündung in Brunsbüttel auf und verfolgt seit Kindheitstagen das Wirken von Ebbe und Flut. Das hat sich in den vergangenen Jahrzehnten an der Elbe dramatisch verändert.

Die Nordsee ist gut 100 Kilometer von Hamburg entfernt. Warum merkt man in der Stadt trotzdem noch Ebbe und Flut?

Die Elbe ist in Hamburg über das Wasser mit der Nordsee verbunden. Die Tidewelle schwappt daher bis zum Wehr in Geesthacht. Man muss sich das so vorstellen wie ein an einem Ende festgebundenes Seil, das man auf und nieder schlägt: Eine Delle im Seil bewegt sich dann hin und her – so wie die Flutwelle auch. Zweimal am Tag trifft sie bei uns ein. Wenn in Cuxhaven Niedrigwasser ist, beobachten wir in Hamburg Hochwasser. Und umgekehrt.

Und wer setzt die Flutwelle in Bewegung?

Der Impuls wird durch die Anziehungskraft von Mond und Sonne bewirkt, wobei der Mond viel stärkeren Einfluss hat. Das Meer schwappt dadurch, die Flutwellen drehen sich um bestimmte Punkte wie bei einem Abfluss in der Badewanne. Ein solcher Punkt liegt bei Borkum – von dort bewegt sich die Flutwelle Richtung Cuxhaven und dann in die Elbe hinein.

Was hat in der Elbe die Oberhand: das von der Tide bewegte Meerwasser oder das eigentliche Flusswasser, das von der Elbquelle her kommt?

Eindeutig das Tidewasser. Das entspricht in etwa der 20-fachen Menge des eigentlichen Oberwassers, das aber sehr variieren kann: In trockenen Sommern fließen nur 200 Kubikmeter pro Sekunde von der Oberelbe an Hamburg vorbei, im Durchschnitt sind es etwa 800. Bei der großen Flut im Oberlauf aber waren es 3500 Kubikmeter. Da gab es bei Dresden die riesigen Überschwemmungen – am Pegel St. Pauli lag der Stand aber nur 50 Zentimeter höher als normal. Das zeigt, wie viel größer der Einfluss der Tide hier in Hamburg ist. Die Strömung von Ebbe und Flut überlagert daher auch komplett die Fließströmung der Oberelbe.

Wann ist die Strömung denn am stärksten?

In den ersten beiden Stunden der Flut. Wenn das Wasser vom Hochwasserberg in Cuxhaven nach Hamburg schießt.

Wie groß ist der Unterschied zwischen Hochwasser und Niedrigwasser?

In Hamburg mittlerweile 3,60 Meter, man nennt diese Differenz auch Tidenhub. Noch 1870 lag der Tidenhub in Hamburg bei nur 1,70 Metern.

### Woher kommt diese Veränderung?

Weil der Mensch sehr viel verändert hat. Neue Deiche sind gebaut worden, neue Sperrwerke und Ähnliches. Der Fluss wurde mehr zu einer Art Kanal, die vielen Überflutungsflächen von früher fehlen, und Nebenarme wie die Süderelbe wurden abgesperrt. Dadurch drängt sich mehr Wasser im Hauptstrom, der sich dann bei Flut höher aufsteilt. Im Übrigen hat sich vor allem das Niedrigwasser deutlich verändert und fällt heute viel tiefer. Das Gefälle zwischen Hochwasser in Cuxhaven und Niedrigwasser in Hamburg ist daher größer, die Strömung eben schneller.

### Sind bei Sturmfluten die Deiche denn noch sicher?

Ja, bei dem neuen Schutzprogramm wurden mögliche Folgen eines Klimawandels mit einberechnet. Dennoch: Eine absolute Sicherheit gibt es natürlich nie.

### Kann man den Strom nicht wieder besänftigen?

Daran wird gearbeitet: Wir wollen wieder Fluträume schaffen. In der Norderelbe bei Kreetsand fängt Hamburg daher mit Rückdeichungen an. Dieses Pilotprojekt könnte den Tidenhub vielleicht um drei Zentimeter senken. Aber die Elbe wieder in ihren früheren Zustand zu versetzen – das bleibt eine Jahrhundertaufgabe.

Axel Tiedemann

DAS NATURWUNDER ELBE ENTDECKEN

# STADT, LAND, FLUSS

Auch wenn die Strände und das kühle Wasser locken: Das Baden in der Hamburger Elbe ist ein Spaß mit einigen Tücken. Aus gutem Grund hat die Stadt daher keine offizielle Badestelle ausgewiesen. Begründung: Die Elbe erfüllt die bakteriellen Anforderungen der Europäischen Union an ein Badegewässer nicht. Die Behörde für Stadtentwicklung und Umwelt (BSU) untersucht dennoch während der Sommermonate regelmäßig die Bakterienbelastung in Anlehnung an die Vorgaben, die für ausgewiesene Badegewässer gelten. Wasserproben entnommen werden vor allem an inoffiziellen Badestellen bei Övelgönne, Wittenbergen, Finkenried und Moorwerder. Besonders belastet ist die Elbe hier nach starken Regenfällen. Hauptursache dafür sind Überläufe von Mischwasser (Regen- und Abwasser) aus dem Sielnetz. Gefährlich ist das Flussbaden aber auch aus einem anderen Grund: Das trübe Wasser macht bei einem Unfall die Rettung sehr schwer. Die größte Gefahr beim Schwimmen in der Elbe geht jedoch laut BSU von der starken Strömung und vom Schiffsverkehr aus. Beim Einsetzen der Flut beträgt die Strömungsgeschwindigkeit rund 4,5 Kilometer pro Stunde. Dies sind 1,2 Meter pro Sekunde! Ein geübter und guter Schwimmer schafft dagegen nur rund 3 Kilometer pro Stunde. Der Schwell vorbeifahrender Schiffe überspült zudem immer wieder die Elbstrände. Und der meist nicht sichtbare Sog großer Pötte zieht Badende zur Strömung in die Fahrrinne. Wen es bei sommerlicher Hitze trotzdem in die Elbe lockt, der sollte, wie erfahrene Schimmer raten, unbedingt darauf achten, Grund unter den Füßen zu haben, wenn ein Schiff kommt.

Im Wald

Zugänge zu den geschützten Naturflächen am Rand des Hafens gibt's nur wenige. Auf der Insel Neßsand ist beispielsweise ein Anlandepunkt rund um den Radarturm freigegeben, um dort hinzukommen, braucht man aber ein eigenes Boot. Und man darf den Strand nicht verlassen. Einen besseren Eindruck von der Auenlandschaft an der Elbe bekommt man im Naturschutzgebiet Heuckenlock bei Wilhelmsburg, an das sich zwei weitere geschützte Gebiete an der Süderelbe angliedern.

**Anfahrt**

Mit der S-Bahn (S3) bis nach Wilhelmsburg, dann weiter mit dem 351er Bus und an der Haltestelle Am Heuckenlock aussteigen. Mit dem Auto geht es über die A1 bis zur Ausfahrt Stillhorn, dann der Straße Stillhorner Hauptdeich folgen.

Im Watt

Von Harburg aus mit einer großen Yacht bis vor das Mühlenberger Loch segeln – und dann mit dem Schiff die Ebbe und das Trockenfallen erleben. Dieses Abenteuer bietet das Unternehmen Zucker-Yachting an. Die Segelyacht bleibt beim Trockenfallen im Watt aufrecht stehen, und man kann die Atmosphäre der sich verändernden Landschaft bei einem Picknick genießen.

**Information unter**

Mobil 0171/210 87 12

www.sunny-yachting.de

VON HIER AUS HABEN SIE DIE SCHÖNSTEN AUSSICHTEN

# BLICK DURCH DAS FERNROHR



## Highflyer an den Deichtorhallen

Mit einer Höhe von rund 150 Metern ist es der höchste Aussichtspunkt Hamburgs: Der Fesselballon Highflyer an den Hamburger Deichtorhallen bietet einen Rundumblick über die Hansestadt und damit auch auf den Hafen. Und mittlerweile gehört der Heißluftballon schon zur Skyline der Hansestadt. Die 15-minütige Tour kostet für Erwachsene 15 Euro, für Kinder und Jugendliche 8 beziehungsweise 10 Euro.

Deichtorstraße 1–2
20095 Hamburg
Informations- und Wetterhotline: 30 08 69 69
www.highflyer-hamburg.de

Fahrten täglich 10–22 Uhr, letzter Aufstieg 21.40 Uhr (bei entsprechenden Wetterbedingungen)

## Dockland

Ein Schiff, das keines ist. Das Dockland, eines von Hamburgs spektakulärsten Bürogebäuden, liegt direkt bei Neumühlen an der Elbe und ermöglicht einen weiten Blick über den Hamburger Hafen. Wie ein riesiges Schiff liegt das Gebäude an der Spitze der Van-der-Smissen-Straße „vor Anker“. Wer die 136 Treppen des rund 40 Meter hohen Bauwerks hinauf auf die Aussichtsplattform steigt, muss wahrscheinlich kurz durchatmen, wird aber mit einem perfekten Blick über den Hafen belohnt.

Van-der-Smissen-Straße 9
22767 Hamburg

## Köhlbrandbrücke

Derjenige, der das Auto fährt, sollte auf die Straße achten. Alle anderen Mitfahrer können bei der Überquerung der Köhlbrandbrücke einen atemberaubenden Blick über den Hamburger Hafen erhaschen. Containerterminals, die HafenCity, Elbe, Michel und Elbphilharmonie: Alles ist von dort zu sehen. Etwas komfortabler ist die Aussicht bei einer Bustour über die Köhlbrandbrücke zu genießen. Die HVV-Linie 151 fährt regelmäßig über die Brücke, und auch die Route verschiedener Stadtrundfahrten führt darüber hinweg.

**Mit dem HVV**
Bus 151 ab S-Bahn-Haltesstelle Wilhelmsburg (S3)

**Per Stadtrundfahrt**
z.B. Maritim-Tour Hamburg
ab St.-Pauli-Landungsbrücke 2
Hansa-Rundfahrten
www.hansa-rundfahrt.de
Preise Erwachsene 15 Euro, Kinder 7,50 Euro

## Mahnmal St. Nikolai

Näher können Sie dem Himmel nicht kommen. Zwar sind kaum mehr als der Glockenturm und die Seitenwände der ehemaligen Hauptkirche St. Nikolai erhalten, aber die Aussicht von der Plattform hat es in sich: Der Ausblick aus über 75 Metern eröffnet den Besuchern einen weiten Blick über die Hansestadt. Mit einem behindertengerechten gläsernen Panoramalift geht es in 43 Sekunden rauf in luftige Höhen.
Das Dokumentationszentrum des Mahnmals, das an den Zweiten Weltkrieg erinnert, und der Panoramalift sind täglich geöffnet, von Oktober bis April 10 bis 17 Uhr, Mai bis September von 10 bis 20 Uhr. Für Erwachsene kostet der Eintritt 3,70 Euro, für Kinder zwei Euro.

Willy-Brandt-Straße 60
20457 Hamburg
Tel. 37 11 25
www.mahnmal-st-nikolai.de

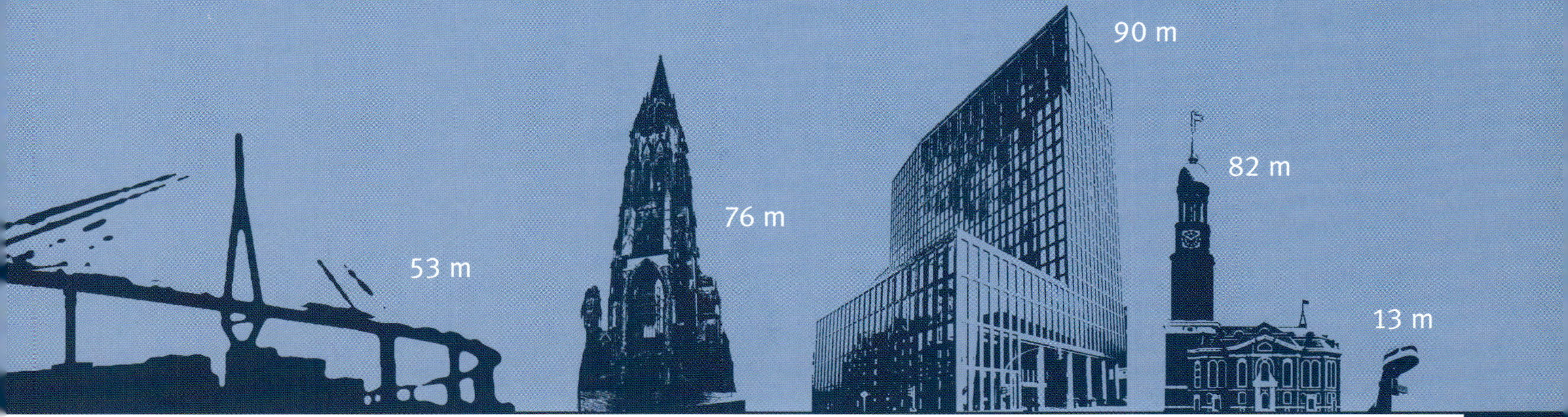




## 20up

Sie ist Hamburgs höchstgelegene Bar: Das 20up im 20. Stock des Empire Riverside Hotels bietet seinen Gästen einen sensationellen Blick über den Hafen. Mit seinen sieben Meter hohen Panoramascheiben scheint der Ausblick endlos – besonders bei Sonnenuntergängen ein absoluter Höhepunkt. Damit es am Eingang jedoch nicht „Stopp" heißt, sollten die Besucher auf sportlich-elegante Abendgarderobe achten.

Empire Riverside Hotel
Bernhard-Nocht-Straße 97
20359 Hamburg
Tel. 31 11 97 04 70
www.empire-riverside.de

Öffnungszeiten
Mo bis Do und Sa 18 – 2 Uhr,
Fr und Sa von 18 – 3 Uhr

## Altes Land

Hier wird nicht nur mit Äpfeln und Birnen gehandelt. Im Alten Land, südwestlich von Hamburg gelegen, ist der Blick auf die Elbe und die andere Elbseite von den kilometerlangen Deichen aus malerisch. Von Finkenwerder aus sehen Sie Othmarschen und Blankenese mit seinen Villen, von Neuenfelde und York können Sie Wedel bewundern. Und wenn mal wieder Kreuzfahrt- oder große Containerschiffe die Hansestadt besuchen, ist der Blick auf die großen „Pötte" von dort aus ideal.

## St.-Michaelis-Kirche

Als Wahrzeichen Hamburgs ist der Hamburger Michel, wie St. Michaelis liebevoll von den Hanseaten genannt wird, für nahezu jeden Touristen ein Begriff. Und neben seinem beeindruckenden Innenraum lohnt sich auch ein Besuch der Plattform des Kirchturms in etwa 82 Meter Höhe. Wer keine Lust hat die vielen Treppen zu laufen, nimmt einfach den Fahrstuhl – verpasst aber dann den Anblick der gigantischen Glocken im Inneren des Kirchturms.

Englische Planke 1
20459 Hamburg
Tel. 37 67 80
www.st-michaelis.de

Öffnungszeiten
Mai – Oktober:
täglich 9 – 19.30 Uhr,
November – April:
täglich 10 – 17.30 Uhr

Eintrittspreise
Erwachsene 3,50 Euro
Kinder (bis 12 Jahren) 2,50 Euro

## View-Point HafenCity

Er eröffnet völlig neue Perspektiven auf die wachsende Stadt: Der orangefarbene View-Point in der HafenCity, ein 13 Meter hoher Aussichtsturm am Kaiserkai gegenüber dem Unilever-Gebäude, ermöglicht Besuchern der Hafencity einen guten Überblick über das umliegende Gelände.

Großer Grasbrook
20457 Hamburg

## Willkomm-Höft

In Hamburg sagt man nicht nur Tschüss, man heißt auch die Schiffe willkommen. Jedes Mal wenn ein Schiff an dem Schulauer Fährhaus in Wedel vorbeifährt, ertönt die passende Nationalhymne des jeweiligen Heimathafens und eine Begrüßung. Ein Spektakel, das sowohl Touristen als auch Hamburger seit 1952 begeistert.

Schulauer Fährhaus
Parnaßstraße 29
22880 Wedel
Tel. 04103 / 920 00
www.schulauer-faehrhaus.de

ZWISCHEN KRÄHNEN UND CONTAINERN
LEBEN INTERESSANTE GESCHÖPFE

# GRÜNE TOMATEN

Sicherheit. Und das Privileg, konkurrenzlos zu sein. Das ist es, was sie hier suchen. Zwischen hohen Gastanks und bunten, wie Bauklötzen gestapelten Containern treiben die einen ihre zarten Blüten aus. Auf rostigen Rohren, im Schatten blinkender Kräne ziehen die anderen stoisch ihre Jungen groß. Biotop Hafen: Der Platz, an dem Hamburg wirklich niemals schläft, ist die Heimat einer außergewöhnlichen Tier- und Pflanzenvielfalt.

„Hier rüber. Ja, da sind sie!" Hans-Helmut Poppendieck erklimmt beinahe im Laufschritt einen kleinen Sandwall. Normalerweise machen sich die Versuchsobjekte von Botanikern nicht so schnell aus dem Staub. Doch an diesem Standort, fast noch im Schatten der Köhlbrandbrücke, weiß der Erste Vorsitzende des Botanischen Vereins zu Hamburg, dass sich das Gelände durch Baumaßnahmen fast stündlich ändert. Und damit auch die Vegetation. Hier sind es Tomaten – eine ganze Reihe. „Hier stand einmal Hertas Klause", erzählt Poppendieck. „Vielleicht haben die eine Stiege Tomaten wild entsorgt." Die Nachkommen gedeihen jedenfalls prächtig, sind nur noch ein bisschen grün. Genauso wie die große Pflanze mit den zartgelben Blüten, etwas weiter an der Mauer zum Klärwerk. „Eine Anden-Beere oder auch Physalis. Die orangefarbenen Kugeln in vielen Eisbechern", sagt Poppendieck. Gleich an mehreren Stellen im Hafen taucht der Exot auf. Gerade reifen die Früchte. Woher die Saat kommt? „Aus irgendeinem Verdauungstrakt", mutmaßt der Botaniker. Ungeschönte Wahrheit.

Ruderalflächen, so nennen Experten die besonderen Areale im Hafen, die meist nur kurzfristig brachliegen und mit jeder neuen Sandaufschüttung, jedem Planieren die Möglichkeit für eine neue Besiedlung durch Pflanzen und Tiere bieten. Was hier landet – Pflanzensamen, im Elbschlick mittransportiert, im herbeigebrachten Sand verborgen, aus Lieferungen an die Ölmühle beim Entladen herausgefallen –, muss sich nicht gegen Konkurrenz durchsetzen. Es sind Pioniere, genau wie die vielen Vogel- und Insektenarten, die man hier, und zum Teil nur hier, antrifft. „Vögel sind schlau. Sie wissen, welches Gebiet sicher ist", sagt Günther Helm, ehemaliger Leiter der Hamburger Vogelschutzwarte. „Eine zwei Meter hohe Flutschutzmauer wie um das Shell-Gelände sagt den Vögeln: Da kommt kein Fuchs rein. Prima Brutbedingungen." Und so hat sich dort die größte Sturmmöwenkolonie Hamburgs angesiedelt, die sich kurzerhand vom Watt- auf den Regenwurm als Nahrung umgestellt hat und, wie Helm und andere Ornithologen überrascht feststellen mussten, auch die Kirschplantagen im Alten Land von hier aus plündert. Anpassung ist alles.

So leben die letzten Rebhühner Hamburgs im Hafen, gedeihen Sonnenblumen und der bedrohte Schierlingswasserfenchel auf Spülfeldern, streifen Rehe und Dachse zwischen Hafenbecken umher, ziehen Wanderfalken, die erst vor drei Jahren wieder in Hamburg nachgewiesen werden konnten, Kreise über dem Gasometer. In Hamburgs ureigenem Herzen. Einem Paradies auf Zeit. Claudia Sewig

# WARUM AUS ALSTERWASSER SCHNELL ELBWASSER WERDEN KANN



Freche Früchtchen: Mitten zwischen den Containern reifen Physalis oder auch Tomaten.

Für den Hamburger gibt es bei gutem Wetter kaum was Schöneres, als am Elbstrand zu sitzen und die großen Containerschiffe beim Ein- und Auslaufen zu beobachten. Gut, wenn er dabei ein Auge auf seine Kinder – oder als Single nicht nur auf die Strandschönheiten, sondern zumindest auf seine Füße – hat. Sog und Schwell heißt eine nicht zu unterschätzende Gefahr, die von einem auf den anderen Augenblick den Strand unter Wasser setzen kann. Und dann mit Macht auf dem Rückweg alles in den Strom zieht, was der Welle so unterkommt.

Vorstellen müssen Sie sich das wie einen kleinen Tsunami. Das fahrende Schiff verdrängt Wasser, das sich hinter ihm zu einem Wasserberg aufstaut. Der Beobachter hat das Schiff längst aus den Augen verloren, wenn die Elbe am Strand erst zurückgeht – um anschließend als Welle ans Ufer zurückzulaufen. Solange nur das Elbwasser ins Alster schwappt oder der Picknickkorb davonschwimmt, ist nicht viel passiert. Aber Vorsicht, unser Strom fließt so schnell, dass auch ein geübter Schwimmer nicht dagegen ankommt.

Also, aufgepasst: Kinder nie unbeobachtet am Wasser spielen lassen, Uferbefestigungen nicht betreten und alles, was einem lieb und wertvoll ist, am besten gar nicht aus der Hand geben. Und immer darauf achten, dass mehr als nur eine Handbreit Land unter den Sohlen ist …

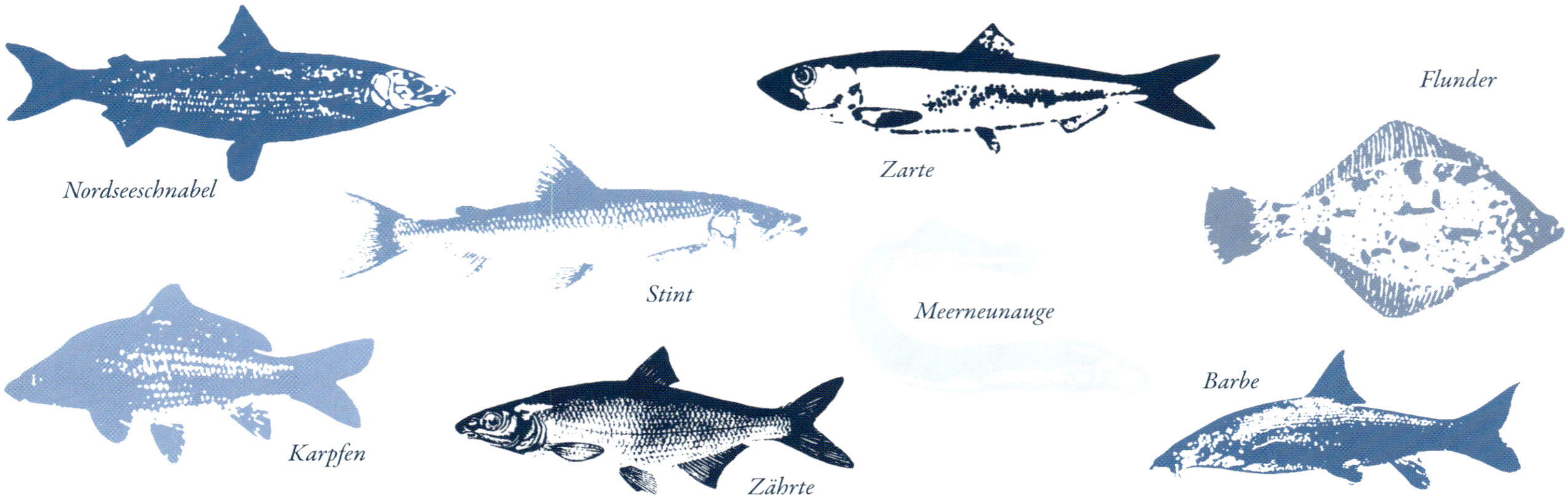




VOM STINT BIS ZUR BARBE: VIELE ARTEN SCHWIMMEN WIEDER IN DER HAMBURGER ELBE, SEIT DER FLUSS SEINE SCHMUTZIGE VERGANGENHEIT HINTER SICH HAT

# DIE FISCHE FÜHLEN SICH PUDELWOHL

Bis zur Wende 1989 galt die Elbe noch als einer der dreckigsten Flüsse Mitteleuropas. In Dresden gab es in jener Zeit den Witz, man könne bei Straßenbauarbeiten statt Asphalt auch gleich Elbwasser verwenden. Viel hat sich seitdem geändert, Klärwerke wurden in den neuen Bundesländern gebaut und gefährliche Industriebetriebe geschlossen. Das hat positive Folgen für das Elbwasser bei Hamburg: So ging die Belastung mit hochgiftigem Quecksilber drastisch zurück. Noch 1985 lag der Gehalt laut Wassergütestelle Elbe bei 28 000 Kilogramm im Jahr, im Jahr 2004 war dann der bis dahin historische Tiefstand von nur noch 1000 Kilogramm erreicht. Schätzungen zufolge sank die Schadstoffbelastung teilweise bis zu 90 Prozent. Die Elbe ist so wieder einer der fischartenreichsten Flüsse Europas geworden. Knapp hundert verschiedene Arten leben zwischen Cuxhaven und dem Riesengebirge. Die meisten davon bei Hamburg, denn hier bietet die Tideelbe einen idealen Lebensraum für Meeres- und Süßwasserfische. Zu den zurückgekehrten Fischen zählen der Nordseeschnäpel, die Finte, der Stint, die Flunder (Hamburgs schöner Elbbutt), die Zährte, Fluss- und Meerneunauge, aber auch Wels und Karpfen. Diese Fische waren vielfach in die sauberen Elbnebenflüsse abgewandert. Neu in der Hamburger Elbe ist auch die Barbe, ein Fisch, der klares Wasser sucht. Neben den Stören waren früher Lachs und Meerforelle die begehrtesten Elbfische – ihnen ist heute aber oft durch neue Strombauwerke der Weg versperrt. Und im Sommer kommt es immer wieder zu sogenannten Sauerstofflöchern und damit zu kleineren Fischsterben. Der Grund hierfür sind Algen, die vom Oberlauf kommen, im dunklen Hafenbecken absterben und dabei Sauerstoff verbrauchen. Trotz des Algenproblems: „Die Elbe hat wieder den historischen Fischbestand wie vor Hunderten von Jahren erreicht“, heißt es bei der Wassergütestelle Elbe. Nur der Altantische Stör fehle noch, insgesamt sei man aber von der guten Entwicklung überrascht. Der Strom atme heute besser durch; er werde sich weiter gut entwickeln, nur die ganz großen Sprünge, die könne es nicht mehr geben.

Axel Tiedemann

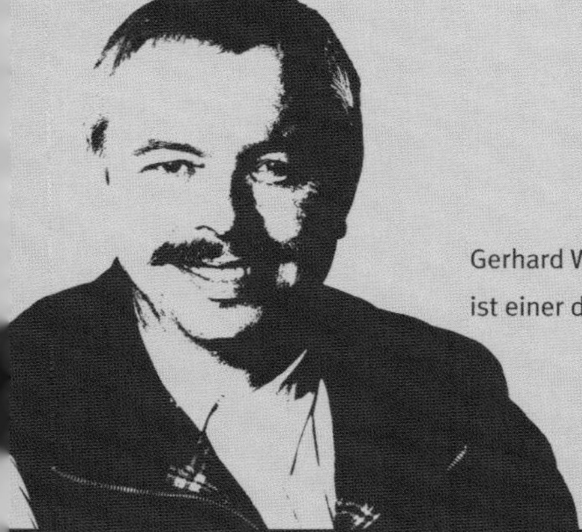

Gerhard Wallmeyer, 59,
ist einer der Mitbegründer von Greenpeace in Deutschland.

# GERHARD WALLMEYER



## MIT ALLEN (AB-)WASSERN GEWASCHEN

„Ich muss Rückwärts geben. Hier wird es zu flach", rief der Kapitän der Barkasse. Der Motor röhrte nach einer kurzen Pause auf. Die Schraube drehte rückwärts. Vom schlammigen Grund des Vehringkanals am Reiherstieg stiegen nun im eh schon tiefdunklen Wasser rabenschwarze Schwaden auf. Gleichzeitig verbreitete sich ein intensiver unangenehmer, süßlicher Geruch, der an Teer erinnert. Es war der Geruch von Phenol und fauligem Wasser. Diese Szene erlebte ich 1983. „Alles Altlasten aus dem Krieg!", entschuldigte der Skipper den Gestank. Doch wir alle wussten, das waren nur zum kleinsten Teil Altlasten. Es waren die ungefilterten Produktionsabwässer einer Altölraffinerie am Kanal. Im Hamburger Hafen der 1960er-, 1970er- und bis in die 1990er-Jahre war so ziemlich alles erlaubt, was Produktionsstätten sich so wünschten.

In den 80er-Jahren fuhr ich fast wöchentlich Journalisten im Greenpeace-Schlauchboot durch den Hafen. Am liebsten bei Ebbe. Dann sah man sehr schön all die Einleitungsrohre, aus denen sich die Abwässer mal violett, mal gelb, mal heiß dampfend in den Hafen ergossen. Die meisten Journalisten kamen aus dem Binnenland und hatten so etwas noch nie gesehen. Sie waren völlig geschockt. Die Hafenrundfahrten fuhren diese Kanäle nicht an. Die Einleitgenehmigungen waren geheim. Ein Umweltinformationsgesetz gab es noch nicht.

Überhaupt war die Gegend am Fischmarkt und entlang der Großen Elbstraße eher eine Kulisse der Tristesse, des Verfalls und der Fast-Ruinen. An den Fischhallen kreisten ab 20 Uhr die Autos, um die Bordsteinschwalben im Scheinwerferlicht zu taxieren. Über allem lag der leicht faulige und süßliche Geruch nach Phenol.

Welch anderes Bild bietet sich hier heute: Auf der Großen Elbstraße protzen bei schönem Wetter die Vorstadt-Playboys mit ihren Harleys oder Cabrio-Oldtimern. Die Investoren stehen Schlange, um ihre Millionen in immer neue Bürohäuser zu stecken. Die schicken Werbeagenturen sind von Eppendorf herübergekommen. Ahnen sie, dass sie das alles den Umweltschützern der 1970er- und 1980er-Jahre verdanken? Ohne diese Umweltbewegung wäre keine einzige Agentur an die stinkige Elbe gezogen.

Ich selber arbeite seit 1997 auch in einem dieser schönen Büros an der Großen Elbstraße. Am Freitagnachmittag ziehen all die weißen Yachten die Elbe runter ins Wochenende. Und auf der Straße flanieren in kleinen Grüppchen all die schönen Models dieser Stadt vorbei. Die Elbstraße avanciert dann zum Laufsteg für die aktuelle Büro- und Freizeitmode. Lässig und cool geht es hier heute zu. Ich sehe diese „Idylle" eher mit gemischten Gefühlen.

# KREUZFAHRTEN

DAS TRAUMSCHIFF

KREUZFAHRTSCHIFFE SIND SCHWIMMENDE FREIZEITPARKS. DIE KREATIV-FABRIK SEELIVE PRODUZIERT DAS KÜNSTLERISCHE UNTERHALTUNGSPROGRAMM AN BORD

# GANZ GROSSES THEATER

Ruht sich nicht auf seinen vier Buchstaben aus: Norbert Aust entwickelt Shows für die AIDA.

Norbert Aust hatte wohl mit Überraschungsgästen gerechnet. Die Gangway hoch vom Terminal in der HafenCity waren wir gekommen, in einen Fahrstuhl an Bord der „AIDAluna" gestiegen – und nun diese Begrüßung: Ein riesiger Saal mit gläserner Kuppel öffnet sich plötzlich oben im Schiff, eine Bühne mittendrin, auf einer LED-Wand flimmert ein Bilder-Musik-Potpourri. Bässe wummern, kleine Bars gruppieren sich am Rand des Saals.

Durch die hohen Fenster fällt der Blick hinunter auf Barkassen und sehr klein erscheinende Binnenschiffe. Mit dem Michel, so scheint es, ist man hier oben auf Augenhöhe.

Rund um die Bühne sind Polstersitzreihen im Halbrund angeordnet, drei Decks hoch: Gut 1100 Plätze sind es, nur etwas weniger als im Schauspielhaus, das als größtes deutsches Sprechtheater gilt. „Man kann sagen, die größten Theater der Stadt stehen gelegentlich hier auf dem Wasser – jedenfalls, wenn die ‚AIDAluna' festgemacht hat", sagt Aust und lächelt. Ein schwarzes Jackett trägt er zu dunklen Jeans und hellem Hemd, dazu einen grauen Bart unter wachen, braunen Augen. „Ich mag es, ungewöhnliche Leute zusammenzubringen", sagt er. Und ungewöhnlich ist auch sein Leben: Aust, der Juraprofessor, ist heute Geschäftsführer des „SeeLiveTivoli". Künstlerschmiede, Showproduzent, Musical, Theater – das ist das erst 2001 gegründete Unternehmen alles zusammen. Für sämtliche Kreuzfahrtschiffe der AIDA-Cruises-Reederei liefert es das Unterhaltungsprogramm: 232 Künstler sind bei SeeLive unter Vertrag, 160

zusätzliche Mitarbeiter im Backstage-Bereich und einige Dutzend noch einmal in der Verwaltung. Aus einer Idee ist ein großes Kreativunternehmen geworden. Gewachsen mit der Kreuzfahrtbranche, die in Hamburg seit einigen Jahren einen gewaltigen Boom erlebt.

Vor gut zehn Jahren noch kamen nur wenige Kreuzfahrtschiffe die Elbe hoch. Irgendwo mitten im Industriehafen machten sie oft fest. Dann kam die HafenCity und mit der HafenCity das Terminal. Jetzt können hier die Schiffe praktisch in der Innenstadt festmachen. Fast so, als würden sie vor dem Rathaus ankern. Nur wenige Großstädte können so etwas bieten. Und die Reedereien nehmen dieses Angebot dankend an: Immer mehr Schiffe haben Hamburg in ihr Programm aufgenommen. Hamburg ist wegen der optimalen Verkehrsverbindung zudem zu einem interessanten Passagierwechsel-Standort geworden. In Altona wurde daher schon bald ein zweites Terminal gebaut. In Zahlen liest sich dieser Boom so: Im Jahr 2000 kamen gerade einmal 29 Kreuzfahrtschiffe an die Elbe, zehn Jahre später liegt die Zahl bei 110 Schiffen. Im Mai und Juni vergeht kaum ein Tag, an dem nicht das tiefe Dröhnen ihrer Signalhörner über die Stadt weht.

Rund 200000 Kreuzfahrtpassagiere besuchen Hamburg jedes Jahr – und lassen hier gutes Geld. Sogar zum Weihnachtsmarktbummel kommen inzwischen britische Kreuzfahrer speziell nach Hamburg. Mit dem Kreuzfahrtboom entwickelte sich eine ganze Branche drum herum. 50 Hamburger Firmen sind in dem Branchenverband Hamburg Cruise Center zusammengeschlossen. Innenarchitekten arbeiten für Werften, das Unternehmen Dauerflora hat sich auf die spezielle Floristik für Schiffe spezialisiert, Reedereien wie TUI Cruises oder Hapag Lloyd-Kreuzfahrt haben hier ihren Sitz. Und eben auch das SeeLive Tivoli.

Stammsitz ist in der Seilerstraße, in der alten Schule von St. Pauli: ein mächtiger Backsteinbau in einer Parallelstraße der Reeperbahn. Wer durch die Flure geht, hört aus vielen Räumen Musik. Klavierspiel schallt durch eine Tür, hinter einer anderen dann wieder Musicalgesang. In einem Zimmer wird geübt, in einem anderen vorgesprochen. In der früheren Turnhalle proben Schauspielschüler gerade ein Showprogramm ein. In den Kellerräumen lagern Hunderte von Kostümen, Schuhen, Anzügen. In den oberen Etagen werden sie geschneidert. Zuschnitte in jeder Größe hängen an der Decke – Stoff für die bis zu 23 Shows, die bei einer zehntägigen Kreuzfahrt auf einem Schiff gezeigt werden. Choreografie, Komposition, Kostüme – das alles wird in der Seilerstraße selbst entwickelt, umgesetzt und zur Aufführungsreife gebracht.

Man könnte auch sagen: SeeLive ist eine Kreativfrabrik mitten in St. Pauli.

Zu diesem Projekt gekommen ist Norbert Aust über einige Umwege. Eigentlich ist er auf Wirtschaftsrecht spezialisiert und war einmal Präsident der Hochschule für Wirtschaft und Politik in Hamburg. Kulturmanagement war

Wie man sich bettet: Anprobe und Schneiderarbeiten für das Unterhaltungsprogramm „Somnambul“ (von lateinisch Schlafwandeln).



ein Thema, das er in dieser Zeit für die Uni-Ausbildung entdeckte. Über diese Schiene wurde er Vorstand der Kulturfabrik Kampnagel und lernte den umtriebigen Theatermacher Corny Littmann kennen. Beide gründeten schließlich das „Schmidts Tivoli“-Theater auf der Reeperbahn. Irgendwann kam AIDA Cruises auf beide mit der Idee zu, auch das Showprogramm auf den AIDA-Clubschiffen zu übernehmen. Als Joint Venture. „Mit Kreuzfahrt hatte ich da noch nichts am Hut“, sagt Aust. Kreuzfahrt – das war für ihn etwas für ältere, reiche Leute. So wie auf dem ZDF-„Traumschiff“. „Für Leute, die ihre Zeit schon gehabt haben.“ Nicht gerade das Tivoli-Publikum.

„Mit meinen Kindern habe ich dann testweise eine Kreuzfahrt gemacht“, sagt Aust. Er entdeckte ein entspanntes Reisen durch viele interessante Hafenstädte im Mittelmeer. „Das ist ein sehr angenehmer Urlaub, und das Hotel kommt praktisch mit“, sagt Aust. Zudem habe sich die Kreuzfahrt geändert – das Publikum und die Schiffe seien ganz anders als früher.

Tatsächlich registrieren Kreuzfahrt-Experten wie der Hamburger Helge Grammerstorf enorme Zuwachsraten der Branche in Deutschland, zum Teil im zweistelligen Prozentbereich. Rund eine Million Deutsche buchen heute solche Touren, 2018 könnten es zwei Millionen sein, schätzt Grammerstorf. Ein neues Publikum entdecke diese Art des Urlaubes gerade, sagt er. Auch frühere Pauschaltouristen und Cluburlauber würden sich dafür interessieren.

Das hat Folgen: Immer mehr Schiffe bieten immer mehr Zerstreuung: Auf der „Celebrity Solistice“ gibt es echten Rasen zum Picknicken auf dem Oberdeck, die „Norwegian Epic“ hat eine Bar aus Eisblöcken gebaut, andere Schiffe haben ihre eigene Brauerei an Bord. Künstliche Surfwellen, Rollschuhbahnen, riesige Wasserrutschen – längst sind Schiffe zu Freizeitparks auf See geworden. Gigaliner wie „Oasis of the Seas“ warten sogar mit einem eigenen Park auf dem Schiff auf. Sieben Meter hohe Bäume stehen dort.

Die Kreuzfahrtschiffe, sagt Experte Grammerstorf, würden immer mehr „selbst zur Destination“. Schon jetzt, schätzt die Reederei MSC, gehen 50 Prozent der Gäste gar nicht mehr von Bord während einer Reise. Und müssen unterhalten werden.

Allerdings: Solche Riesenpötte wie die „Oasis of the Seas“ mit 5000 und mehr Passagieren können auch nicht mehr jeden Hafen anlaufen. Entertainment-Experte Norbert Aust glaubt daher, dass Schiffe mit Gästezahlen bis knapp 3000 und einem feinen und guten Showprogramm wie auf der „AIDAluna“ die eigentliche Zukunft in diesem Geschäft haben. Mögen andere Schiffe ihr eigenes Ziel bleiben, mögen sie alle erdenklichen Zerstreuungsangebote bieten – der Reiz einer Kreuzfahrt sind doch die Häfen. Und vor allem diejenigen, die wie in Hamburg mitten in der Stadt liegen: Dagegen dürften dann auch keine künstlichen Surfwellen oder eine Eisbar eine Chance haben.

Axel Tiedemann

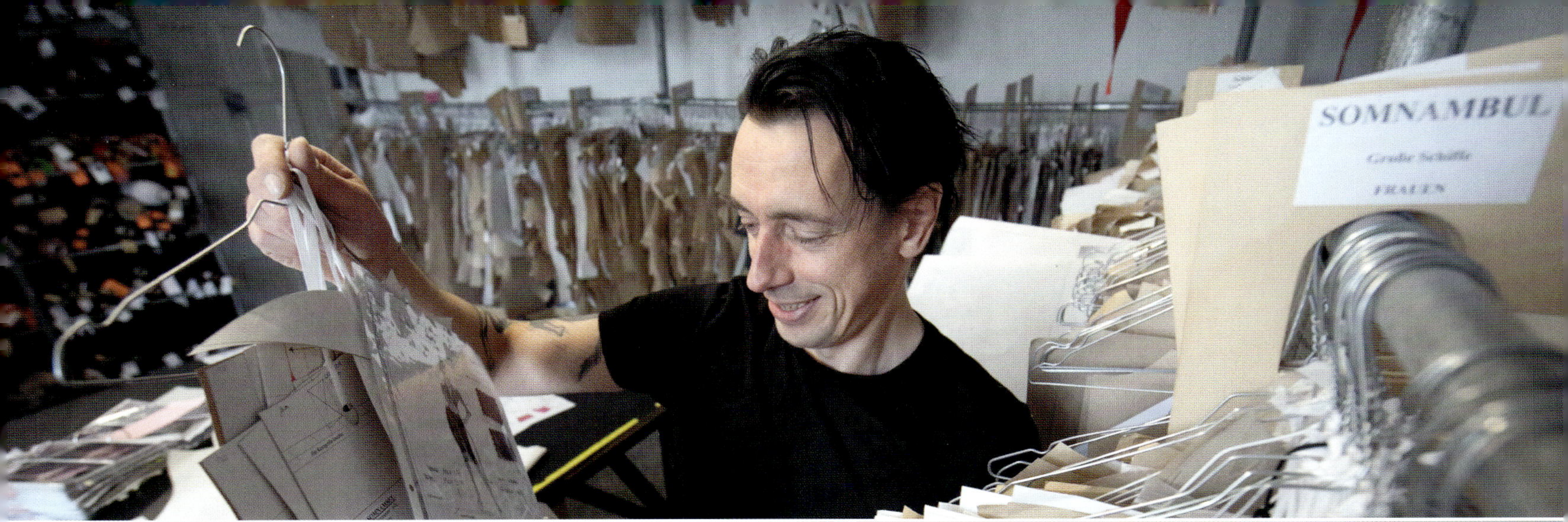
SOMNAMBUL
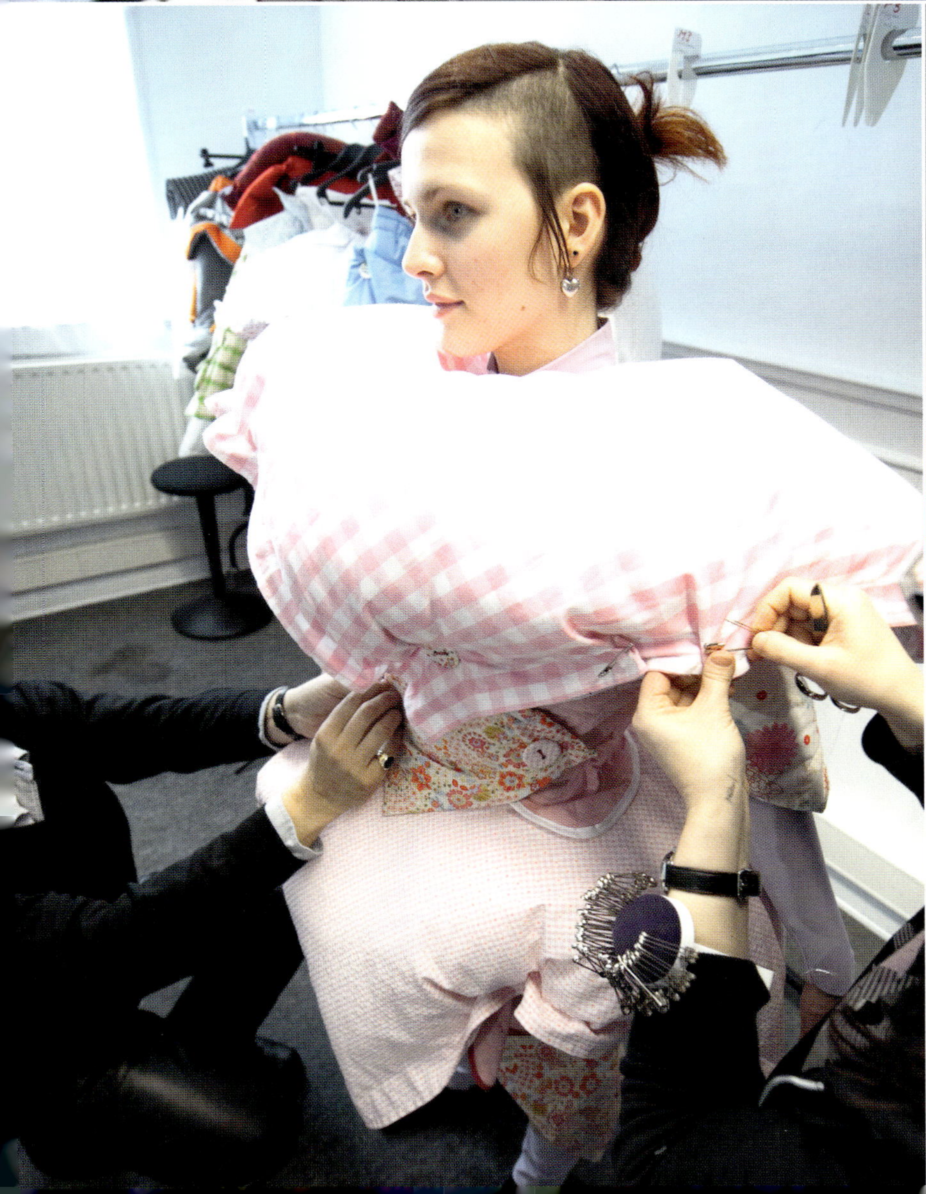

JUKI

HIER PRÄSENTIEREN DIE REEDEREIEN AM LIEBSTEN IHREN NACHWUCHS

# HAMBURGS GRÖSSTES TAUFBECKEN

Buntes Feuerwerk glitzert am Himmel, an den Ufern sind Bühnen und Buden aufgebaut. Und auf Riesenleinwänden können Tausende von Menschen die Zeremonie verfolgen: Eine Schiffstaufe an der Elbe wird zelebriert wie ein Volksfest. Das zeigte sich, als am 9. Februar 2010 die Designerin Jette Joop das vor dem Fischmarkt liegende Kreuzfahrtschiff „AIDAblu“ taufte. Nach Schätzung der Reederei sahen rund 100 000 Menschen vom Elbufer aus zu. „Das Wetter war zwar eisig, aber es war schön, mit allen Hamburgerinnen und Hamburgern gemeinsam den Taufakt zu feiern“, sagte Hansjörg Kunze, Director Corporate Marketing & Communications von AIDA Cruises. „Die eisige Kälte passte ja auch irgendwie zu unserem Taufmotto ‚When Fire Meets Ice‘.“ Im Jahr 2007 hatte die „AIDAdiva“ ebenfalls vor dem Fischmarkt ihren Namen erhalten. Damals war die Taufpatin keine Prominente, sondern über einen Leserwettbewerb des Hamburger Abendblattes ausgewählt worden.

Woran es liegt, dass Hamburg vor allen anderen deutschen Kreuzfahrthäfen immer wieder zuverlässig so viele begeisterte Zuschauer aufbietet, kann keiner wirklich erklären. Falk-Hartwig Rost, der Geschäftsführer Deutschland von MSC Cruises, meint aber, dass die Bewohner der Stadt einfach ein besonderes Interesse an allem haben, was mit Schifffahrt zu tun hat. So taufte die Reederei ihr neuestes Schiff, die „MSC Magnifica“, Anfang März publikumsfreundlich vor den Landungsbrücken. Taufpatin war Sophia Loren. Und wieder war eine große Zahl von Zuschauern gekommen. Piefrancesco Vago, Vorstand von MSC, zeigte sich italienisch begeistert: „Hamburg ist das Venedig Deutschlands. Es war ein perfektes Szenario für die Taufe unseres neuen Schiffes.“

Auch die Hamburger Reederei TUI Kreuzfahrten taufte 2009 „Mein Schiff“ vor dem Hamburger Fischmarkt. Sprecherin Anette Engelke: „Wir haben uns damals sehr bewusst für den Hamburger Hafen als Taufbecken entschieden, weil die Hamburger so begeisterungsfähig sind. Gerade wenn man als neue Reederei sein erstes Schiff tauft, ist es wichtig, wo man es macht. Auch für den Reedereistandort in einer Schifffahrtstadt haben wir uns seinerzeit ganz bewusst entschieden.“

Sicher ist also, wer sein Schiff in Hamburg tauft, kann eine ganze Stadt als Paten nennen.

Eigel Wiese

Hermann Ebel, 61, ist Gründer und Inhaber der Hansa Treuhand Unternehmensgruppe und leidenschaftlicher Segler.

HERMANN EBEL

# ICH KANN MICH NIEMALS SATTSEHEN

Sie ist eine meiner liebsten Strecken zu Wasser: die Reise elbaufwärts von Cuxhaven in den Hamburger Hafen. Ich erinnere mich an eine Fahrt mit der Englandfähre, die von der südenglischen Ostküste nach Hamburg führte. Bei Cuxhaven ist noch die Weite und Wildheit der grauen Nordsee spürbar. Die Brise zaust in den Haaren, das Klima ist rau. Schon bald verändert sich das Bild: Auf der Höhe von Glückstadt ähnelt die Elbe einem Kanal, zahlreiche Windräder drehen sich auf beiden Seiten. Weiter geht es, Sie genießen den Blick über die Deiche, und plötzlich taucht zur Linken das malerische Blankenese auf. Fast zauberhaft und sehr mediterran wirkt das alte Fischerdörfchen, die weißen kleinen Häuschen sind hingetupft, das Bild ist gekrönt vom Süllberg, von dessen Terrassen man einen der schönsten Blicke über die Elbe hat. Wenn unser wunderschöner Windjammer „Sea Cloud II“ im Sommer in nördlichen Gewässern unterwegs ist, legt es auch in Hamburg an. Unsere Gäste sehen dann diese Bilder. Sie erleben die Elbchaussee vom Wasser, die sogenannte Perlenkette, wo sich ein prächtiges Herrenhaus an das andere reiht. Ich glaube, an diesem Anblick kann man sich niemals sattsehen. Bald erscheint der Elbstrand, ganz Hamburg tummelt sich dort im Sommer, und die Mutigsten wagen sogar ein Bad in der Elbe. Direkt daneben befindet sich unser ehemaliger Unternehmenssitz, das Hanse-Gate in Neumühlen. Um alle Mitarbeiter unter einem Dach zu vereinen, sind wir im vergangenen Jahr in das größere Prem Contor an der Außenalster umgezogen. Der Standortwechsel geschah mit einem lachenden und einem weinenden Auge, denn der Blick auf die vorbeiziehenden Containerschiffe auf der Elbe war einfach unvergleichbar schön, und auch unsere eigenen Schiffe konnten wir in Neumühlen immer im Auge behalten. Doch wir müssen auch an der Außenalster nicht ganz auf den Blick verzichten: Eine Webcam schickt uns die Bilder von der Elbe in unser Foyer an der Alster.

MIT 007 HAT DER JOB DES KREUZFAHRT-AGENTEN NICHTS ZU TUN. FLORIAN BETHGE BETREUT KREUZFAHRTSCHIFFE VOM EINLAUFEN BIS ZUM AUSLAUFEN

# »DIE ANSPRECHPARTNER FÜR ALLES«



**Sie sind Manager Cruise Operations beim Unternehmen Sartori und Berger. Was machen Sie da?**

Für die Reedereien, die mit ihren Kreuzfahrtschiffen den Hamburger Hafen anlaufen, sind wir die Ansprechpartner für alles, was zwischen Schiff und Land, zwischen Schiffsleitung und Behörden, Zulieferern und den Veranstaltern von Ausflügen organisiert werden muss. Unsere Arbeit beginnt schon bei der Ausarbeitung der ersten Fahrpläne für einzelne Schiffe. Denn bei uns laufen die Anfragen der Reedereien für eine Liegeplatzreservierung auf.

**Was genau ist zu tun, wenn so eine Anfrage kommt?**

Zu allererst prüfe ich mit meinem Team, ob die Liegeplätze zu den gewünschten Zeiten überhaupt zur Verfügung stehen. Ist der gewünschte Termin frei, dann reservieren wir ihn und bestätigen das der Reederei. Auch die voraussichtlichen Kosten des Hamburg-Aufenthaltes berechnen wir.

**Welche Arbeiten fallen an, wenn das Schiff dann einläuft?**

Die Schiffsleitung teilt uns mit, was während des Aufenthaltes in Hamburg erledigt werden muss. Wenn Mitglieder der Schiffscrew wechseln, beschaffen wir die notwendigen Visa. Wir bestellen Firmen, die für den Passagierfluss im Terminal zuständig sind. Wir stellen Kräne, Stauer, Stapler, Sicherheitsleute beim Terminal, machen die Sicherheitsanmeldungen für Besucher. Wir melden das Schiff bei den Behörden an und sorgen für die notwendigen Formulare.

**Kommen Sie bei Ihrer Arbeit auch an Bord der Schiffe?**

Ja, das ist der interessanteste Teil der Arbeit. Wir gehen schon zur Einklarierung an Bord und bleiben dort fast durchgängig bis zur Ausklarierung.

**Welcher Beruf qualifiziert für Ihre Aufgaben?**

Ich bin gelernter Schifffahrtskaufmann. Da habe ich schon vieles mitbekommen, was die Abfertigung von Schiffen betrifft. Die eigentliche Ausbildung läuft zwar im Frachtschifffahrtsbereich, aber vieles lässt sich auf die Abfertigung von Kreuzfahrtschiffen übertragen. Das ganz spezielle Know-how dafür habe ich mir dann im Job angeeignet.

**Können Sie sich selbst für Kreuzfahrten begeistern?**

Ja, ich habe schon drei Kreuzfahrten mitgemacht. Zwei davon waren auf der klassischen Route über den Atlantik bis nach New York. Das hat mich sehr beeindruckt. Zumal ich hier in Norddeutschland aufgewachsen bin und Schiffe auf mich schon immer eine große Anziehungskraft ausübten. Das hat sich durch den Beruf noch verstärkt. Seit zehn Jahren bin ich jetzt dabei. Während dieser Zeit habe ich den rasanten Anstieg der Kreuzfahrtanläufe in Hamburg miterlebt. Wenn man mit Herzblut dabei ist, dann freut einen diese positive Entwicklung natürlich.

Eigel Wiese

RAUS MIT DEN KOFFERN, REIN MIT WEIN, WASSER, DELIKATESSEN UND NEUEN GÄSTEN:
DER KOMPLETTWECHSEL AUF EINEM KREUZFAHRER IST EINE LOGISTISCHE MEISTERLEISTUNG

# EIN GUTER TAUSCH



Ein riesiges, weißes Gebäude scheint auf der Elbe heranzuschweben, dann – ganz langsam – sind im Morgennebel die Konturen der „AIDAaura" zu erkennen. Es ist kurz nach sechs Uhr auf dem Hamburger Kreuzfahrtterminal in der HafenCity. Über hundertmal im Jahr legt hier mittlerweile ein Kreuzfahrer an, oft zum Passagierwechsel, Bunkern von Treibstoff und Verpflegung, Erledigen von Reparaturen. Die „AIDAaura" rüstet sich hier oft für ihre 14-Tage-Reisen in den Norden nach Schottland und Island. Etwa ein halber Tag bleibt, um das Schiff in Hamburg für diese Tour vorzubereiten.

6.20 Uhr

Männer in orangefarbener Arbeitskluft, die Festmacher, positionieren sich an der Kaikante. Sie werden die Leinen von Bord übernehmen und an den Pollern befestigen. Punktgenau steuert das Schiff ohne Schlepperhilfe auf seine Position zu, ein kleiner Kegel zeigt die Stelle, bei der es in Höhe der Brücke exakt zum Stehen kommen soll. „Das muss klappen, wir können die große Gangway nicht einfach mal verschieben", sagt Joachim Köhn. Er ist hier Terminalchef oder auch Port-Captain. Jedenfalls an den Tagen, wenn ein Kreuzfahrtschiff kommt. Sonst ist der gelernte Nautiker Prokurist beim Umschlagsbetrieb Unikai. Unikai hat in Hamburg auch die Abfertigung von Kreuzfahrtschiffen übernommen, die etwa 40 Mitarbeiter im Cruise Center verladen sonst eben Pkw oder löschen Bananen am Fruchtterminal.

Ein packender Job:
Clubdirektor Klaus Grosse hat alle Koffer im Blick.

7 Uhr

Das Schiff liegt an den riesigen Gummifendern. Ein Telekran hängt nun die große und überdachte Gangway ein, die zum Abfertigungsgebäude führt. Noch müssen die knapp 1300 Passagiere an Bord bleiben. „Das Schiff ist noch nicht freigegeben", erklärt Köhn. Wasserschutz- und Zollbeamte gehen zuerst aufs Schiff, um die Crewlisten zu prüfen.

7.15 Uhr

Über Funk bekommt Harald Burmeister, Sicherheitschef beim Terminal, die Mitteilung, dass die „AIDAaura" jetzt freigegeben ist. Es ist zugleich Startsignal für die Gabelstaplerfahrer. Im Schiffsrumpf öffnen sich zwei große Luken, mit einem Kran werden von Land Container davor gehoben. Die Kofferverladung beginnt. Fast 2000 Gepäckstücke holt die zwölfköpfige Unikai-Koffercrew jetzt im Eiltempo vom Schiff und ordnet sie in langen Reihen nach farbigen Kofferaufklebern in der Halle – jeder Passagier findet später so sein Gepäck wieder.

8 Uhr

Eine eigens engagierte Sicherheitsfirma beginnt mit dem Einchecken der Handwerker, die an Bord wollen. Wie an einem Flughafen ist die Sicherheitskontrolle eng, Taschen werden durchleuchtet, die Arbeiter müssen durch einen Metalldetektor – wegen der verschärften Vorschriften zur Terrorabwehr.

9 Uhr

Der erste große Ansturm beginnt. Die Passagiere können jetzt von Bord und schauen im Terminalgebäude nach ihren Koffern. Menze und seine Leute helfen dabei, schieben die kleinen Gepäckwagen zu den Bussen und Taxis. Für manche Passagiere steht auch das eigene Auto bereit. Man kann mit dem eigenen Pkw nach Hamburg fahren, sein Auto im Terminal-Parkhaus parken und es sich zur Ankunft wieder bringen lassen. Ein Service, der rund 160 Euro kostet.

9.30 Uhr

Während im Terminalgebäude weitere Passagiere ihr Gepäck suchen, startet die Versorgung des Schiffs. Unikai-Leute schließen einen Trinkwasserschlauch an, 50 bis 60 Tonnen Frischwasser in der Stunde strömen nun in die Tanks. Acht große Lkw fahren am Kai vor, sie haben im Finkenwerder Zentrallager des Schiffsausrüsters tonnenweise Lebensmittel geladen. Aus großen, rechteckigen Plastikfässern wird der Hauswein direkt in Weintanks an Bord gepumpt. 30 Tonnen Obst und Gemüse werden auf Paletten verladen, 5600 Liter Bier, Gefrierfleisch aus Südamerika, Muscheln aus Neuseeland, Viktoriabarsch aus Uganda. „Nach einer Reise ist bis auf ein paar Zitronen alles weg", sagt der AIDA-Proviantmeister.

10.30 Uhr

Die letzten Passagiere holen ihre Koffer, und die Unikai-Leute starten mit dem Umbau fürs Einschiffen. Die Reederei-Counter werden aufgebaut, noch mehr Kontrollschalter aufgestellt, Absperrbänder gespannt. Um 14 Uhr ist das Terminalgebäude für den nächsten großen Ansturm vorbereitet – diesmal in umgekehrter Richtung, rauf aufs Schiff.

15 Uhr

Der Koffercrew blieb kaum eine Pause. Gegen 16 Uhr ist die Halle wieder voller Menschen und erinnert an einen Flughafenterminal. Um 19 Uhr haben sich die Festmacher wieder in Position gebracht.

20 Uhr

Die „AIDAaura" läuft wieder aus. Eine anstrengende 14-Stunden-Schicht liegt hinter den Unikai-Leuten, rund 50 000 Euro kostet eine Reederei im Durchschnitt eine solche Komplettabfertigung. Doch noch ist nicht Feierabend im Terminalgebäude. Wieder ist ein Umbau angesagt. Denn am nächsten Morgen kommt die „MS Europa".

Axel Tiedemann

DIE DIREKTORIN DER ENGLISCHEN REEDEREI „CUNARD LINE“ ANJA TABARELLI ERKLÄRT DIE FASZINATION VON SEEREISEN MIT DER ZEIT- UND SCHWERELOSIGKEIT

# WIR LEBEN IN DER BOOMZEIT DES DEUTSCHEN KREUZFAHRT-MARKTES



Sie sah das Meer schon als Baby – und wich seitdem nicht von seiner Seite. Die gebürtige Flensburgerin Anja Tabarelli arbeitet für die englische Traditionsreederei Cunard Line als Direktorin für Vertrieb und Marketing im deutschsprachigen Raum. Das Hamburger Cunard-Büro ist eine von nur drei Niederlassungen weltweit „und damit“, findet Anja Tabarelli, „ein Beweis für die Wichtigkeit des deutschsprachigen Kreuzfahrtmarktes“. War Cunard in der Vergangenheit einer der Haupttransporteure von Auswanderern in die Neue Welt, so konzentriert sich die Gesellschaft heute hauptsächlich auf das Kreuzfahrtgeschäft mit ihren zwei Schiffen, der „Queen Mary 2“ und der „Queen Victoria“. Im Oktober 2010 soll ein drittes Schiff, die „Queen Elizabeth“, in Dienst gestellt werden.

Kreuzfahrt – das ist doch bis heute ein Synonym für ödmonotone und arg teure Schifftrips, bei denen versnobte Smoking-Senioren ihre Pension beim Cocktail-Schlürfen auf dem Sonnendeck verjuxen. Oder?

Dieses Klischee hält sich leider bis dato hartnäckig. Aber mehr als ein Klischee ist dieses Bild eben auch nicht.

Dennoch ist eine Kreuzfahrt wohl kein Abenteuerurlaub zum Spottpreis?

Nein, natürlich sind Kreuzfahrten nicht zu vergleichen mit einer Rucksacktour durch Ruanda oder einer Last-Minute-Jugendreise nach Mallorca. Aber dennoch kann man auf einem Oceanliner einiges erleben: Kino, Kasino und Konzerte sowie Planetariumsvorführungen, Sport und Wellness genauso wie Ruhe und Regeneration im Liegestuhl am Swimmingpool. Und heutzutage muss man dafür auch kein Vermögen mehr bezahlen.

Gibt es ein spezielles Kreuzfahrt-Gefühl?

Ja. Das Besondere ist dieses Der-Weg-ist-das-Ziel-Empfinden, dieses Ohne-Uhr-Sein. Diese Zeit- und Schwerelosigkeit, die sich automatisch bei jedem einstellt, der vor sich nichts als Wind und Wellen sieht, nichts als Himmel und Horizont ... Ich empfinde dieses Gefühl besonders bei den Transatlantik-Passagen der „Queen Mary 2“.

Mal unter uns: In Sachen Kreuzfahrten sind Sie doch nicht nur beruflich, sondern auch privat ziemlich befangen: Sie können das Geschipper ja nur toll finden – schließlich haben Sie bei einem ebensolchen einst Ihren Ehemann kennengelernt.

Ja, das stimmt. 1999 war’s, auf einer Mittelmeerroute unserer Schwester-Reederei AIDA Cruises. Aber von dieser persönlichen Anekdote einmal abgesehen: Ich finde Kreuzfahrten wirklich toll! Aber natürlich kann ich auch anders entspannen. Ich liebe es, mich am Wochenende mit einer Wolldecke an die Alster unweit meines Zuhauses in Uhlenhorst zu kuscheln.

Bleibt Ihnen für solche Unternehmungen denn viel Zeit? Sie sind als Arbeitstier bekannt ...

Ein Arbeitstier bin ich tatsächlich – allerdings kein Workaholic. Das bedeutet, dass mir meine Arbeit zwar sehr wichtig ist, ich sie gern erledige und mir deshalb auch viel Zeit für sie nehme, meist knapp zwölf Stunden am Tag. Es bedeutet aber auch, dass mir klar ist: Ich arbeite, um zu leben – und nicht andersherum.

Sie haben es etwa in den Jahren 2004 bis 2009 geschafft, die Passagierzahlen der Hamburger Abfahrten zu verdreifachen. Was ist Ihr Erfolgsgeheimnis?

Ein Geheimnis gibt es nicht. Jedoch habe ich das Glück, mit einem hoch motivierten Team zusammenarbeiten zu dürfen. Außerdem gibt es den freudigen Umstand, dass wir aktuell in der Boomzeit des deutschen Kreuzfahrtmarktes leben. Diese Zeit für uns voll auszunutzen, das ist meine Aufgabe.

Mit welchen Mitteln tun Sie das?

Einerseits mit guter Werbung, die vor allem auch in so volksfestähnlichen Veranstaltungen wie den massenbestürmten Empfängen der „Queen Mary 2" liegt und die die Menschen für die Kreuzfahrt begeistert. Andererseits mit pfiffigen Angeboten, die es dank eines fairen Preis-Leistungs-Verhältnisses beispielsweise auch einem Studenten, der mal ein bisschen angespart hat, ermöglichen, in den Genuss des vermeintlich allzu luxuriösen Kreuzfahrturlaubs zu kommen.

Was möchten Sie unbedingt noch verwirklichen?

Die Fahrt von zwei oder gar drei Queen-Schiffen vorbei an den Landungsbrücken. Stellen Sie sich dieses Bild einmal vor, am besten noch mit der Elbphilharmonie im Hintergrund! Ich glaube nicht, dass Hamburg jemals schöner zu illustrieren wäre ...

Christopher Beschnitt

# UNTERNEHMEN

SCHÄTZE DER ELBE

DER HAFEN SORGT AUCH MODISCH FÜR GUTE GESCHÄFTE.
PRODUKTE MIT HAFENFLAIR FEIERN BUNDESWEIT ERFOLGE

# DU BIST MIR 'NE MARKE!



Ein goldener Anker am Revers, ein Buddelschiff auf der Fensterbank – typisch Hamburg. Klar. Aber auch ziemlich angestaubt. Die Liebe zur Stadt Hamburg und allem, was zu ihr gehört – zuallererst natürlich der Hafen –, lässt sich auch subtiler und vor allem moderner ausdrücken. Zum Beispiel durch ein ölverschmiertes T-Shirt mit „Maschinist"-Aufdruck. „Es ist unser Exportschlager", sagt Frank Bürmann, gebürtiger Hildesheimer, leidenschaftlicher Hamburger und Betreiber des „klitzekleinen Kaufhauses" an der Ditmar-Koel-Straße direkt gegenüber von den Landungsbrücken. „Mittlerweile haben wir Kunden in der ganzen Welt." Ein bekannter russischer Ölunternehmer gehört dazu, ebenso viele Schweizer und Österreicher. „Sie fasziniert das Einzigartige unserer Designs, das Unverwechselbare. Unsere Produkte kann man eben nicht an jeder Ecke kaufen, sondern nur bei uns", sagt Jutta von Perfall, die zusammen mit Bürmann „The Art of Hamburg" herstellt.

Oder, etwas poetischer, mit den Worten des Künstlers Frank Bürmann: „Hamburg liebt Hamburg und wir am allerdollsten. Und so haben wir unser erstes Kind ‚The Art of Hamburg' genannt. Sodass auch jeder weiß, von welch wunderbarem Ort es wegkommt, wenn es sein schönes Antlitz aus den Toren der Stadt in die weite Welt hinausträgt."

Die Designerin und der Künstler, der ursprünglich Schiffsoffizier werden wollte, lernten sich 2005 übers Internet kennen – und hatten den gleichen Traum vom eigenen Laden. Der Traum ist wahr geworden: Im weißgetünchten Ladenatelier im Portugiesenviertel mit Balkonblick gen Hafen entstehen die Ideen und Entwürfe für ihre Unikate. „Das erste Motiv, das von uns auf Textil gedruckt wurde, war das Hamburg-Wappen auf einem gefalteten Papierschiffchen", erzählt Bürmann. Nach und nach kamen Reisetaschen aus Segeltuch dazu, die den Tiefgang eines Schiffs anzeigen (für 398 Euro), Kissen und Geschirr mit aufgemalten Sägefischen, Shirts und Schals mit Ankermotiv, alle in Holzdruck hergestellt.

Ebenso wie viele seiner Kunden denkt auch das Kreativduo in großen Dimensionen: Kürzlich wurde von ihnen ihre Lieblingsfischbrötchenkneipe „Brücke 10" am Hafen eingerichtet und die Barkasse „Sanna" bemalt. Zu den Cruise Days sollte Bürmann eine maritime Installation in die glatte Shopping-Welt der Europa-Passage bauen. Doch bei allem Erfolg ist dem „Seemann" eines am wichtigsten: seine Unabhängigkeit.

Noch etwas cooler geht's bei Sandy Baumgarten und Thomas Köhlert zu: Die beiden ehemaligen Mitarbeiter der Modemarke Diesel entwerfen unter dem Label „Derbe" lässige Klamotten für „sportliche Typen, Anfang oder Mitte dreißig, trinkfest und fußballaffin" – und zu 80 Prozent männlich. Folgerichtig heißen die Klamotten auf ihrer Website denn auch „Hafenschifferbüx", „Anker Beanie" und „Ahoi Troyer". Für derbe Deerns gibt es den traditionellen Friesennerz, natürlich mit dem Derbe-Schriftzug plus Hamburg-Wappen.

Heavy Metallobjekte:
Der Künstler Knud Plambeck.



150 Läden bundesweit, darunter „Potomek" in der Hamburger Marktstraße, „Baretta" auf der Schanze und „Blofeld" in der City, verkaufen die „Mode, die uns selbst Spaß macht". Zum Beispiel Pullis mit dem Aufdruck „MS Derbe", Jacken, in die die Koordinaten des Hafens eingenäht sind – „damit der Hamburger immer nach Hause findet" –, oder T-Shirts mit Sonnenbrillenaufdruck, in den Gläsern spiegelt sich der Hafen (29 Euro).

Heimat-Hafen-Hamburg – deutlicher kann man seine Zugehörigkeit nicht ausdrücken. „Entstanden ist die Idee dazu während eines Spaziergangs an der Elbe", sagt Susanne Häußler, passionierte Seglerin, Ruderin und Gründerin des gleichnamigen Labels. Vor fünf Jahren kündigte sie ihren Job als Lehrerin, um ihrer Leidenschaft, dem Nähen und Entwerfen, nachzugehen. Zunächst verkaufte sie ihre Produkte auf Hamburger Märkten. Dabei entdeckte Susanne Häußler bei einem Antiquitätenhändler im Hafen einen Leinenstoff, in den „Freie und Hansestadt Hamburg" eingewebt war. „Daraus habe ich dann Jacken genäht. Bereits nach kürzester Zeit waren alle ausverkauft. Da wusste ich: Hamburg als Aufdruck ist der Hit."

Mittlerweile umfasst das Sortiment in ihrem Laden am Hofweg in Hamburger-Uhlenhorst Seesäcke, Kinderkleidung, Geschirr, Schuhe und Pullover. Jedes Teil kann nach Wunsch mit dem Logo bestickt werden. Bestseller sind Matrosenanzüge und Ringelshirts für Kids sowie die Quietscheente „Matrose" mit Käppi (für 4,95 Euro). Ihre erfolgreiche

Idee ist mittlerweile auf 20 weitere Städte übergeschwappt. So entwirft Häußler auch Produkte unter dem Namen Heimat-Hafen-Flensburg und Heimat-Hafen-Sylt. Im Herzen aber bleibt sie Hamburg treu.

Platten von Heidi Kabel bis Tocotronic, von Hans Albers bis Blumfeld, schicke Gummistiefel, Pudel- und Rollmützen, wie sie von Hafenarbeitern oft getragen werden, Fischerhemden für Kids – so ein Shop wie die Hanseplatte ist bundesweit einzigartig. In entspannter Atmosphäre erstöbert der Kunde hier so manche Kuriosität. Entdeckt, dass eine ankerförmige Ausstechform plus schmackhaften Ankerbonbons ideale Mitbringsel sind und der „Glaube, Liebe, Hoffnung"-Ring des Schmuckdesigners Jonathan Johnson wie maßangefertigt für eine gewisse Situation. Seit Anfang 2006 bieten Eva Schmidt und Gereon Klug Hamburger Künstlern Ausstellungs- und Verkaufsfläche in ihrem Shop an. Für das von Schmidt und einem Grafiker entworfene Anker-Shirt mit maritimem „I love Hamburg"-Logo „kommen Leute von weit her", sagt Klug. „Weil: So was gibt's nur hier!"

UNTERNEHMEN

Daheim, das ist zum Beispiel Dock 10, die „Rickmer Rickmers" oder eine Möwe auf einem Hafenpoller. Alle Bilder der Künstlerin Lotte Lehmann tragen den Titel „daheim" – „ein so schön warmes, emotionales Wort", findet Eva-Maria Noell, die hinter dem Künstlernamen steckt. Die gelernte Grafikdesignerin stellt Siebdrucke mit unverwechselbarem Hansestadt-Flair her. Am liebsten streift sie mit der Kamera durch ihre Heimat und entdeckt, dass „es noch so unendlich viele Motive gibt". Zum Beispiel bei einer Hafenrundfahrt. Die habe sie, obwohl seit 30 Jahren in Hamburg, kürzlich zum ersten Mal unternommen. In ihrem Ladenatelier an der Schäferstraße im Stadtteil Eimsbüttel entstehen innerhalb einer Woche farbintensive Hafen-Collagen und andere „Hamburgensien" im Wert von 15 bis 290 Euro.

Hafenkunst gibt's aber nicht nur auf St. Pauli. Schon als Kind war Knud Plambeck in Schiffe vernarrt und bastelte schwimmende Objekte aus Papier oder Styropor. Heute arbeitet der gelernte Tischler und diplomierte Industriedesigner am liebsten mit Blech: „Mittlerweile bin ich handwerklich so fit, dass ich Boote aus alten Ölfässern herstellen kann", sagt der Künstler. Inspirations- und Materialquelle ist der Hamburger Hafen. Dort läuft Knud Plambeck herum und nimmt mit, was keiner mehr braucht: Fischernetze, Tampen, alte Schiffsschrauben und ausgediente Außenbordmotoren. Daraus entstehen äußerst ansehnliche und bisweilen skurrile Objekte, die er in seiner Galerie „Wasserspiegel" in Ottensen ausstellt.

Sommers wie winters – in Hamburg weht fast immer eine steife Brise. Da tut ein heißer Tee gut. Und am besten nicht irgendeiner. Exklusiv für das Eimsbüttler Café Heidi und Hein hat die Hamburger Teestation die Sorten „Hafenmischung" (Ceylon und Darjeeling) und „Kajütenliebe" (Hibiskus, Korinthen, Holunderbeeren und schwarze Johannisbeeren) zusammengestellt. Für kleine und große Naschkatzen liefert der Ottenser Bonscheladen die original „Hamburger Hafen-Bonsche": aus natürlichen Zutaten handgefertigte Bonbons mit Ankermotiv, die nach Himbeere, Pfirsich und schwarzer Johannisbeere schmecken (Glas für 3,90 Euro). Von leckeren Elbgold-Waffeln mit Namen wie „Hamburger Jung" über Schlüsselanhänger bis zum Hamburger Rotspon – im Heidi und Hein, gegründet von der Münchnerin Kirstin alias Heidi und ihrem Mann, dem Hamburger Till Sternel alias Hein, steht alles im Zeichen des Edelweiß-Ankers.

Und wenn einen fern der Heimat die Sehnsucht zum Hafen packt, geht man einfach bei www.mutterland.de, dem Onlineshop des schicken Ladencafés Mutterland am Hamburger Hauptbahnhof, ins Netz: In der Rubrik „Typisch Hamburg" gibt es dort „Hamburg Ahoi Tee" aus Biodarjeeling, „Heimathafen"-Schokolade (Edelbitter mit fünf Pfeffersorten) und die „Ahoi-Gruß"-Geschenkbox ab 38 Euro inklusive eines Paketes „Seehundkuchen". Versteht sich, dass alles wie in guten alten Hamburger Speicherstadtzeiten verpackt ist: in Leinen und Holzwolle.

Vera Altrock

Fest mit dem Hafen verankert:
Jutta von Perfall und Frank Bürmann von „The Art of Hamburg".

SIE IST EINIGE DER WENIGEN FRAUEN,
DIE IM HAMBURGER HAFEN GANZ AN DER SPITZE STEHEN.
CAROLA ZEHLE ÜBER DAS GEFÜHL, IM HAFEN ZU ARBEITEN

# »ALLE BANANEN GEHEN DURCH UNSERE HÄNDE«



Sie ist geschäftsführende Gesellschafterin bei der Stauerei Carl Tiedemann, dem ältesten Dienstleistungsunternehmen im Hamburger Hafen. Es erwirtschaftet jährlich rund 50 Millionen Euro Umsatz. Die 63-jährige Chefin segelt und fotografiert gern, hat drei erwachsene Kinder und eine bemerkenswerte Sammlung an Hüten.

Der Hafen ist Grundlage Ihres Unternehmens, inzwischen seit 131 Jahren. Was bedeutet der Hamburger Hafen für Sie?
Er ist spannend. Lebendig, dynamisch. Er hat seine eigene Romantik. In Hamburg ist der Hafen außerdem etwas ganz Besonderes, weil er mitten in der Stadt liegt. Wobei man von der City ja nur teilweise sieht, was wirklich im Hafen passiert.

Wie sehr hat sich der Hafen in den vergangenen Jahren verändert?
Vor allem sein Aussehen hat sich verändert. Mit dem Containerverkehr kamen die großen Terminals. Es fahren jetzt auch viel größere Schiffe. Wenn man in Övelgönne im Café sitzt und so ein großer Pott kommt vorbei – da hat man ja das Gefühl, der fährt einem direkt über den Tisch.

Die Menschen, die im Hamburger Hafen arbeiten, identifizieren sich oft sehr stark mit ihrer Tätigkeit. Sicher ist das auch bei Ihren mehr als 600 Mitarbeitern so. Woran liegt das?
Im Hafen gibt es noch das Gefühl, dass man sieht, was man schafft: Wir machen das Schiff fertig, und dann legt es ab – so etwas macht sicher zufrieden. Dazu kommt bei uns noch, dass wirklich alle Bananen, die in Hamburg ankommen, in jedem Supermarkt, durch unsere Hände gegangen sind.

Es sind ja vor allem Männer, die im Hafen arbeiten. Sie waren 1966 der erste weibliche Schiffsmaklerlehrling in Hamburg. Macht es einen Unterschied, ob man als Mann oder Frau ein Unternehmen im Hafen führt?
Ich empfinde das nicht so, aber ich bin nun auch schon einige Jahrzehnte dabei. Ich hatte aber auch nie das Gefühl, dass ich nicht wahrgenommen oder nicht anerkannt werde. Dabei ist Hamburg eigentlich sehr konservativ, vor allem in der Schifffahrtsbranche.

Ihre drei Kinder sind mittlerweile zwischen 30 und 40 Jahre alt, und Ihre beiden Söhne arbeiten mit im Unternehmen. Wie haben Sie es geschafft, sie mit dem Hafenvirus zu infizieren?
Ich habe sie schon früher einfach mitgenommen. Letztlich kann ich nicht sagen, wann der Funke übergesprungen ist, aber sie haben vorher auch in anderen Firmen gearbeitet. Meine Tochter ist dagegen sehr früh nach London gegangen und lange dort geblieben – auch wenn sie jetzt wieder in Hamburg wohnt. Sie arbeitet in der Unternehmensberatung.

# KOHLE BUNKERN GEHT AUCH OHNE SCHIFF



**Haben Sie einen Lieblingsplatz im Hafen?**

Sind Sie schon einmal bei Sonnenuntergang über die Köhlbrandbrücke gefahren? Das mache ich sehr gern. Und ich fotografiere auch gern. Wenn Sie von der Köhlbrandbrücke in der Abenddämmerung auf den Burchardkai blicken – das gibt ein tolles Bild, schon von der Geometrie her.

**Gibt es bestimmte Stellen im Hafen, die für Sie eine besondere Bedeutung haben?**

Vom Restaurant Indochine in Neumühlen sieht man die äußeren Liegeplätze vom Burchardkai. Das war für die Hamburger Hafen und Logistik AG ein Projekt, das ihnen damals zum Durchbruch geholfen hat. Es war ein großer Kampf, ob sie die Plätze bauen konnten oder nicht. Nicht jeder glaubte an das Wachstum im Hafen. Aber es war eine wichtige Weichenstellung. Daran muss ich immer denken, wenn ich diese Liegeplätze sehe.

Heike Schäfer

Wenn Sie Ihre Kohle bunkern, dann haben Sie bald einen schönen Batzen Geld auf der Seite. Oder Sie bunkern die besten Besprechungskekse im Schreibtisch – sehr zum Unmut Ihrer Kollegen. „The bunker“ ist eigentlich ein Behälter zur Lagerung echter Kohle. So entstand in Zeiten der Dampfschifffahrt der Begriff „bunkern“ für das Beladen des Schiffes mit Brennstoff. Kohleschauerleute schufteten für guten Lohn von morgens früh bis spätabends, ehe Bunkerungsmaschinen Anfang des 20. Jahrhunderts ihre Arbeit übernahmen. Die Kohle hat als Treibstoff längst ausgedient, gebunkert wird in den Häfen immer noch. Allerdings Schweröl oder Diesel, das von Bunkerschiffen zu den Ozeanriesen gebracht wird.

Die Ver- und Entsorgung der Seeschiffe läuft während der Liegezeit im Hafen wie ein Uhrwerk ab. Müll und Abwasser werden von spezialisierten Hafenschiffen aufgenommen, Treibstoff, Wasser und Nahrungsmittel angeliefert. All diese Dienstleistungen gehören dazu, damit ein Hafen reibungslos funktioniert. Rund um die Uhr an 365 Tagen im Jahr, denn die Schifffahrt kennt keinen Feierabend oder Feiertage.

HAMBURG WURDE DURCH AIRBUS EINER DER DREI WELTGRÖSSTEN STANDORTE DER LUFTFAHRTINDUSTRIE. VIELEN HANSEATEN IST JEDOCH DIE ENGE VERBINDUNG ZWISCHEN HAFEN UND FLUGZEUGBAU UNBEKANNT

# FLIEGER, GRÜSS MIR DIE ELBE



Es ist kein Zufall, dass Airbus-Jets in einem Werk direkt an der Elbe gebaut werden. Schon im Jahr 1932 beginnt Walther Blohm, Chef der Traditionswerft Blohm+Voss, mit dem Aufbau einer Flugzeugproduktion. Den Anstoß dafür gibt die damalige Weltwirtschaftskrise. Als auf der Werft die Aufträge ausbleiben, beweist Blohm Weitblick. Er ahnt, dass die Zeit der Ozeanriesen auf den Fahrgastlinien über den Nordatlantik ohnehin zu Ende geht und die Zukunft dem Flugzeug gehört.

Doch es bleibt die Verbindung zu dem vertrauten Element: Es sind Flugboote, mit denen die Werfttochter Hamburger Flugzeugbau GmbH berühmt wird. Für die Fertigung dieser Maschinen errichtet man von 1936 an ein Werk auf Finkenwerder. Um genügend Raum für Starts und Landungen auf dem Wasser zu schaffen, wird das Mühlenberger Loch ausgebaggert, der Aushub bildet die Insel Neßsand.

Walther Blohms großer Traum, mit den Flugbooten Passagiere nach Amerika zu bringen, erfüllt sich allerdings nicht. Mit Kriegsausbruch sind Truppentransporter und Seeaufklärer gefragt. Gebaut werden sie in Hamburg von zeitweise mehr als 5000 Menschen – unter ihnen auch Zwangsarbeiter.

Erst fast 60 Jahre später bekam für die Hamburger Flugzeugbauer die Lage an der Elbe und die Nähe zum Hafen wieder Bedeutung: Bei der Planung des Riesen-Airbus A380 wurde klar, dass die Teile des heute größten Verkehrsjets zu groß sein würden, um sie nach gewohntem Muster per Lufttransport im europäischen Produktionsverbund von einem Werk zum anderen zu bringen. Daher gab Airbus spezielle Schiffe für diese Aufgabe bei Werften in China und in Singapur in Auftrag (siehe S.224).

Aber nicht nur für den A380 verlässt sich Airbus auf Schiffe. Seit zwei Jahren bringt das Unternehmen die Einzelteile für die Produktion der kleineren Flieger im neuen chinesischen Werk ebenfalls auf dem Wasserweg dorthin. In Tianjin, einer Hafenstadt etwa 100 Kilometer südöstlich von Peking, hat Airbus einen Endmontagekomplex nach dem Vorbild des Standorts Finkenwerder gestaltet, allerdings mit deutlich geringerer Kapazität.

Die lange Reise der Flugzeugteile dorthin beginnt auf dem gecharterten Ro-Ro-Schiff „Kugelbake“. Das Roll-on-Roll-off-Schiff, bei dem die Ladung direkt aufs Deck gefahren werden kann, bringt die vorderen und die hinteren Rumpfsektionen sowie die Tragflächen und Leitwerke der Jets zum Containerterminal Tollerort. Dort werden sie auf ein herkömmliches Containerschiff der Reederei Cosco umgeladen und innerhalb von 29 Tagen nach Tianjin verfrachtet. In die üblichen Standardboxen passen die großen Komponenten allerdings nicht, sie wurden zuvor auf Spezialpaletten geschnallt. Für das Jahr 2010 sind 28 solcher Transporte geplant.

Ein Blick auf den Erzrivalen jenseits des Atlantiks zeigt: Boeing macht es nicht anders. So kommen etwa die Flügel und große Teile des Rumpfs für den neuen Langstreckenflie-

ger 787 „Dreamliner" aus Japan beziehungsweise aus Italien. Wegen der im Vergleich zum A380 geringeren Ausmaße passen zwar viele der Zulieferungen in einen der speziell umgebauten Boeing-Jumbos. Aber auch für den US-Konzern spielt ein Hafen eine wichtige Rolle: Boeing ist einer der wichtigsten Kunden des Port of Everett nahe den Werken in der Umgebung von Seattle.

Für Airbus jedoch war die exponierte Lage am Wasser nicht immer nur ein Segen. Denn man hat nicht nur von dem eigens für die die A380-Hallen aufgespülten „Mühlenberger Sand" aus einen grandiosen Blick auf Blankenese und den Süllberg. Umgekehrt fühlten sich nicht wenige der dortigen Anwohner gestört, als direkt gegenüber die riesigen Gebäude für die Innenausstattungsmontage und die Lackierung der A380-Riesenjets entstanden. Naturschützer protestierten gegen die Werkserweiterung mitten in Europas größtes Süßwasserwatt hinein.

Und manchmal kommen sich sogar die Flugzeuge und die Schifffahrt direkt ins Gehege: Sollte gerade ein großer Containerfrachter auf der Elbe das Airbus-Gelände passieren, während einer der Jets über Hamburg zum Anflug auf die unmittelbar am Wasser beginnende Werkslandebahn ansetzt, müssen die Piloten die Landung aus Sicherheitsgründen abbrechen und eine Schleife drehen. Denn, so erklärt Airbus: „Schiffe haben Vorfahrt."

Volker Meester

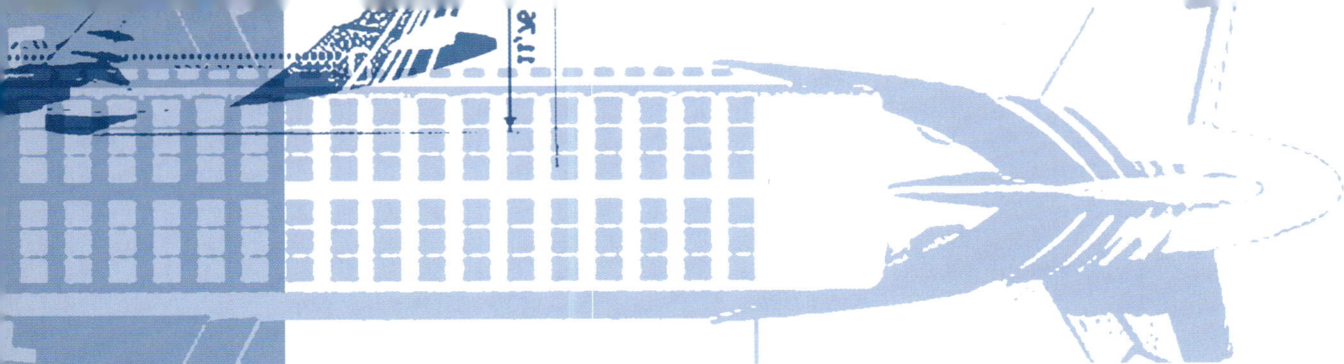



# UP IN THE AIR – UND AUCH ZU WASSER AKTIV

### Flugzeug- oder Schiffsbau – Was bringt in Hamburg mehr ein?

Die Flugzeugproduktion stellt den Schiffbau in der Metropolregion Hamburg längst weit in den Schatten: Allein die pro Monat auf Finkenwerder endmontierten Flugzeuge der A320-Typenreihe haben einen Wert von rund einer Milliarde Euro. Das entspricht ungefähr dem Wert von zwei großen Kreuzfahrtschiffen oder von acht großen Containerschiffen. Der Hamburger Bauanteil an anderen Airbus-Jets wie etwa dem A380 ist hierbei noch gar nicht berücksichtigt.

Hamburg ist die einzige Stadt der Welt mit zwei Flughäfen, die für den Riesenjet A380 zugelassen sind. Neben dem Werksflugplatz Finkenwerder erfüllt auch der Airport in Fuhlsbüttel die Anforderungen. Neben der Landebahnbreite und ihrer Tragfähigkeit umfasst der umfangreiche Kriterienkatalog unter anderem auch Hindernisfreizonen neben den Rollwegen. Weltweit können aktuell theoretisch etwa 60 Flughäfen vom A380 angeflogen werden.

### Wie sehen die Schiffe aus, die Airbus-Teile transportieren?

Große Klappe für einen großen Flieger: Das Hecktor der „Ville de Bordeaux“, die für Airbus Teile des A380 transportiert, hat mit einem Format von 22 mal 14 Meter das bisher größte wasserdichte Ladetor eines RoRo-Schiffs.

### Wie wichtig ist der Flugzeughersteller als Arbeitgeber?

Airbus ist mit insgesamt 16 300 Arbeitsplätzen, unter ihnen 4500 Beschäftigte von Ingenieursdienstleistern und Zeitarbeitsfirmen, Hamburgs größter industrieller Arbeitgeber. Dabei ist das Werk auf Finkenwerder nicht der einzige Airbus-Standort in der Stadt: Das Ersatzteilgeschäft hat seinen Sitz in Fuhlsbüttel nahe dem Hamburger Flughafen, in Bahrenfeld arbeiten Airbus-Mitarbeiter an der Entwicklung des neuen Langstreckenjets A 350.

### Wie sieht das Gelände in Finkenwerder aus?

Der Standort Finkenwerder umfasst eine Gesamtfläche von 130 Hektar. Das größte Gebäude des Werks ist die Halle, in der die A380-Jets ihre Innenausstattung erhalten. Diese Halle ist 370 Meter lang und mehr als 31 Meter hoch. Ihre Grundfläche entspricht der Fläche von mehr als fünf Fußballfeldern.

### Wer sich selbst ein Bild machen möchte:

Das Airbus-Werk auf Finkenwerder kann man besichtigen. Eine zweieinhalb Stunden lange Werksführung kostet 14 Euro, für Schüler, Studenten und Rentner sind es elf Euro. Das Mindestalter für die Teilnahme beträgt 14 Jahre.

www.airbus-werksbesichtigung.de

Dr. Bernd Buchholz, 49, ist Vorstandsvorsitzender der Gruner + Jahr AG, Leiter G+J Deutschland und Vorstandsmitglied der Bertelsmann AG.

# BERND BUCHHOLZ

## MIT NEUEN IDEEN ZUKUNFTSFÄHIG

Für mich stehen Elbe und Hafen für Kontinuität und Wandel: das Auf und Ab der Gezeiten von Ebbe und Flut, das ständige Kommen und Gehen von Schiffen auf dem Strom. Auch nach sieben Jahren empfinde ich es jeden Tag noch als Privileg, bei Gruner+Jahr ein Büro mit direktem Blick auf Elbe und Hafen zu haben – mit seiner imposanten Skyline der Kräne und den vorbeifahrenden Luxuslinern, deren Aufbauten höher sind als das G+J-Pressehaus, wie auch den Hafenschleppern und Containerschiffen. Und dieser Blick ist jeden Tag anders, aber immer wunderschön! Ob an stürmischen Tagen mit schäumenden kleinen Wellen, im sommerlichen Trubel vom Hafengeburtstag und Touristenrummel, im herbstlichen Nebel oder wenn im Winter die Eisschollen elbauf- und abwärts getrieben werden.

Vor 20 Jahren nahm Gruner + Jahr Quartier an der Elbe, direkt an der U-Bahn-Station Baumwall: Hier klaffte damals beiderseits des Herrengrabenfleets eine der letzten kriegsbedingten großen städtebaulichen Lücken. Bis in die 70er-Jahren galten sie als Reserveflächen für Prachtstraßen, die damals Verkehrsplaner noch zur weiteren Erschließung der Innenstadt und deren Verbindung mit dem Hafen für erforderlich hielten. Ein Gigantismus, der letztlich und Gott sei Dank in den Schubladen der Politiker blieb.

Architektonisch interpretiert das 1990 vollendete G+J-Pressehaus die Hafensituation mit der Gliederung der Baukörper in vier Schiffe und 16 Innenhöfe. Markante Details wie die Bullaugen und die umlaufenden Balkone als Art Reling zeigen an, dass man sich bei G+J in Nachbarschaft zu Hafen und Elbe befindet.

Mit der HafenCity steckt Hamburg in einem gewaltigen Umbruch, dessen Tragweite vielleicht erst künftige Generationen ermessen können. Mit diesem Projekt haben die Stadt und ihre Bürgerinnen und Bürger von der historischen Schwerpunktbildung zwischen Alster und Elbe endgültig Abschied genommen. Ein städtebaulicher Schritt in eine neue Dimension. In der HafenCity lässt sich aus unserer direkten Nachbarschaft verfolgen, wie diese mehr und mehr Gestalt annimmt.

Aber keine Stadt kann zu echtem Leben erwachen, ohne eine eigene markante kulturelle Struktur zu haben. Hier ist die HafenCity auf gutem Weg, mit ihrem Angebot an Museen zu einem Publikumsmagneten zu werden. Die Elbphilharmonie wird hier der weltweit ausstrahlende Leuchtturm sein, allen heftigen Turbulenzen über Realisierung und Kosten zum Trotz. Das alles steht für Erneuerung und Innovation, die Hamburg und seine Unternehmen mit neuen Ideen zukunftsfähig machen.

AUF DEM HANSAPORT-GELÄNDE IN ALTENWERDER WERDEN JEDEN TAG BIS ZU 150 000 TONNEN EISENERZ UND KOHLE UMGESCHLAGEN. DIE MEISTE ARBEIT ERLEDIGEN DABEI COMPUTER

# SO MACHT MAN AUTOMATISCH KOHLE



Kohle und Erz türmen sich zu Halden, hoch wie Häuser, zum Teil dunkel wie die Nacht. 50 Fußballfelder groß ist der Lagerplatz bei Hansaport. Vier Löschbrücken ragen neben den Rohstoffbergen in die Höhe. Schaufelräder, Förderbänder, alles sieht hier nach Kraft aus. 38 Tonnen Masse kann eine Brücke auf einmal bewegen – so viel, wie 27 VW-Golf wiegen. Wege und Gebäude schimmern rötlich, als wären sie mit Rost bedeckt. „35 Jahre Erzumschlag, dann sieht das so aus", sagt Erhard Meller, Geschäftsführer von Hansaport. Er selbst arbeitet seit 19 Jahren hier.

Kohle für die Kraftwerke in Norddeutschland, Eisenerz für die Hütten in Salzgitter und Eisenhüttenstadt, das wird am Hansaport umgeschlagen, bis zu 150 000 Tonnen am Tag. Im vergangenen Jahr hatten die beiden Hütten ihre Produktion drastisch heruntergefahren, doch inzwischen brummt der Betrieb wieder. „Wir sind wieder voll beschäftigt", stellt Meller fest, „Oberkante Unterlippe". Die Rohstoffe werden importiert, weil sie in Deutschland nicht gut und günstig genug zu haben sind. Aus allen Erdteilen kommen die Seeschiffe und legen bei Hansaport an. Später bringen Züge und Binnenschiffe die Rohstoffe wieder aus dem Hafen heraus. An der Schnittstelle steht Hansaport in Altenwerder, 103 Mitarbeiter, Spezialist für Schüttgut. Löschen, lagern, ausliefern.

Ein Frachter biegt ein ins Hafenbecken. Schlepper bugsieren das Schiff. Es trägt 72 000 Tonnen Kohle in sich, die für ein Kraftwerk bei Minden bestimmt sind. „Wenn wir richtig reinhauen würden, wäre es in 24 Stunden leer", sagt Meller. Ohne Reinhauen legt das Schiff nach rund 35 Stunden wieder ab. Hydraulisch werden die Luken an Deck geöffnet. Die Löschbrücke fährt in Position.

„Wir sind Dienstleister, ähnlich wie ein Friseur", sagt Erhard Meller trocken. Doch statt mit Kamm und Schere arbeitet Hansaport mit viel Technik, vor allem mit Computern. „Es sieht hier vielleicht nicht klinisch rein aus", räumt Meller ein. „Aber technisch sind wir auf dem absolut neuesten Stand." Meller kommt aus Salzgitter, wo ein Großteil der Kohle und des Erzes hintransportiert wird. Eines seiner Lieblingsworte ist Automatisierung: Ein Glied greift ins andere, Weichen stellen sich von selbst. Alles ist eins.

Ein Seeschiff legt an, die Löschbrücke fährt aus, ein Greifer packt zu, das Transportband läuft – so ist der Ablauf beim Entladen. Wenn Erz oder Kohle dann auf dem Transportband liegt, gibt es drei Möglichkeiten: Die Halde auf dem Lagerplatz wächst, wenn der Rohstoff gelagert werden soll. Oder ein Binnenschiff wird automatisch beladen, wenn die Güter auf dem Wasser weiterfahren sollen. Oder aber das Material fällt in Spezialwaggons, die nach Minden, Hannover oder Eisenhüttenstadt fahren. Zu Hansaport gehören ein Bahnhof mit 15 Gleisen, ein eigenes Stellwerk und etliche Wasserwerfer, die das Lagergut feucht halten, damit es nicht so staubt.

Auf einem der Gleise rückt ein Zug vor: Aus einer Schütte rutscht Eisenerz in die Waggons, die mit ihren sechs Ach-

Sieht gern schwarz:
Hafenarbeiter Nelson Postiga vom Hansaport.



sen besonders viel Last tragen können – ein Zug bewegt bis zu 4600 Tonnen Ladung. Die Lokomotive ist funkgesteuert. „Das hier sind die schwersten Züge Mitteleuropas", weiß Erhard Meller. In der zentralen Steuerwarte im sechsten Stock des Hansaport-Gebäudes überblickt rund um die Uhr ein Steuerwart das Geschehen.

Wie eine Wanderkarte mit Höhenlinien sieht das Bild auf dem Monitor bei Steuerwart Dennis Kremer aus. Er sieht den Lagerplatz zweifach vor sich: direkt aus dem Fenster und über die Laserscanner, die das gesamte Areal vermessen. Die digitalen Augen erkennen auf zwei Zentimeter genau, wie hoch sich die Halden gerade türmen. Aber wie findet man exakt die Kohle wieder, die einem Kunden gehört? „Der Lagerplatz ist in Raster aufgeteilt", erklärt Erhard Meller.

Die Hansaport Hafenbetriebsgesellschaft mbH gehört zu 51 Prozent den Stahlwerken Salzgitter und zu 49 Prozent zur HHLA – und damit der Stadt Hamburg. In den kommenden Jahren investieren die Eigentümer rund zwölf Millionen Euro für zwei neue Züge und zwei neue Kombigeräte, die dank längerer Schaufelradausleger täglich einen Zug mehr vollschaufeln können. Die Automatisierung, die Erhard Meller vor seiner Rente noch einsetzen will, ist indessen fast abgeschlossen. Fünf Jahre bleiben dem Chef im Hansaport noch. Danach will sich Erhard Meller zu Hause seiner Märklin-Modelleisenbahn widmen – und sie automatisieren.

Heike Schäfer

SCHROTTKARREN FÜR ANGOLA, NOBELKAROSSEN FÜR DIE ÖLSTAATEN: AM HAMBURGER UNIKAI-TERMINAL WERDEN TÄGLICH 9000 EXPORTFAHRZEUGE EINER UNGEWISSEN ZUKUNFT ENTGEGENGESCHOBEN

# LETZTE AUSFAHRT UNIKAI



Unikai-Auto-Terminal, kurz nach zwölf Uhr Mittag. Knapp zwei Dutzend Stauer schlendern von der Pause aus einer Bude am Kai, wo heute gleich zwei Schiffe festgemacht haben. Einige Männer legen sich orangerote Warnwesten an, andere streifen weiße Schutzanzüge über. Ein Toyota Corolla holpert auf die „Repubblica Di Roma" zu, die heute noch mit Ziel Westafrika ablegen will. Das Auto hat schon bessere Tage erlebt: Mit schleifender Kupplung fährt es die Rampe hoch und verschwindet im Bauch des Schiffs. Gleich darauf rollt vom großen Terminal-Parkplatz ein Stauer mit einem Mazda auf den Kai, die Fahrertür hängt schief, und wo Scheinwerfer sein sollten, baumeln nur ein paar Kabel. „Luanda" steht auf einem Aufkleber an der Frontscheibe. „Schalt doch mal das Licht an!", höhnt jemand von den Männern, die die orangefarbenen Westen tragen. Die Runde lacht. Nach Luanda in Angola und Lagos in Nigeria, so sagen sie hier, kommen die schrottigsten Karren. „Kiesowreif", sagt Michael Markmann in Anspielung auf den großen Norderstedter Autorecyclinghof Kiesow. Markmann fährt heute den „Pusher", einen alten Geländewagen, der an der Stoßstange dicke Reifen hängen hat. Wenn seine Kollegen auf dem Terminal-Parkplatz den Scheibenwischer eines Autos abgeklappt haben, dann ist das ein eindeutiges Signal für den „Pusher": Hier hilft auch keine Starthilfe mehr, der Kandidat schafft es nicht aus eigener Kraft ins Schiff. Dann muss der „Pusher" schieben, bis wieder ein Auto im stählernen Rachen hinter der Rampe verschwindet.

Ganz anders das Bild wenige Meter weiter an der Rampe zur „Aquarius Leader" der japanischen NYK-Linie. Hier tragen die Stauer die weißen Schutzanzüge. Das Schiff lädt heute Pkw aus Hamburg für den Nahen Osten. Ziel sind der Suezkanal und dann die Ölstaaten. Die 13 Stahldecks glänzen wie die neuen BMW und Mercedes, die jetzt von den Stauern vorsichtig an Bord gefahren werden. Ringe oder Uhren dürfen sie nicht tragen. Das könnte womöglich Kratzer am Wurzelholz-Interieur geben. Genau schreiben die Hersteller vor, wie die wertvolle Fracht geladen wird. Exakt 30 Zentimeter Abstand zwischen den abgeklappten Spiegeln, selbst der Winkel der Spanngurte ist festgelegt. In einer Acht-Stunden-Schicht laden die speziell an solchen Edelfahrzeugen ausgebildeten Stauer 600 bis 800 Autos ins Schiff – 16 Mann in einer Schicht. Etwas flotter geht es an der „Repubblica Di Roma" zu, wo Stauer Markmann mit seinem „Pusher" heute gut zu tun hat. Die 16 Kollegen schaffen hier in einer Schicht gut 1500 Fahrzeuge. Stoßstange an Stoßstange werden die verbeulten Toyotas, VW oder Mazdas auf den Decks verstaut. Das Ende eines Autolebens in Deutschland – und niemand trägt dabei weiße Anzüge.

Etwa 4000 Fahrzeuge passen jeweils in die beiden kastenförmigen Schiffe. Schwimmende Parkhäuser auf dem Weg in völlig verschiedene Welten: Den Zielort markieren Aufkleber mit Strichcode an der Frontscheibe der Pkw. Sämtliche Daten eines Autos können so per Scanner gele-

sen werden. Der Tallymann hat sie dort angebracht – sie sind das Okay für die Verschiffung.

Die Aufkleber sind hier auf dem Gelände der HHLA-Tochter Unikai auch so etwas wie die Fieberkurve der Weltwirtschaft: Rund 9000 Exportfahrzeuge parken täglich auf dem 800 000 Quadratmeter großen Gelände gegenüber der HafenCity und warten auf die Verschiffung. Neu und gebraucht, aufgereiht auf fußballplatzgroßen Feldern, sortiert nach Größe und Ziel. Endlose Reihen von schweren und neuen Mercedes-Coupés stehen dort, geschützt mit weißen Folien und Wachs. Bestimmungsorte sind Kuwait, Dubai oder Oman. Die Öldollars beflügeln den deutschen Export. Fotografieren ist hier verboten. „Das sind manchmal Fahrzeugtypen, die sind noch gar nicht auf dem deutschen Markt", sagt Schiffsplaner Burmeister. Er hält die Staupläne in der Hand, gelbe Felder markieren den Platz auf den Decks für die Pkw aus Hamburg. Auch Flughafenbusse, Straßenbaumaschinen oder Betonmischer-Lkw warten hier am Kai mit Dubai-Aufkleber. Alles „Made in Germany", der Lack glänzt. Daneben eine Reihe von VW-Passat für Südamerika. Mittelklasse für aufstrebende Länder. Weiter vorn an der Elbe liegt Westafrika: Ghana scheint es deutlich besser zu gehen als Angola oder eben Nigeria. Ganz passabel sehen sie noch aus, die Golf 3 oder Mazdas mit dem „Tema"-Aufkleber, die hier stehen. Daneben eine Reihe mit traurigen VW, Mitsubishi oder Toyota-Bussen. „Lagos" ist an den Scheiben zu lesen. Manche sind voll gestopft mit Maschinenteilen, einige mit Teppichen, Computern oder einer Spüle. „Damit machen die Jungs ihr Geld, an den Karren selbst ist nicht mehr viel zu verdienen", sagt einer der Sicherheitsmänner, die hier aufpassen und Besucher nur nach strengen Kontrollen aufs Gelände lassen.

Von oben aus dem Unikai-Gebäude hat Michael Sieck die Flickenmuster-Landschaft der Autodächer gut im Blick. Im Büro des Terminal-Geschäftsführers steht das Modell eines Autofrachters der italienischen Grimaldi-Line. „Weltweit gibt es nur 440 solcher großen Carrier, zurzeit brauchen wir aber 600", sagt er. Der Welt-Automarkt wachse eben „gigantisch". Für den Terminal von Unikai bedeutet das enorme Steigerungsraten. Nicht nur der Containerumschlag im Hamburger Hafen, auch die Autoverladung ist Gewinner des globalen Handels. Zwar ist Hamburg im Vergleich zu Bremerhaven ein kleines Licht bei der Autoverladung, erreicht gerade zehn Prozent des Bremer Volumens – aber die Dynamik ist groß, so Sieck. 1994 schlug Unikai noch 60 000 Fahrzeuge im Jahr um, heute sind es 170 000. Sieck: „Etwa die Hälfte davon sind Neufahrzeuge." Und fast alle sind für den Export in die Unikai-Fahrtgebiete Westafrika, Südamerika, Naher und Mittlerer Osten bestimmt. Täglich rollen daher etliche Sattelzüge und Eisenbahnwaggons mit Pkw aufs Unikai-Gelände – glänzender Nachschub für Dubai, verbeulte Ware für Lagos.

Axel Tiedemann

EIN BUTTRIG-SCHOKOLADIGER GERUCH LIEGT ÜBER DER HAMBURGER VEDDEL: DENN DIE ALTE KAKAOFABRIK AN DEN ELBBRÜCKEN LÄUFT WIEDER AUF HOCHTOUREN

# VEDDELS SCHOKOLADENSEITE

Mit Schaufeln und Besen traktieren die beiden Arbeiter die Bohnen. Ein ganzer Schwung ist von dem Lastwagen gerutscht, der sie vom Hafen zur Veddel brachte. Die ruppige Behandlung ist nur die erste von vielen Torturen: Aufbrechen, sterilisieren, pulverisieren – die Kakaobohne muss einiges über sich ergehen lassen, bevor sie ihre Weiterreise zu Großkunden wie Nestlé und Kraft antreten darf. Die Arbeiter schaufeln hektisch, in den Lagerhallen türmen sich Bohnenberge. Ein scharfer Wind weht von der Norderelbe über das Fabrikgelände. Industrieromantik.

Die Kakaobohne bringt hier auf der Veddel schon lange Arbeit. Seit fast 100 Jahren verarbeiten verschiedene Firmen auf dem Gelände am Einsiedeldeich den Grundstoff für zahlreiche Lebensmittel, aber auch für Kosmetik und medizinische Produkte wie Zäpfchen. Wie die Produktion im vorigen Jahrhundert aussah, ist heute nur noch zu erahnen: Delfi Cocoa, eine Tochter des asiatischen Süßwarenkonzerns Petra Foods, hat das Werk 2007 gekauft und jüngst mit 65 Millionen Euro modernisiert.

Zwischen den alten Backsteingebäuden stehen nun moderne hellgraue Hallen. Ein Labyrinth aus Stahlrohren windet sich zwischen den Gebäuden und verbindet die Produktionsanlagen. Schornsteine aus hellem Stahl spucken pausenlos Wasserdampf in den Himmel über den Elbbrücken, sieben Tage die Woche, rund um die Uhr. 110 000 Tonnen Kakaobohnen können pro Jahr verarbeitet werden – das sind 20 vollgeladene Lastwagen pro Tag.

Dass das Familienunternehmen aus Singapur ausgerechnet in Hamburg das größte seiner acht Werke für Kakaoverarbeitung aufgebaut hat, ist kein Zufall. Der Standort Hamburg biete reichlich Vorteile, sagt Petra-Foods-Chef John T. C. Chuang: die Nähe zum Hafen, die traditionsreichen Produktionsanlagen auf der Veddel und nicht zuletzt das Know-how der Facharbeiter, von denen einige schon seit Jahrzehnten im Kakaowerk arbeiten.

Einer von ihnen ist Dierk Sternhagen. Seit 25 Jahren ist die Fabrik sein Arbeitsplatz, als Anlagenfahrer fing er hier an. „Die Produktion hat sich in den vergangenen Jahrzehnten wahnsinnig verändert", sagt Sternhagen. Seine hellblauen Augen strahlen, wenn er von seinem Job erzählt. „Früher haben wir die Maschinen manuell gesteuert, heute ist alles automatisiert."

Den Bohnen auf den Schaufeln der Arbeiter steht ein langer, heißer Leidensweg durch die grauen Hallen bevor. Noch ist ihnen die weite Anreise aus Nigeria, Togo oder von der Elfenbeinküste deutlich anzusehen: Wie staubige Kiesel kullern sie übereinander, manche rötlich gefärbt, andere schmuddelig grau. Es scheppert laut und anhaltend, als sie von der Schaufel in einen Trichter plumpsen.

Damit ist die Handarbeit vorbei, von nun an durchwandern die Kakaobohnen die voll automatisierte Produktion, den Fabrikkomplex aus Stahlrohren und Maschinen. Den sogenannten Rüttler, der den Rohstoff von Staub und Schmutz befreit und unförmig gewachsene Bohnen aussortiert. Den Schäler, der die Kerne aus ihrem harten Mantel befreit. Den Röster, der die Bohnen in zweistündiger Prozedur auf 130 Grad erhitzt und so sterilisiert. Und schließlich die Presse, die mit gewaltigem Dröhnen das Fett, Kakaobutter genannt, aus der Bohne quetscht. Übrig bleibt der Kuchen, der zu feinem Pulver gemahlen wird. Die Butter, wichtiger Bestandteil von Milch- und Schmelzschokolade, Kuvertüre, weißer Schokolade und Nougat, läuft weiter in die Deodorieranlage, die sie von Geschmack und Fremdstoffen befreit.

Je weiter die Bohne ihrem Endzustand entgegengeht, desto unverkennbarer duftet es in den Fabrikhallen. Mal schokoladig, mal eher buttrig. Unter den Anwohnern auf der Veddel ist darüber ein Streit entbrannt. Die einen sprechen vom „Duft unserer Kindheit", die anderen beklagen beißenden Gestank. Diesen Vorwurf weist Bernd Sieksmeier, der kaufmännische Leiter der Hamburger Anlage, zurück: „Der Gestank kommt nicht von uns." Auch die Hamburger Umweltbehörde hat nichts zu beanstanden. Und so werden die staubigen Kakaobohnen weiterhin stundenlange Torturen über sich ergehen lassen müssen. Für eine süße Zukunft als Schokoriegel.

Kathrin Fichtel

DIE BESTEN GESCHÄFTE IN UND UM DEN HAFEN

# WO SIE EINEN GUTEN FANG MACHEN



## Harry's Hafenbasar

Soll's ein Schrumpfkopf aus Südamerika für die Fensterbank sein? Ein goldener Buddha aus Asien oder eine gruslige Maske aus Südafrika? Spannend, was Seemann Harry und seine befreundeten Seeleute so alles aus verschiedenen Ländern der Erde mitgebracht haben. In Harry's Hafenbasar gibt es Kunsthandwerk, rituelle Gegenstände und Souvenirs aus aller Welt. Voodoozauber inklusive.

Dienstag bis Sonntag 12 bis 18 Uhr und nach Vereinbarung. Eine Besichtigung des Basars kostet für Erwachsene 4 Euro, für Kinder bis 12 Jahre 2 Euro. Bei einem Einkaufswert ab 10 Euro wird der Eintritt verrechnet.

Balduinstraße / Ecke Erichstraße 56
20359 Hamburg
Tel. 31 24 82
www.hafenbasar.de

## Habitat

Selbst wer kein Latinum hat, darf hier einkaufen. Habitat kommt von habitare und bedeutet wohnen. Um den eigenen Wohnraum zu verschönern, gibt es hier also Möbel, andere Accessoires für den täglichen Gebrauch sowie ausgefallene Kunstgegenstände. Neben einem Shop am Neuen Wall gibt es am Hafen einen weiteren, und etwas günstiger ist es im Outlet direkt nebenan. Der Hafen hat ja auch den einen oder anderen Schönheitsfehler, und niemanden stört's.

Große Elbstraße 264
22767 Hamburg
Tel. 35 76 58 60
www.habitat.de
Mo bis Fr 11–19 Uhr, Sa 11–18 Uhr

## Wede-Fachbuchhandlung für Schifffahrt- und Verkehrswesen

Schiffe, Eisenbahnen, Flugzeuge und Autos – ein Traum kleiner Jungs und großer Männer. Fachbücher zu all diesen Themen gibt's in der Fachbuchhandlung im Hanse-Viertel. Wer nicht lesen, sondern was zum Angucken haben möchte, wird bei den vielen Schiffs- und Flugzeugmodellen fündig.

Große Bleichen 36
20354 Hamburg
Tel. 34 32 40
www.wede-buch.de
Mo bis Sa 10 – 20 Uhr

## Jo Freyherr Herrenmaßkonfektionen

Was nicht passt, wird passend gemacht. Manchmal muss es ein Konfektionsanzug sein, zumindest für anspruchsvolle Hanseaten. Wenn's hochwertige Garderobe sein soll, ist Jo Freyherr in der HafenCity die richtige Adresse. Der Herrenausstatter bietet Maßanzüge für jeden Anlass, kompetente Beratung inklusive.

Am Kaiserkai 30
20457 Hamburg
Tel. 30 38 23 10
www.jofreyherr.com
Mo bis Sa 10–19 Uhr

## Dove Spa

Den ganzen Tag den Hafen besichtigt und so viel gesehen, dass Sie nur noch die Augen schließen möchten? Bei müden Füßen oder einem verspannten Rücken kann das Dove Spa helfen. In der HafenCity im Erdgeschoss des Mutterkonzerns Unilever gibt es Massagen, Gesichts- und Kosmetikbehandlungen auch schon für den kleineren Geldbeutel, Beratung inklusive. In einem kleinen Shop können Sie die benutzten Produkte auch gleich für zu Hause kaufen.

Unileverhaus
Strandkai 1/Großer Grasbrook 16
20457 Hamburg
Tel. 34 93 13 55
www.dove.de
Mo bis Sa 11–19 Uhr

### Hanseatic Classic

Vom Winde verweht zu werden, ist kein Problem. Man braucht nur wetterfeste, angemessene Kleidung. Die bekommen Sie mit großer Sicherheit bei Hanseatic Classic. Edle Outdoor- und Segelbekleidung gibt es dort genauso wie das klassische Ölzeug und die typische Seemanskluft.

Johannisbollwerk 6 / Vorsetzen 54
20459 Hamburg
Tel. 319 33 63
Mo bis Fr 10–19 Uhr, Sa 10–16 Uhr

### Hadi Teherani Produktdesign

Sehen Sie die Visionen. In der HafenCity arbeiten die kreativen Köpfe, deren Ergebnisse auf den internationalen Möbelmessen für Furore sorgen. Im Atelier des weltbekannten Architekten Hadi Teherani lässt das Team die Besucher hinter die Kulissen schauen. Im Showroom, auf der großen Produktionsfläche und im Schaufenster direkt am Kaiserkai sind die Ideen der Designer zu bestaunen. Es gibt keine Führungen durch das Atelier, aber die Mitarbeiter beantworten gern die eine oder andere Frage. Das Atelier ist montags bis freitags von 9 bis 18 Uhr besetzt.

Am Kaiserkai 26
20457 Hamburg
Tel. 444 05 43
www.haditeherani.de

### Derbe

Für lässige Jungs und Deerns. Die Liebe zum Hafen zeigt sich beim Hamburger Label „Derbe" durch Aufdrucke wie „Hafenschifferbüx" oder durch den Klassiker der Kollektion, die Wachsjacke in verschiedenen Farben, auf denen das Hamburgwappen deutlich zu sehen ist. Derbe Kleidung also, die sich sehen lassen kann. In vielen Shops der Hansestadt, beispielsweise in der Schanze, in Altona und im Internet können Sie die sportlichen T-Shirts, Jacken und Hosen bekommen.

Tel. 04321/558 58 58
Informationen zu den Shops und Onlineshops auf der Homepage:
www.derbe-hamburg.de

### Harbour tobacco

Ein Edelkiosk. Der Shop bietet alles, was ein traditioneller Tabakwarenladen so in seinem Sortiment hat, aber natürlich wird in der HafenCity noch etwas draufgesetzt. Deshalb gibt es bei Harbour tobacco neben Tabak, Lotto und Zeitschriften auch Champagner. Ein Luxuskiosk also, in dem Sie ruhig ein paar Minuten länger verbringen können, schließlich gibt es einen extra Bistrobereich.

Am Kaiserkai 29
20457 Hamburg
Tel. 32 53 75 50
www.harbourtobacco.de
Mo bis Fr 6–19 Uhr, Sa und So 8–18 Uhr

### Stilwerk

Der Elbblick allein hat ja schon Stil, aber hier bekommen Sie noch mehr Edles. Vom begehbaren Kleiderschrank über Bettwäsche bis zu stylischen Lampen. Einrichtung, Design und Lifestyle – all das bringt das Stilwerk unter ein Dach. Die Möbel und Accessoires internationaler Marken können Sie in einem ehemaligen Malzwerk direkt am Hamburger Hafen bestaunen und kaufen, wenn das nötige Kleingeld vorhanden ist.

Große Elbstraße 68
22767 Hamburg
Tel. 30 62 11 00
www.stilwerk.de
Mo bis Fr 10–19 Uhr, Sa 10–18 Uhr,
So 13–18 Uhr (Schautag, kein Verkauf)

### Schiffsbuchhandlung Fuchs

Kaum zu glauben, wie viele Bücher es zum Thema Schiffe und Meer gibt. Wer Raritäten haben möchte, ist in der Schiffsbuchhandlung Fuchs genau richtig. Mehr als 400 000 Fotos von 1870 bis zum heutigen Datum gibt es zu kaufen, alle zum Thema Meer, Schifffahrt, Handel, Werften und Reedereien. Und Schiffsminiaturen gibt's auch.

Rödingsmarkt 29
20459 Hamburg
Tel. 319 35 42
www.hafenfuchs.de
Mo bis Fr 9.30–18.30 Uhr, Sa 9.30–14.30 Uhr

## Hummer Pedersen

Da wird die Krabbe in der Pfanne verrückt. Echte Hafenatmosphäre, edler Fisch und, wie der Name schon sagt, Hummer in rauen Mengen: Bei Hummer Pedersen sind Liebhaber der maritimen Küche richtig. Im Bistro werden die Spezialitäten direkt vor den Augen der Kunden zubereitet. Wer sich selbst am Herd versuchen will, kann sich den frischen Fisch mitnehmen und bekommt obendrauf Tipps für die Zubereitung.

Fischmarkt
Große Elbstraße 152
22767 Hamburg
Tel. 52 29 93 90
www.hummer-pedersen.de
Mo bis Sa 11–17 Uhr

## Galerie Wasserspiegel

Diese Kunst hat sich (mit Meerwasser) gewaschen: Schiffsschraube in Regenbogenfarben, ein Hocker aus Strandgut oder eine Lampe, die aus Teilen eines russischen Schiffs hergestellt ist. In der Galerie Wasserspiegel haben so gut wie alle Kunstgegenstände etwas mit dem Thema Hafen zu tun. Und auch die Motive der Fotografien erinnern ans Meer und den Hafen.

Mottenburger Twiete 1
22765 Hamburg
Tel. 0176/28 07 56 66
www.wasserspiegel.com
Fr und Sa 12–18 Uhr

## The Art of Hamburg

Direkt im Portugiesenviertel am Hafen gibt es ein Kaufhaus, das zugibt, nicht das allergrößte zu sein, aber trotzdem viel zu bieten hat, wenn's um Hamburg geht. Vor einigen Jahren haben sich zwei Künstler zusammengeschlossen und das Label gegründet. Alle ihre Unikate sind eine Liebeserklärung an die Hansestadt. T-Shirts, Geschirr, Taschen und vieles mehr gibt es im Hamburg-Stil.

Ditmar-Koel-Straße 19
20459 Hamburg
Tel. 41 42 44 19
www.the-art-of-hamburg.de
Mo bis Sa 12–20 Uhr und nach Absprache

## Hanseplatte

Dieser Laden trifft den richtigen Ton. „Musik von hier" – so lautet der Slogan des Plattenladens, der Musik von Hamburger Künstlern und Labels unter die Leute bringt. Und dabei handelt es sich nicht nur um die aktuellen Charts, sondern auch Heidi Kabel und Hans Albers bekommen ihren Platz, und zwar direkt neben aktuellen Künstlern wie Jan Delay. Wer Glück hat, findet hier Raritäten, die aus anderen Plattenläden der Stadt längst verschwunden sind.

Neuer Kamp 32
20357 Hamburg
Tel. 28 57 01 93
www.hanseplatte.de
Mo bis Fr 11–19 Uhr, Sa, 10–18 Uhr

## FrischeParadies Goedeken

Vor ein paar Stunden schwamm die Scholle noch im Meer, die Gurken, Cherrytomaten und frischen Kräuter wurden auch gerade erst geerntet. In den großen Kühlräumen des etwas anderen Lebensmittelmarkts direkt im Hafen an der großen Elbstraße ist die Frische der Waren zu riechen und zu fühlen. Dort, wo Gastronomen ihre Köstlichkeiten einkaufen, können auch Hobbyköche hochwertige Lebensmittel für die Küche erstehen. In begehbaren Kühlräumen und auf 600 Quadratmetern gibt es vom argentinischen Rindfleisch bis zum frischen Zanderfilet alles, was Herz und Magen begehren. Und wer Durst hat, bestellt sich zur Einstimmung ein Gläschen Champagner direkt an der Bar im Markt.

Große Elbstraße 210
22767 Hamburg
Tel. 38 90 80
www.frischeparadies.de
Markt: Mo bis Fr 9–19 Uhr, Sa, 9–16 Uhr
Bistro: Mo bis Sa 11.30–15 Uhr

## Heidi & Hein

Von den Alpen bis zur Alster ist das Motto dieses entzückenden Cafés in Eimsbüttel. Mit einer raffinierten Mischung aus Brezen und Weißwurst, Franzbrötchen und Friesentee locken die Inhaber Kerstin und Till Sternel (sie Münchnerin, er Hamburger Jung) ein hippes Publikum an den Tisch. Dazu gibt's schöne Accessoires wie Schlüsselanhänger, Babylätzchen und Frühstücksbretter – stilecht mit Edelweiß-Anker-Logo!

Heußweg 97
20255 Hamburg
Tel. 32 51 89 75
www.heidiundhein.de
Di bis So 10 – 18 Uhr, Montag Ruhetag

## Mutterland

Die Liebe zum Mutterland geht hier durch den Magen. Es gibt „Ahoi-Tee!", Gewürzketchup namens „Körri-Saft" und Schokolade, die nach bekannten Orten in der Hansestadt benannt ist. Viele leckere Köstlichkeiten in diesem Feinkostgeschäft sind von der Hansestadt geprägt. Wer gleich vor Ort vom Hunger gepackt wird, kann im kleinen Café direkt im Laden Kaffee, Kuchen und andere Kleinigkeiten bestellen.

Ernst-Merck-Straße 9
20099 Hamburg
Tel. 28 40 79 78
www.mutterland.de
Mo bis Sa 8 – 21 Uhr, So, 10 – 18 Uhr

## HafenCity Merchandising

Die HafenCity gibt es mittlerweile schon in Flaschen abgefüllt, nämlich in Form des prickelnden HafenCitySecco. Der modernste Stadtteil der Hansestadt hat schon fast Kultstatus erreicht. Für alle, die sich mit dem Stil identifizieren, bietet das HafenCity Merchandising das richtige Zubehör. Dazu gehören nicht nur Souvenirs, sondern auch Designermode mit dem HafenCity-Label. Die Artikel können Sie sowohl im Geschäft als auch im Onlineshop kaufen.

Im Yachtkontor
Am Kaiserkai 29
20457 Hamburg
Tel. 36 09 71 95
www.hafencity-merchandising.de
Mo bis Fr 9 – 13 Uhr und 14 – 18 Uhr

## Heimat Hafen Hamburg

Dass Susanne Häußler die Hansestadt liebt, verrät eigentlich schon der Name ihres Shops in Uhlenhorst. Auf Taschen, Decken, Kissen und sogar auf Quietscheentchen prangt der Name der Hansestadt. Ein Muss für echte Hamburgfans und die, die es werden wollen.

Hofweg 98
22085 Hamburg
Tel. 22 94 48 60
www.heimat-hafen-hamburg.de
Mo ab 14 Uhr, Di bis Fr 12 – 19 Uhr,
Sa 11 – 15 Uhr

## Hanse Nautic

Hätte Kolumbus bei Hanse Nautic einkaufen können, hätte er Amerika nicht für Indien gehalten. Mit der richtigen Karte wäre das nicht passiert. Besser haben es die Sportbootfahrer und Segler von heute, denn sie werden in diesem Geschäft alles finden, was sie für ihr Hobby brauchen: See- und Sportbootkarten für Gewässer der ganzen Welt, ein umfangreiches Fachliteraturangebot und Geräte zur elektronischen Navigation sowie Software für Bordcomputer. Hier werden selbst Berufsschifffahrer fündig.

Herrengraben 31
20459 Hamburg
Tel. 374 84 20
www.hansenautic.de
Mo bis Fr 10 – 18 Uhr, Sa 10 – 13 Uhr

# WERFTEN

AUF WASSER GEBAUT

DIE GROSSEN HAMBURGER WERFTEN SEHEN EINEN AUSWEG AUS DER KRISE: SIE SPEZIALISIEREN SICH AUF YACHTEN DER SUPERLATIVE UND UNGEWÖHNLICHE SCHIFFSTYPEN

# HINTERM HORIZONT GEHT'S WEITER



Stolz ragt er in den Himmel. Der Portalkran der Sietas-Werft demonstriert hier am hintersten Zipfel von Hamburg, in Neuenfelde, dass immer noch Schiffe gebaut werden. Seit 375 Jahren, als die Familie Sietas mitten im Dreißigjährigen Krieg das Unternehmen gründete. Männer in Blaumännern sind unterwegs, Schweißbrenner flackern, und an der Gangway zur Fähre stehen schon die Daten für die Ablieferung der Schiffe.

Alltag. Selbstverständlich ist er nicht. Denn noch vor gut einem Jahr hätte alles vorbei sein können. In der Schiffbaukrise brachen Aufträge weg, und Containerschiffe, für die Sietas über Jahrzehnte als Premium-Hersteller galt, wollte keine Reederei mehr haben. Ein dreistelliger Millionenkredit der HSH Nordbank und eine Bürgschaft der Hansestadt und des Bundes mussten her. Abgespannt vom Kampf um die Existenz seiner Werft gab Besitzer Hinrich Sietas im Februar 2009 das Management ab. „Wir haben unsere Hausaufgaben nicht gemacht und zu lange auf Containerfrachter gesetzt", gestand er ein, als er die neue Geschäftsführung vorstellte. An der Spitze: Rüdiger Fuchs, ehemaliger Airbus-Topmanager. Der ist inzwischen dabei, die Werft vom Handwerks- zu einem modernen Industriebetrieb umzugestalten.

Schiffbau im Wandel. Auch bei Blohm + Voss, der Traditionswerft mit dem Weltnamen, die so legendäre Schiffe baute wie den Passagierschiffriesen „Vaterland" für die Hapag Albert Ballins, die Viermastbark „Passat" oder das Schlachtschiff „Bismarck", sind die Weichen neu gestellt. Nachdem sie 133 Jahre in deutscher Hand waren, hat der des Schiffbaus überdrüssige ThyssenKrupp-Konzern die drei Hamburger Betriebe von Blohm + Voss – Neubau, Reparatur und Maschinenbau – an Scheich Hamdan bin Zayed Al Nahyans Holding Abu Dhabi MAR (ADM) verkauft. Eine Entscheidung, die sogar von der Gewerkschaft IG Metall begrüßt wurde, weil es ohne die Araber wegen der Auftragsflaute kaum mehr eine Zukunft gegeben hätte.

Zurück zu Sietas. Dort steht Werft-Chef Fuchs auf dem Peildeck der Fähre „Uthlande" für die Wyker Dampfschiffs-Reederei Föhr-Amrum und schaut nach vorn. Er hat viel bewegt in den Monaten seit seinem Einstieg im März 2009. Etwa zwei ältere Schwimmdocks für die Konservierung und Lackierung der großen Blöcke hergerichtet, sodass die Werft solche Aufträge nicht mehr teuer und zeitraubend an andere Firmen vergeben muss. Durch maschinell auf die Stahlbauplatten gedruckte Codes ist jetzt jedem Werker sofort klar, welches Teil wo aufgeschweißt werden muss. Die Arbeit ist so aufgeteilt, dass sie in überschaubaren Einzelschritten abgearbeitet werden kann – mit rasch sichtbarem und kontrollierbarem Ergebnis.

Zwei Millionen Euro hat die Werft investiert. Ziel: kürzere Durchlaufzeit, um so international mithalten zu können. Das Management hat mehr Arbeit in die Hallen verlegt, wo jetzt Großteile entstehen, die die Arbeiter im Dock später nur noch wie in einem Baukasten zu Schiffen

zusammensetzen. Die großen Werftenkonzerne in Korea arbeiten so und auch die Kreuzfahrtschiffwerft Meyer in Papenburg, weil dies als bis zu neunmal produktiver gilt, als wenn, wie zuvor bei Sietas, mehr als 60 Prozent der Herstellung in den Docks erledigt wird. Inzwischen sind auch bei Sietas 70 Prozent der Schiffsteile schon fertig, bevor die bis zu 400 Tonnen schweren Blöcke lackiert, konserviert und ausgerüstet vom Portalkran ins Schwimmdock gehievt werden.

Endmontage heißen die Arbeiten im Dock und am Ausrüstungskai heute. Dabei ist es kein Zufall, dass dies an den Zusammenbau der Airbus-Jets ein paar Kilometer weiter in Finkenwerder erinnert. Ein bisschen stolz ist Ex-Airbus-Manager Fuchs schon, wenn er das Ergebnis beschreibt: „Statt in 33 haben wir das Baggerschiff, das wir gerade gebaut haben, in nur noch zwölf Teilen ins Dock gehoben und die Durchlaufzeit damit halbiert. Man konnte jeden Tag mit bloßen Auge sehen, wie der Bagger zusammenwuchs."

Alle fünf Aufträge für zukunftsweisende Spezialschiffe – neben der Fähre und dem Bagger sind das ein kleiner Transporter für Lkw und Anhänger sowie zwei Frachter für Anlagen und Maschinen – hat Fuchs höchstpersönlich hereingeholt. Entscheidend für die Zukunft aber wird sein, bei wie vielen Kunden die neuen Trümpfe der Sietas-Werft stechen und ob sie dann neue Aufträge zeichnen. Fuchs kämpft.

Auch einige Kilometer elbaufwärts, bei Blohm + Voss, hofft man auf lukrative neue Aufträge, nachdem die Megayachten „Orca" und die vom russischen Milliardär Roman Abramowitsch bestellte „Eclipse", mit 162,50 Metern die längste Motoryacht der Welt, abgeliefert sind. Dabei sollen die neuen Besitzer von Abu Dhabi MAR mit ihren Kontakten in den Nahen Osten und nach Nordafrika helfen. Experten sind überzeugt, dass sich nach dem Abflauen der Krise die Superreichen der Welt wieder ihrem kostspieligsten Hobby zuwenden werden – und eine Megayacht bestellen. Kosten für so ein Spielzeug: eine hohe dreistellige Millionensumme. Auch die Nachfrage nach Marineschiffen steigt. Nicht nur weil Piraten die Handelsschifffahrt unsicher machen, sondern auch weil immer mehr Staaten der Schutz ihrer Hoheitszonen auf See wichtig ist. Das erhöht die Chancen von Blohm + Voss, nach Jahren wieder Fregatten ins Ausland zu liefern. Ohnehin werden in Hamburg von 2011 bis 2018 vier Schiffe für die Deutsche Marine entstehen. Zwei Großaufträge für Yachten zusätzlich könnten den Neubau mit rund 700 Beschäftigten auslasten.

Den Neubau unterstützen soll der Bereich Reparatur. Blohm + Voss Repair profitiert vom viel frequentierten Hafen Hamburg und steht mit seinem Namen für spektakuläre Projekte in kurzer Zeit wie bei der Überholung des Oceanliners „Queen Mary 2". Der Maschinenbau ist bei Abdichtungen für Propellerwellen weltweit Branchenprimus. Gerade bei diesen Zulieferteilen, die einen Wasse-

rein- und Ölaustritt an einem der neuralgischen Punkte am Schiffsrumpf verhindern sollen, zählt höchste Zuverlässigkeit.

Immerhin 3000 Arbeitsplätze bietet der Schiffbau in Hamburg noch. Neben Sietas und Blohm+Voss halten sich weitere Kleinbetriebe, zu denen etwa die SSB Spezialschiffbau Oortkaten zählt. Dort wurden die nach vorn spitz zulaufenden Hafenfähren der Hansestadt gebaut, im Hamburger Volksmund liebevoll Bügeleisen genannt.

Im Vergleich zu den mehreren Zehntausend Schiffbauern, die in den Jahrzehnten nach dem Krieg Deutschland an die Weltspitze hämmerten und schweißten, sind es heute sehr wenige Werften. Der Siegeszug der asiatischen Schiffbauer hat Namen wie Howaldt, Deutsche Werft, Stülcken oder Schlieker verschwinden lassen. Aber: Der Portalkran von Sietas und das riesige Trockendock Elbe 17 gegenüber den Hamburger Landungsbrücken werden weiter stolz für den geschichtsträchtigen Schiffbau in der Stadt stehen, denn die beiden letzten großen Werften haben angedockt an die Zukunft.

Rolf Zamponi

Immer unter Strom:
Schiffselektriker Steffen Biering im Einsatz auf der Sietas-Werft.

SIETAS-WERFT-MANAGER RÜDIGER FUCHS ÜBER SEIN GANZ PERSÖNLICHES TRAUMSCHIFF UND DAS GLÜCK, AN DER ELBE ZU ARBEITEN

# »MANCHE SCHIFFE SIND TECHNISCHE WUNDERWERKE«



Herr Fuchs, Sie sind seit Ihrem achten Lebensjahr Segler. Hätten Sie jemals gedacht, dass Sie selbst mal Schiffe bauen würden?

Ehrlich gesagt, nein. Ich bin in Stuttgart aufgewachsen und wenn ich damals an Boote gedacht habe, waren das Segelyachten für den Bodensee.

Jahrelang waren Sie Topmanager bei Airbus, jetzt stehen Sie an der Spitze einer mittelständischen Werft. Was war der Grund für den Wechsel?

Mich lockte die Freiheit, hier auf der Werft selbst etwas gestalten zu können. Wenn auch mit bescheideneren Mitteln als in einem Konzern.

Wie finden Ihre Frau und Ihre beiden Kinder Ihre neue Aufgabe?

Die mögen das. Alle haben mich bereits auf der Werft besucht. Mein Sohn Frederik will die Werft gern mal mit seiner zweiten Klasse besuchen. Zu meinem Geburtstag hat er mir ein Containerschiff in Pastellblau, der Farbe unseres Segelboots, gemalt.

Wie weit liegen Schiff- und Flugzeugbau auseinander?

Gar nicht so weit. In beiden Branchen geht es um ein Gesamtprodukt, um kleine Stückzahlen und um die Fähigkeit, gut mit Zulieferfirmen zusammenzuarbeiten.

Die Sietas-Werft baut Schwergutschiffe, mit denen extrem schwere Ladegüter transportiert werden können, Bagger oder jetzt eine Fähre. Welches Schiff würden Sie persönlich noch gern bauen?

Beruflich gern ein Schiff, mit dem sich Windkraftanlagen auf See aufstellen lassen. Als Privatmann eine hölzerne Segelyacht, mit der sich sportlich fahren lässt.

Welche Schiffe beeindrucken Sie?

Jeder Kreuzfahrer von der Meyer-Werft, die Megayachten von Blohm+Voss, Lürssen in Bremen oder der Nobiskrug-Werft in Rendsburg. Aber auch unsere Schwergutschiffe, deren beide Kräne je 1000 Tonnen anheben können, ohne zu kentern. Das sind technische Wunderwerke.

Hat den Hut auf:
Rüdiger Fuchs, 44, ist seit dem 1. März 2009 Vorsitzender der Geschäftsführung der Sietas-Werft.

**Die Sietas-Werft, Ihr Arbeitsplatz, liegt am Südufer der Elbe. Welche Bedeutung hat der Fluss für Sie?**

Den Fluss selbst empfinde ich als großes Glück, dazu den Blick auf das hügelige Blankenese mit seinen schönen Villen oder auf die Insel Schweinesand. Die Elbe ist eine Lebensader, auch für die Sietas-Werft. Als ich ein Kind war, erzählte meine Oma, dass sie eine Stadtrundfahrt in Hamburg gemacht habe. Dort gebe es einen großen Hafen und die größten Schiffe, die mir vom Bodensee bekannt waren, würden dort doch glatt für Hafenrundfahrten genutzt. Ich war damals sehr beeindruckt und hätte mir nie träumen lassen, dass ich einmal in dieser Stadt Schiffe bauen würde.

**Wann können Sie die Elbe genießen?**

Zum Beispiel am Wochenende beim Laufen. Manchmal bin ich so weit am Wasser unterwegs, dass ich den Kran der Sietas-Werft sehen kann. Die Elbe, die Stadt und der Hafen als Tor zur Welt: Das hat was.

**Gibt es auch einen Platz im Hafen, den Sie mögen?**

Den Fischmarkt.

**Darf es dort ein Fischbrötchen sein?**

Gern auch mal zwei.

Rolf Zamponi

HAMBURGS WICHTIGSTE WERFTEN

# DAS SCHWEISST ZUSAMMEN

## Blohm + Voss

Gegründet 1877 von Hermann Blohm und Ernst Voss, hat die Werft bisher an die 1000 Schiffe gebaut. Das Unternehmen beschäftigt insgesamt 1600 Mitarbeiter. Blohm + Voss in Hamburg besteht aus drei Betrieben: dem Neubau mit 700 Mitarbeitern, der Reparatur mit 450 und dem Maschinenbau (direkt neben der Werft auf Steinwerder gelegen) mit 350 Beschäftigten. Weitere Mitarbeiter sind in der Zentrale der Werften-Holding ThyssenKrupp Marine Systems (TKMS) und einigen kleineren Abteilungen tätig.

Das Werftgelände einschließlich des Areals des Maschinenbaus, das der Stadt gehört und langfristig gepachtet ist, umfasst 550 000 Quadratmeter und ist damit so groß wie 77 Fußballplätze. Die Kais zum Anlegen sind insgesamt 2100 Meter lang.

Das größte Dock, das für alle Hafenbesucher gut sichtbare Trockendock Elbe 17, ist 351,2 Meter lang und fast 60 Meter breit. Es gehört zur Reparatur, wo im Jahr durchschnittlich 60 bis 100 Schiffe repariert, umgebaut oder modernisiert werden. Insgesamt hat die Reparatur fünf Docks. Zum Neubau gehören zwei Schwimmdocks, die 143 beziehungsweise 160 Meter lang sind.

Das Ausbildungsangebot bei Blohm + Voss umfasst sieben verschiedene Berufe und drei duale Studiengänge.

Die Berufe: Konstruktions-, Industrie-, Anlagen- und Zerspanungsmechaniker, Mechatroniker, Werkstoffprüfer und technischer Produktionsdesigner. Die Studiengänge, bei denen gleichzeitig auch im Unternehmen gearbeitet wird, sind: Maschinenbau (Entwicklung und Konstruktion), Schiffbau und Meerestechnik sowie Wirtschaftsingenieurwesen. Derzeit beschäftigt Blohm + Voss 135 Auszubildende in allen drei Betrieben.

www.blohmvoss.com

Die Sietas-Werft

hat seit ihrer Gründung im Jahr 1635 insgesamt 1300 Schiffe gebaut. Dazu gehört auch das erste Containerschiff, das in Deutschland entstand. Die „Bell Vanguard" wurde im April 1966 an die Hamburger Reederei Jürgen Hinrich Breuer geliefert und von der irischen Reederei Bell Lines gechartert.

Heute vereint die Sietas-Gruppe den Neubau in Hamburg-Neuenfelde, den Kranbauer Neuenfelder Maschinenfabrik und die Norderwerft, die auf Reparaturen spezialisiert ist. Insgesamt hat sie 1054 Mitarbeiter.

Das Werftgelände des Familienunternehmens ist 169 564 Quadratmeter groß. Insgesamt stehen für den Neubau zwei Schwimmdocks und in der Reparatur bei der Norderwerft zwei Docks zur Verfügung. Das größte Dock ist für Schiffe bis zu einer Länge von 180 Metern geeignet. Die Sietas-Gruppe verbraucht pro Jahr knapp 15 Millionen Kilowattstunden Strom. Zum Vergleich: Ein Vier-Personen-Haushalt kommt jährlich auf 5000 Kilowattstunden. Und noch eine beachtliche Zahl: Jedes Jahr werden auf der Werft 1000 Kilometer Schweißnähte gezogen.

Das Ausbildungsangebot von Sietas umfasst sechs Berufe, bei denen es verschiedene Fachrichtungen gibt. Es sind: Konstruktionsmechaniker auch für die Fachrichtung Schweißtechnik, Industriemechaniker für Maschinen- und Anlagenbau sowie Elektroanlagenmonteur, Mechatroniker, Zerspanungsmechaniker mit der Fachrichtung Drehtechnik, Industriekaufmann und technischer Zeichner für Maschinen- und Anlagentechnik Fachrichtung Schiffbau.
www.sietas-werft.de

Die beiden größten Hamburger Werften können derzeit nicht besichtigt werden.

Feltz Bootswerft

Neßpriel 6
21129 Hamburg
Tel. 742 62 24
www.feltzboote.de
Segelyacht- und Motorbootrümpfe.

Julius Grube KG Schiffswerft

Moorfleeter Deich 20
22113 Hamburg
Tel. 78 71 24
www.grube-werft.de
Reparatur und Wartung von Binnenschiffen, Bargen und Hochseeschiffen, die die Elbbrücken passieren können.

Heinrich Buschmann & Söhne

Peuter Elbdeich 29 – 33
20539 Hamburg
Tel. 78 60 77
www.buschmann-soehne.de
Die Werft fertigt Schuten und Pontons und repariert Binnen-, Küsten- und Hafenschiffe.

Schiffswerft M. A. Flint

Ellerholzdamm 15 – 19
20457 Hamburg
Tel. 31 15 15
Reparatur von Schuten, Binnen-, Hafen- und Küstenschiffen sowie Schiffsmaschinen.

Schiffswerft von Cölln

Köhlfleet-Hauptdeich 1
21129 Hamburg
Tel. 38 08 87 57
Reparatur von Hafen- und Binnenschiffen.

SSB Spezialschiffbau Oortkaten

Oortkatenufer 6
21037 Hamburg
Tel. 73 41 88 90
Fertigung von Fähren und Reparatur von Binnenschiffen.

Theodor Buschmann

Reiherstiegdeich 53
21107 Hamburg
Tel. 751 98 30
www.buschmann-werft.com
Stahl- und Metallbau.

DIE WEGENER JACHTWERFT IN WEDEL BAUT LUXUSYACHTEN NACH PERSÖNLICHEN WÜNSCHEN

# DIE CABRIOS DER MEERE

„Mit Schiffen ist es wie mit Herrenanzügen", meint Ina Wegener. „Man kann ein Modell von der Stange kaufen oder eine Maßanfertigung, die dann hoffentlich ganz perfekt passt." Aufträge für Letzteres sind bei den Wegeners in den richtigen Händen. Vorausgesetzt natürlich, es geht jetzt nicht um einen Smoking, sondern um eine Yacht. Da darf der Kunde auch gern sagen: „Passen Sie auf, wir haben drei Kinder und zwei Hunde – die müssen alle bequem auf das Schiff passen!" Mehr als 60 größere und kleinere Yachten hat die Jachtwerft Wegener schon angefertigt, derzeit baut sie etwa eine pro Jahr.

„Unser Hauptgeschäft sind allerdings Reparaturen", sagt Ina Wegener, deren Mann Gerd den Familienbetrieb in dritter Generation führt. 1888 wurde die Wegener Jachtwerft gegründet, damals im südlichen Hamburger Stadtteil Altenwerder. Anfang der 60er-Jahre, als dort der Containerterminal entstand, wurde die Firma umgesiedelt – in den Hamburger Yachthafen, der außerhalb der Metropole in Wedel liegt. Gleich an der Elbe, in herrlich nach Holz und Handwerk riechenden Hallen, verhelfen Gerd Wegener und die acht Bootsbauer klassischen Yachten, historischen Schiffen und alten Tuckerbooten zu neuem Glanz. „Jachtwerft – das klingt vielleicht nach Seefahrerromantik", sagen die Wegeners, „aber es hat vor allem mit sorgfältigem Handwerk zu tun."

Das ist in einer der Hallen gerade eindrucksvoll zu bewundern: Zwei Bootsbauer sind damit beschäftigt, einen imposanten, rund 20 Meter langen Mast aus „Oregon Pine"-Holz rund zu hobeln. Mit zwei Flaschenzügen wird der Mast angehoben, dann legen die beiden im gleichen Takt los. „Für diesen Beruf braucht man viel Leidenschaft und auch viel Begabung", sagt Ina Wegener. Und fügt lachend hinzu: „Das Hobeln will gelernt sein. Ich würde da wahrscheinlich eine Macke nach der anderen reinhauen."

Wenn die Wegeners ein historisches Schiff, womöglich nach Originalplänen, restaurieren, kann ein solches Projekt mitunter Jahre dauern. Zügig müssen dagegen die meisten der 120 Schiffe, die im Winterlager der Jachtwerft Wegener liegen, für das Frühjahr und die neue Saison fit gemacht werden. „Das gilt zum Beispiel für diese Dame hier." Sie hat einen japanischen Besitzer, der ab und zu mal einfliegt, um ein bisschen mit seinem Schiff in Norddeutschland herumzuschippern.

„Das ist aber natürlich eher die Ausnahme", sagt Ina Wegener, die sich vor allem um die Buchhaltung des Unternehmens kümmert und selbst schon seit ihrer Kindheit begeisterte Seglerin ist. „Die meisten unserer Kunden kommen aus der Gegend, sodass sie auch immer mal wieder zu uns fahren können, um nach ihrem Boot zu sehen."

Die Wünsche ihrer Kunden seien so unterschiedlich, wie die Schiffe verschieden sind, sagt Ina Wegener. „Diese Yacht zum Beispiel wird von uns mit einem Badeausstieg versehen – die Eigner wollen im Sommer damit ins Mittelmeer."

Eher auf die Elbe möchten die Hamburger, die sich von der Jachtwerft Wegener den Klassiker fertigen lassen: ein Tuckerboot. „Das heißt tatsächlich so, weil der Motor so charmant tuckert", erklärt Ina Wegener. Zwischen fünf und acht Meter lang sei ein solches Boot, oft ist es aus Eiche oder Mahagoni gefertigt. „Für einen romantischen Picknickausflug taugt es prima", sagt die blonde Firmenchefin. „Aber ich kenne auch Leute aus Blankenese, die fahren im Sommer damit zur Arbeit." Und lassen jeden Cabriofahrer, der sich in der Rushhour die Elbchaussee Richtung City entlangquält, vor Neid erblassen.

Vanessa Seifert

Wegener Jachtwerft
Deichstraße 23–27
22880 Wedel
Tel. 04103/33 44
www.wegenerjachtwerft.de

DOCK

IM ELBE 17 WERDEN GROSSE SCHIFFE WIEDER FLOTTGEMACHT. DABEI WÄRE DAS RIESIGE TROCKENDOCK SCHON MAL FAST IN DIE LUFT GEFLOGEN

# AUF DEM TROCKENEN SITZEN

Wenn die Schiffe in den Docks von Blohm + Voss hoch und trocken liegen, wirken sie noch riesiger als im Wasser. Das gilt besonders für Ozeanriesen im Trockendock Elbe 17, das mit 351 Meter Länge und knapp 60 Meter Breite eines der größten seiner Art in Europa ist. Geradezu maßgeschneidert also beispielsweise für das Kreuzfahrtschiff „Queen Mary 2“, das 345 Meter lang ist und dort schon mehrfach war, um überholt zu werden.

Chefin über das Dock ist Werftkapitän Renate Rettel (merke: Den Ausdruck Kapitänin gibt es in der Seefahrt nicht!). Sie erhält als Erste die Pläne des Schiffes, das ins Dock soll, und erstellt danach das sogenannte Dock-Arrangement. Dazu gehört beispielsweise die Anordnung der Pallen, jener großen Blöcke, auf die der Kiel des Schiffes abgesenkt wird. Renate Rettel: „Meist fangen wir bei Niedrigwasser an, das Dock zu fluten, sodass zum Hochwasserstand der gleiche Pegel mit der Elbe erreicht ist.“ Bis zu 240 000 Kubikmeter Elbwasser strömen in das Becken, wenn die drei Schieber im Pumpenhaus geöffnet werden.

Renate Rettel ist selbst erfahrene Nautikerin. Sie wurde an der Hamburger Seefahrtsschule ausgebildet, fuhr anschließend als Offizier und Kapitän auf unterschiedlichen Schiffen, vom kleinen Kümo (die Abkürzung für Küstenmotorschiff) bis zum großen Seeschiff in der Großen Fahrt. Doch ein Schiff über die Ozeane zu steuern ist etwas ganz anderes, als es in ein kleines Dock zu manövrieren. „Das Docken selbst ist etwas, was einem Seefahrer ziemlich un-

Steht auf dem Trockenen: Werftkapitän Renate Rettel.

gewohnt ist", so Renate Rettel. „Schließlich ist das Schiff dann hoch und trocken, als säße es auf Grund. So überlässt man das oft lieber den Fachleuten der Werft."

Wenn das Schiff dann ins Dock geschleppt wird, ist Teamarbeit angesagt: Da müssen die Mitarbeiter der Werft mit der Schiffsbesatzung sowie den Lotsen eng zusammenarbeiten.

Renate Rettel: „Auf dem Schiff sind die Besatzung und ein bis zwei Lotsen. Auf dem Dock sind rund 20 Docker, die die Leinen handhaben, das Schiff festmachen und über den Pallen ausrichten. Außerdem sind mehrere Dockschlosser dabei, die die Pumpen und Schieber im Dock bedienen und Versorgungsanschlüsse wie Kühl- und Feuerlöschwasser am Schiff anschließen. Auf dem Dock sind alle vier Krane besetzt, ein Elektriker verlegt und schließt den Landanschluss zum Schiff an, außerdem sind Sicherheitskräfte und die Werksfeuerwehr beteiligt."

Bis das Schiff endgültig auf den Pallen steht, die es abstützen, wenn das Wasser abgepumpt wird, sind viele Kontroll- und Messarbeiten notwendig: Schwimmt das Schiff an der richtigen Position über den Pallen? Wie viel Ballast ist in den entsprechenden Tanks? Wie ist das Schiff getrimmt, also wie sind die Gewichte an Bord verteilt, um nur einiges zu nennen. Per Mannkorb lässt sich Renate Rettel schon sehr früh an Bord befördern, um mithilfe der Anzeigen auf der Kommandobrücke den Dockvorgang genau zu überprüfen. Entspannen kann sie erst, wenn das Schiff si-



## GROSSE TÖNE STATT GROSSER SCHIFFE

Der heutige Straßenname „Brook" lässt nicht ahnen, dass in der Speicherstadt und der heutigen HafenCity einst die Schiffbauer das Sagen hatten. Lange hieß der Straßenzug „Schiffsbauerbrook". „Pickhuben" gleich nebenan weist noch heute darauf hin, dass hier „Pechhauben" zum Kalfatern vorbereitet wurden. Den „Schiffbauerhafen" findet man nur noch als Ortsbezeichnung auf Hafenkarten. Als dort noch Schiffe gebaut wurden, hätte sich keiner träumen lassen, dass an gleicher Stelle in der Elbphilharmonie einmal die Musik das Sagen haben würde.

In Zeiten der Hanse konnten Schiffe gar nicht schnell genug gebaut werden. Kleine und große Werften siedelten sich rund um den Hafen an.

Den Schiffbau direkt vor Augen hat jeder, der einen Blick von der Uferpromenade bei den Landungsbrücken ans gegenüberliegende Ufer wirft. Mit Adleraugen und Geduld lassen sich sogar Luxusyachten bei Testfahrten oder – etwas offensichtlicher – luxuriöse Kreuzfahrtschiffe wie die „Queen Mary 2" im Dock entdecken.

cher auf den Pallen steht und die Schiffbaumeister sich davon überzeugt haben, dass alles wie geplant gelaufen ist.

Dass Blohm+Voss heute noch ein so großes Dock für Reparaturen anbieten kann, ist dem Widerstand und der Findigkeit der Hamburger zu verdanken. Denn nach dem Zweiten Weltkrieg wollten es die Engländer als Besatzungsmacht sprengen, weil Elbe 17 einmal für den Bau gigantischer Marineschiffe gebaut worden war. Die Hamburger hielten dagegen. Eine Sprengung könnte den nicht weit vom Dock verlaufenden Elbtunnel in Mitleidenschaft ziehen und der Hansestadt damit eine wichtige Verkehrsverbindung nehmen. Es folgte auf beiden Seiten eine Reihe propagandistischer Aktionen. Für ihren Höhepunkt sorgte am 18. März 1950 der britische Landeskommissar für Hamburg, Sir John Kirningmont Dunlop. Obwohl er stark erkältet war, nahm er, in wärmende Decken gehüllt, mitten im Elbtunnel in einem eigens dafür herbeigeschafften Sessel Platz, um zu demonstrieren, wie sehr er an die Ungefährlichkeit der Detonationen glaubte.

Während die Sprengladungen vorbereitet wurden, sammelten sich am Nordufer der Elbe die Schaulustigen. Sie sahen, wie pünktlich um 15 Uhr an der Westseite des Docks eine große Wolke aus Staub und Wasser aufstieg. Die ersten Detonationen waren gezündet worden. Im Abstand von 15 Sekunden folgten die nächsten, insgesamt 24 Mal gingen die Ladungen hoch. Doch nachdem Rauch und Staub sich verzogen hatten, sah das Dock Elbe 17 für die Schaulustigen aus wie zuvor. Sogar aus der Nähe betrachtet hielten Bauexperten die entstandenen Schäden für reparabel.

Wie aber war es dem britischen Landeskommissar im Tunnel ergangen? Die Röhren unter der Elbe hatten vibriert, das Leben des Offiziers aber war tatsächlich nicht in Gefahr. Eine Untersuchung ergab jedoch, dass an etlichen Stellen des Tunnels Wasser eingetreten war. Eine Sprengung mit höherer Ladung, die das Dock wirklich zerstören würde, schien also ausgeschlossen. Bis heute hält sich in Hamburg die Legende, damals hätten Mitarbeiter, die für die Wartung des Tunnels zuständig waren, sich also mit dessen Technik bestens auskannten, während der Detonation einige Ventile geöffnet, die zum Ablassen von Kondens- und Sickerwasser dienten. So seien im Tunnel plötzlich Wasserlachen entstanden.

Den Hamburgern blieb damit das Dock Elbe 17 erhalten. Weshalb sie sich so vehement für den Erhalt einsetzten, ist heute nicht mehr nachvollziehbar. Ob es einfach ein Stück zivilen Ungehorsams gegenüber der britischen Besatzungsmacht war, also ein Machtspiel, oder der Stolz darauf, in der Stadt mit 350 Meter Länge eines der größten Docks Europas zu haben, ist schwer zu sagen. Für die Schifffahrt der gerade beginnenden 50er-Jahre jedenfalls benötigte man ein so großes Dock tatsächlich nicht. Von den Frachtern jener Zeit erreichten nur wenige 150 Meter Länge. Die größten Passagierschiffe, wie die 1939 gebaute „Queen Elizabeth“ oder die 1935 gebaute „Normandie“, hatten zwar 300 Meter Länge. Aber solche Schiffe kamen nicht nach Hamburg – noch nicht.

Nicht einmal die Optimisten unter den Visionären konnten damals geahnt haben, dass in den 70er-Jahren des 20. Jahrhunderts immer größere Tanker in Fahrt kämen, weil nach dem Sechs-Tage-Krieg vom Juni 1967 der Suezkanal geschlossen wurde und die Ölströme der Welt nun ganz um Afrika herum transportiert werden mussten. Solche Tankerriesen aber mussten hin und wieder auch in die Werft. Damals lohnte es sich für Hamburg zum ersten Mal, ein so großes Dock zu haben. Heute sind es die größten Passagierschiffe der Welt, die immer wieder zur Reparatur in das Hamburger Dock kommen – dem einzigen Ort, wo man gern auf dem Trockenen sitzt.

Eigel Wiese

Carlo von Tiedemann, 66, ist Fernsehmoderator, Schauspieler, ein Urgestein des NDR und regelmäßig im Radio zu hören.

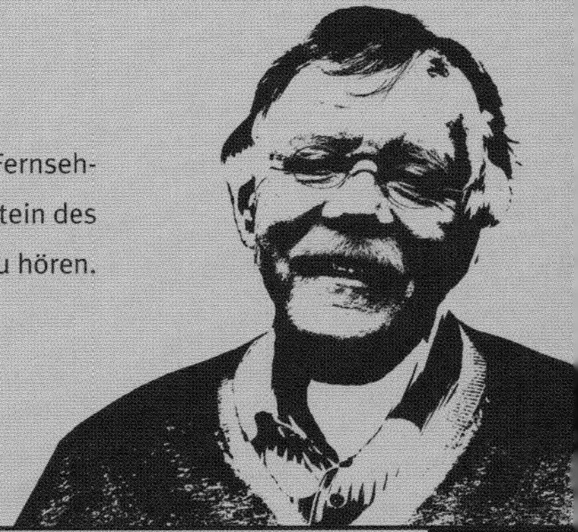

# CARLO VON TIEDEMANN

## ICH LESE FERNWEH IN DEN WOLKEN

Hamburger Hafen. Gefühlstrichter, Sammelbecken überschäumender Süchte, Träume, Horizont und grenzenlose Gedanken. Wenn du arm bist an Fantasie, in Not geratener Bettler für maritimes Empfinden, meide den Hafen. Ey, was hier abgeht, ist der Hammer! Du riechst das Wasser, hörst es glucksen und locken und rauschen, sich bewegen, auf und ab bei Sonne, Mond, bei Tag und Nacht, und wenn es Katzen und Hunde schüttet, liebst du diesen Ort.

Du bist eingebunden: Werften, Schiffe, Kähne, der Riese neben der Jolle, geile Typen, Neugierde aus Bad Pyrmont trifft auf hanseatische Coolness.

Der Himmel über dem Hafen ist anders, du liest in den Wolken Fernweh und Lust auf Aufbruch, von Hamburg in die Welt! Baumwall, Seiler. Landungsbrücken, „Hier einmal die Hafenrundfahrt!“ Fischmarkt, Proll neben Blankenese, Bukowskis „Dirty old man“ neben Süskinds „Parfum“. Ey, der Hammer! Der Hafen greift nach Seele und Herz, er lutscht dich auf. Immer. Bitte immer wieder!

# HAFENCITY

HERZ AUS GLAS

WENN AM NEUEN VORZEIGEVIERTEL EIN FRACHTER VORBEIFÄHRT, KLIRREN DIE GLÄSER IM SCHRANK. EIN SPAZIERGANG DURCH DIE HAFENCITY

# GOOD VIBRATIONS



Gut, hier gab es einmal die modernsten Hafenanlagen Hamburgs. Doch das war Mitte des 19. Jahrhunderts. Kann man da die HafenCity, Hamburgs jüngsten und modernsten Stadtteil, heute immer noch zum Hafen dazuzählen? „Man kann, unbedingt“, sagt Michael Klessmann, der einer der ersten neuen Bewohner hier war. Wir sitzen mit Kaffeebechern in der Hand vor dem neuen Unilever-Gebäude. Auf der treppenartigen Terrasse, die sich bis zur Kaikante erstreckt, genießen wir den Blick auf die Elbe und reden über diesen Stadtteil, sein Image und seine Architektur. Und damit auch über das Unilever-Haus. Ein futuristischer Bau ist dieses Bürogebäude, das sich im Inneren mit einem galerieartigen Durchgang Besuchern öffnet: Shops und ein Café sind dort öffentliche Bereiche mitten in der Konzernzentrale. Wenn man nicht wüsste, dass die vors Gebäude gespannte milchigweiße Folie auch Membranfassade heißt und als energietechnisch hocheffektive Ummantelung gilt – man könnte meinen, die Handwerker hätten dort Schutzfolien und Baugerüst vergessen. Und so ist das Unilever-Haus typisch für diesen Teil Hamburgs: avantgardistische Architektur, die aber auch auf Widerspruch stößt. Und direkt am Wasser gelegen, wo der Hafen quasi zum permanenten Schiffe-Theater für die Zuschauer wird. Die Bühne wird immer bespielt, Tag und Nacht schieben sich große Seeschiffe vorbei, tuckern Barkassen und Schlepper auf dem Fluss. Der 47-jährige Klessmann blickt versonnen auf das Geschehen. „Genau das ist es, warum es so viel Spaß macht, hier zu wohnen“, sagt er, „man blickt auf das Wasser – und es verändert sich ständig etwas dort.“

Wie das Unilever-Haus könnte man auch Klessmann als typisch für die HafenCity bezeichnen: Er gehört zu den Pionieren unter den knapp 1500 Bewohnern, die dort bereits Wohnungen bezogen haben. „Anfangs war das noch eine reine Sandwüste hier“, erzählt er. Das war um das Jahr 2005. Seine Frau und er wollten etwas Neues, Ungewohntes bei der Wohnungssuche wagen, nachdem der erwachsene Sohn ausgezogen war. Zunächst sahen sich die Klessmanns nach einen Hausboot um. Doch es gab viel zu wenige in Hamburg, die sich tatsächlich auch zum Wohnen eigneten. So kamen sie dann auf die HafenCity und waren fasziniert von den Plänen für diesen neuen Stadtteil, der Wohnen und Arbeiten mit Hafenblick verbinden soll. In dem Neubau einer Baugenossenschaft fanden sie die Wohnung, die sie gesucht hatten. Nicht billig, aber auch nicht zu teuer. „Wir sind eigentlich ganz normal“, sagt der IT-Fachmann. „Klar, den Porsche-Millionär, der hier ein zweites oder drittes Wochenend-Domizil hat, den gibt’s natürlich auch.“ Aber ansonsten sei die HafenCity ein Stadtteil wie Eimsbüttel oder Eppendorf auch. Mit einem Unterschied: „Es ist sehr kommunikativ hier, man könnte jeden Tag eine Einladung von Nachbarn annehmen“, sagt Klessmann. Es sei wohl dieses besondere Pioniergefühl, das die HafenCity-Community so verbindet, vermutet er. Gleich nachdem die ersten Wohnungen bezogen waren, gab es hier Stamm-

Pionierarbeit: Michael Kessmann zog als einer der Ersten in die HafenCity.

tischrunden und Vereine. Klessmann selbst hat eine HafenCity-Internetzeitung gegründet und ist damit im Nebenjob so etwas wie das kommunikative Zentrum dieses Stadtteils geworden.

Wir brechen auf und wollen ihn nun noch bei einem Feierabendspaziergang begleiten: Vorbei geht es an dem kastenartigen SAP-Gebäude, dem ersten Neubau der HafenCity. Dann schlendern wir zu den Magellan-Terrassen: ein etwas kühl wirkender, treppenartiger Freiraum mit merkwürdigen Skulpturen, die für uns aussehen wie geknickte Straßenlaternen, die einen Auffahrunfall erlebt haben, tatsächlich aber an Hafenkräne erinnern sollen. Davor haben an einer Pontonanlage im Hafenbecken etliche schöne historische Segelschiffe festgemacht. Die hohen antiken Masten, Streben und Tauwerk stehen im spannenden Kontrast zu den modernen Blockbauten der HafenCity. Kaum ein Bild dürfte die Verschmelzung aus historischem Hafen und futuristischer HafenCity besser charakterisieren, findet auch Klessmann.

Es ist Abend geworden, und die untergehende Sonne scheint direkt auf die alten Schiffe. Fußgänger schlendern auf den Pontons, eine Fischbrötchenbude hat noch geöffnet, dahinter blinkt das, was von der Glasfassade der Elbphilharmonie schon zu sehen ist.

Klessmann schlägt vor, noch einen Absacker in der „Kaiserperle“ zu nehmen. Das kleine Bistro steht ganz am Ende einer kulinarischen Meile auf der Landzunge zwischen Dalmannkai und Kaiserkai. Auch hier flanieren noch viele Besucher, obwohl es längst Abend geworden und mitten in der Woche ist. In dem Hafenbecken davor soll einmal eine Yacht-Marina gebaut werden, dahinter sind schon die Terminals und Werftkräne auf der anderen Elbseite zu sehen. Man sitzt auf Klappstühlen draußen und blickt aufs Wasser. „Hallo, Michael“, grüßen andere Gäste rüber. Hier ist an warmen Abenden ein Treffpunkt der HafenCity-Bewohner, die Touristen säßen eher in den größeren Restaurants weiter im Inneren der HafenCity, sagt Klessmann. Hausgemachter Kartoffelsalat und eine gute Auswahl an Weißweinen schließen den Abend tatsächlich wunderbar ab in der „Kaiserperle“, die sich mit ihrem Namen als HafenCity-Pendant zur legendären Strandperle, dem Strandkiosk in Neumühlen, versteht. Ganz in der Nähe der „Kaiserperle“ wohnt Klessmann und kann von dort ebenfalls aufs Wasser blicken: Wenn große Schiffe vorbeikommen, kann er sie spüren. „Die Vibration merkt man“, sagt er. Inzwischen kann er daran sogar unterscheiden, welches Schiff gerade an seinem Fenster vorbeizieht, ohne dafür hinauszublicken. Ob gerade ein bulliger Kotug-Schlepper oder der gigantische Autofrachter „Grande Nigeria“ die HafenCity passiert – das liest Klessman am feinen Zittern des Teppichs und am Klirren der Gläser im Schrank ab. Man wohnt hier wohl tatsächlich im Hafen, nicht nur am Hafen. Gefühlt jedenfalls.

Axel Tiedemann

JÜRGEN BRUNS-BERENTELG, GESCHÄFTSFÜHRER DER STÄDTISCHEN HAFENCITY GMBH, BESCHREIBT DIE ZUKUNFT DES VIERTELS

# MEHR HAFENMILIEU GIBT ES NIRGENDWO

**Bei der HafenCity ist fast zehn Jahre nach Baustart bald die „Halbzeit" erreicht: Wie wird in etwa der östliche, noch nicht gebaute Teil aussehen, gibt es neue Schwerpunkte?**

Die östliche HafenCity wird noch wesentlich urbaner und differenzierter werden, als dies mit dem ursprünglichen Masterplan möglich gewesen wäre. Wir haben aus den bisherigen Erfahrungen gelernt. Wohnen, Freizeit, viel Raum für Kreativität und Kulturthemen sowie ein großes Geschäftszentrum an den Elbbrücken – verbunden durch viel Grün und Wasser – bilden die Schwerpunkte.

**Hat sich die HafenCity so entwickelt, wie 2000 geplant, oder hat es zwischendurch auch große Planänderungen gegeben?**

Die HafenCity hat sich viel besser entwickelt als gedacht. Die alten Planbilder haben sich dabei sehr stark verändert. Vom Masterplan ist das Bild über viele Zwischenstufen – städtebauliche Wettbewerbe, Investorenwettbewerbe und die Entwicklung von Nutzungsideen – schließlich konkretisiert worden. Der Masterplan ist kein Korsett, sondern eine Verständigungsbasis, von der aus es weitergeht. Wir entwickeln ein lebendiges Quartier, die Pläne sind nur Zwischenstufen.

**Oft wird behauptet, die HafenCity Hamburg GmbH vergebe die Grundstücke im Höchstgebotverfahren ...**

Schon seit 2003 werden die Wohngrundstücke in der HafenCity nicht mehr nach dem Höchstpreis vergeben, sondern nach dem besten Konzept für die Standorte. Es gibt dabei eine Vielzahl von Kriterien. Gleichzeitig wird kleinteilig Grundstück für Grundstück vergeben. Auf diese Weise ist bereits ein breites Spektrum unterschiedlicher Bauherren mit unterschiedlichsten Ideen zum Zuge gekommen. 29 Prozent der Wohnfläche auf dem Dalmannkai sind von Baugenossenschaften und Baugemeinschaften bebaut worden, darüber hinaus gibt es Konzepte wie altersgerechtes Wohnen oder – in der Planung – ein Musikerhaus.

Wie viel Hafen steckt noch in der HafenCity?

Das stadträumliche Grundgerüst der HafenCity ist die alte Hafenstruktur mit dem Elbufer und den großen Hafenbecken aus dem 19. Jahrhundert, eingerahmt von der historischen Speicherstadt und dem aktiven Hafen. Mehr Hafenmilieu gibt es nirgendwo. Aber es wurden auch ganz neue Hafenaktivitäten für die HafenCity entwickelt: Die bedeutsamste ist das Kreuzfahrtterminal mit den neuen Liegeplätzen, dann der Traditionsschiffhafen im Sandtorhafen und die geplante Marina im Grasbrookhafen. Dazu kommen die Anleger für Fähren und Barkassen, zum Beispiel Ende des Jahres an der Elbphilharmonie. Zudem tun wir viel, um Hafennutzungen zu zeigen, wie im Internationalen Maritimen Museum Hamburg und in der Gestaltung von Promenaden mit alten Hafenmaterialien, Kränen und Brücken. Die HafenCity trägt auch in Zukunft den Namen zu Recht, auch wenn es ein „weicher" Hafen ist, wie es im Jargon der Planer heißt.

Verraten Sie uns Ihren persönlichen Lieblingsplatz in der HafenCity?

Mein Büro mitten in der HafenCity. Hier spüre ich täglich die ungeheure Dynamik der Veränderung.

Axel Tiedemann

## HIER ROLLTEN DIE KÖPFE



Wer heute durch die HafenCity flaniert, kann sich den Kopf zerbrechen, ob ihm die moderne Architektur nun gefällt oder nicht. Seinen Kopf verlor hier am Grasbrook der legendäre Pirat Störtebeker. Wo jetzt schicke Wohn- und Geschäftshäuser stehen, Sonnenterrassen zu einer Pause einladen und Traditionsschiffe an alte Zeiten erinnern, lag einst der Hamburger Richtplatz. Die heutigen Stadtplaner haben Störtebeker ein Denkmal gesetzt, im Jahr 1401 war man von solchen Ideen sicher nicht begeistert.

Der Freibeuter war bei den Hanseaten nicht gut angesehen. Erwischt wurde er aber trotz der Überlegenheit der Hanse-Schiffe der Legende nach nur durch Verrat. Ein großartiger Kapitän soll er gewesen sein und ein trinkfester obendrein. Am Ende erlitt er jedoch Schiffbruch. Ob er tatsächlich kopflos an elf seiner mitangeklagten Seeleute vorbeigeschritten ist, um sie vor der Hinrichtung zu retten, ist entweder Geschichte oder Anekdote.

Außer Störtebeker gibt es in der HafenCity viel zu entdecken, vor allem Museen, die direkt oder indirekt die Geschichte des Handels und des Hafens erzählen. Aus der Sicht eines Seemanns sind die spannendsten Orte natürlich Hafenanlagen. Alte Segler haben im Sandtorhafen ihr Zuhause gefunden, die Kreuzfahrer machen am „Chicagokai" Station.

DIE WICHTIGSTEN ANLAUFPUNKTEN DER HAFENCITY

# ES GEHT VORAN

## HAFENCITY

### Ein Kessel Buntes

Im früheren Kesselhaus in der Speicherstadt (Sandtorkai 30) ist das Infozentrum der HafenCity untergebracht. Ein acht mal vier Meter großes Modell zeigt dort den Baufortschritt des Stadtteils. Bücher, Filme und gelegentlich auch Vorträge informieren zudem über die größte Baustelle Europas. Spannend sind auch die vom Kesselhaus angebotenen Rundgänge. Treffpunkt ist jeweils im Foyer, eine Anmeldung ist nicht notwendig: Jeden Sonnabend geht es dort um 15 Uhr los, die Feierabend-Rundgänge starten von Mai bis September am Donnerstag um 18.30 Uhr. Ebenfalls nur im Sommer von Mai bis September beginnen im Kesselhaus geführte Radtouren durch die HafenCity. Treffpunkt ist auch dafür im Foyer des Kesselhauses, an jedem 1. und 3. Sonntag ab 11 Uhr.

**HafenCity Info-Center**
im Kesselhaus
Am Sandtorkai 30
20457 Hamburg

Tel. 36 90 17 99
www.hafencity.com
Geöffnet Di bis So 10–18 Uhr,
Mai–September auch
Do bis 20 Uhr

### Boulevard der Träume

Für knapp eine Milliarde Euro baut ein deutsch-niederländisches Konsortium das Herz der HafenCity, das Überseequartier. Über den Stand der Arbeiten gibt es Informationen im Info-Pavillon Überseequartier.

**Info-Pavillon Überseequartier**
Osakaallee 14
20457 Hamburg
Geöffnet Di bis So 10–18 Uhr

### Schicke Disharmonie

Spektakuläre Architektur, spektakuläre Preissteigerungen und Bauverzögerungen: Die Elbphilharmonie ist schon jetzt – in positiver wie in negativer Hinsicht – das neue Wahrzeichen der Stadt. Im Info-Pavillon informiert die städtische Realisierungsgesellschaft Rege über Konzertsaal, Hotel und weitere Bebauung.

**Pavillon Elbphilharmonie**
Magellan-Terrassen /
Großer Grasbrook
20457 Hamburg

April–Oktober:
Di bis So 10–17 Uhr
November–März:
Do bis So 10–17 Uhr
Sonntags Führungen (90 Min.) zur Baustelle der Elbphilharmonie, Start am Pavillon um 11, 13 und 15 Uhr

### Kinder, Kinder

Wenn die Kleinen keine Lust auf Architektur-Gucken haben, gibt es trotzdem eine Lösung für einen Familienausflug in die HafenCity: Am Ende der Straße Großer Grasbrook und schon nahe am Kreuzfahrt-Terminal befindet sich ein liebevoll gestalteter Spielplatz. Auf einem Holzschiff können die Kleinen dort Pirat spielen. Wie auch der orangefarbene Aussichtsturm, der in der HafenCity natürlich View Point heißen muss und sicher auch ein Highlight für ältere Kinder ist. Das nahe Unilever-Gebäude dürften sich Kids ebenfalls gern ansehen. Jedenfalls wenn man ihnen erzählt, was es dort gibt: leckeres Eis von Langnese.

**Unilever**
Strandkai 1
20457 Hamburg

**View Point HafenCity**
Marco-Polo-Terrassen
20457 Hamburg

### Auf mehrere Karten setzen

Auf der Landzunge der Elbphilharmonie hat sich ein kleines Ausgehzentrum entwickelt: vom Thailänder Tai Tan bis zur ambitionierten Küche im Wandrahm-Restaurant, dem Weinspeicher B oder den Laden Feinkost Hafen-City. Für ein Picknick am Wasser kann man sich dort mit kleinen Köstlichkeiten eindecken.

**Tai Tan Restaurant**
Am Kaiserkai 56
20457 Hamburg
Tel. 41 91 93 54
www.taitan-restaurant.de

**Restaurant Wandrahm**
Am Kaiserkai 13
20457 Hamburg
Tel. 31 81 22 00
www.wandrahm.de

**Weinspeicher B**
Am Kaiserkai 46
20457 Hamburg
Tel. 64 66 14 50
www.weinspeicher-b.de

**Klein und Kaiserlich Kaffeehaus**
Am Kaiserkai 26
20457 Hamburg
Tel. 36 12 24 80
www.k-u-k-kaffeehaus.de

**Brasserie Carls**
Am Kaiserkai 69
20457 Hamburg
Tel. 300 32 24 00
www.carls-brasserie.de

**Feinkost Hafencity**
Am Kaiserkai 27
20457 Hamburg
Tel. 36 12 25 87
www.feinkosthafencity.de

**Bistro Kaiserperle**
Am Kaiserkai 47
20457 Hamburg
Tel. 30 06 88 98
www.kaiserperle.de

Dana Schweiger, 42, ist Gründerin der bellybutton GmbH und hat gemeinsam mit Schauspieler Til Schweiger vier Kinder.

# DANA SCHWEIGER

## EIN HAUSBOOT WÄRE MEIN TRAUM

In Hamburg zu leben bedeutet für mich, ein Stück Heimat nach Deutschland mitgenommen zu haben. Ich bin in Seattle aufgewachsen, einer Stadt, die direkt am Wasser liegt. Später bin ich nach Malibu gezogen und habe dort ganz in der Nähe des Strandes gewohnt. Als die Entscheidung damals im Raum stand, nach Deutschland zu ziehen, war uns klar, dass es eine Stadt am Wasser sein muss.

Ich mag besonders die Elbstrände Richtung Blankenese. Im Sommer genieße ich es, mit Freunden im Sand zu sitzen und die Schiffe zu beobachten, die über das Wasser gleiten.

Am Wasser zu sitzen bedeutet für mich Freiheit. Am liebsten in der Strandperle. Das ist einer meiner Lieblingsorte in Hamburg.

Leider kann man hier nicht, wie in Amsterdam, auf dem Wasser leben. Ich fände es toll, immer in der Natur und doch gleichzeitig in der Stadt zu sein. Ein Hausboot wäre mein Traum! Wenn die Elbe ganz ruhig ist und die großen Frachter fast lautlos an mir vorbeiziehen, empfinde ich das als sehr beruhigend und romantisch. An anderen Tagen, wenn der Wind die Elbe aufwühlt und die Möwen im Hafenbecken kreischend und aufgeregt kreisen, überträgt sich diese Stimmung auch auf mich. Eine angenehme Unruhe kommt dann in mir auf, die dazu führt, dass ich am liebsten 1000 Dinge auf einmal erledigen möchte.

Ich finde es großartig, dass die Elbstrände nicht komplett durchorganisiert sind. Man kann sich immer noch mit ein paar Freunden und einem Grill ans Ufer setzen und ein Picknick veranstalten. Es ist so herrlich unkompliziert, einfach wunderschön. Das Einzige, was mich stört, ist der Müll, den viele Besucher achtlos im Sand zurücklassen. Gerade im Sommer ist das immer ein großes Thema.

Ich weiß zwar, dass am liebsten jeder den Elbblick aus der eigenen Wohnung genießen möchte, aber ich finde, wir sollten so viel Natürlichkeit wie möglich erhalten und die Bebauung des Elbufers nicht noch weiter vorantreiben. Das Projekt der HafenCity wiederum finde ich eine große Bereicherung für Hamburg. Ich denke, dass die HafenCity auf einem guten Weg ist. Jetzt, wo die Baustellen nach und nach attraktiven und modernen Wohnvierteln weichen, kann man sich immer besser vorstellen, wie es einmal aussehen kann. Ich finde es toll, dass viel Wohnraum entstanden ist und auch genügend Platz für Familien mit Kindern geschaffen wurde. Das macht den Stadtteil lebendig und bunt. Wenn ich nach einem langen Vormittag im Hafen keine Lust mehr auf Schiffe habe, gehe ich gern ins Prototyp-Museum in der HafenCity. Das mögen die Kinder auch gern, und der Tag ist rund!

VOM SANDTORHAFEN AUS SCHIPPERT DER RENTNER JÜRGEN SEIFERT AUF EINEM ALTEN SCHIFF TOURISTEN ÜBERS WASSER

# »MEIN BEITRAG GEGEN DIE WEGWERFGESELLSCHAFT«

72 Jahre alt ist Jürgen Seifert, und 55 davon mit der Seefahrt vertraut. Seifert ist gelernter Verfahrenstechniker und eigentlich längst pensioniert – doch weil, wie er sagt, „mein Herzblut so vom Meeresnass verwässert ist", kümmert sich Seifert heute ehrenamtlich um die Traditionsschiffe im Sandtorhafen.

Bis Ende 2008 haben Sie den Museumsdampfer „Schaarhörn" gelenkt, jetzt sind Sie der Kapitän der „Fairplay VIII". Was reizt Sie an diesen alten Zossen?

Dass sie ein Stück Verbindlichkeit sind. Die „Schaarhörn" tut's seit 102 Jahren, die „Fairplay VIII" immerhin schon seit 48 – und zwar mit dem Originalmotor von damals! Alte Schiffe zu erhalten, das ist mein Beitrag gegen eine Wegwerfgesellschaft, die vergessen hat, dass alle Ressourcen endlich sind.

Was kostet diese Schiffspflege?

Zwischen 20 000 und 30 000 Euro im Jahr muss man dafür schon berappen – mit ein paar Pötten Farbe aus dem Baumarkt ist es jedenfalls nicht getan.

Die „Fairplay VIII" diente noch bis Mai 2009 im Hafen von Wismar als „Bugsier-Moped", dann wurde sie jedoch von der zuständigen Reederei wegen Unrentabilität aussortiert. Wo wäre die „Fairplay VIII" gelandet, wenn Sie sie nicht geholt hätten?

Im Hochofen. Vorher hätte sie der Schneidbrenner in kleine Schrottstücke zerteilt, wahrscheinlich in Polen oder sonst wo im Osten. Denn in Deutschland wrackt ja niemand mehr ab – zu teuer.

Was fühlen Sie, wenn Sie so eine Verschrottung mal im Kopf durchspielen?

Schmerzen in der Seele. Das ist wirklich eine schlimme Vorstellung für mich.

Die „Fairplay VIII" ankert nunmehr in der HafenCity. Nennen Sie bitte die drei Worte, die Ihnen zuerst einfallen, wenn Sie an diesen Stadtteil denken.

Fremde, Fernweh, Freundlichkeit. Fremde trifft man in Hamburg zahlenmäßig wohl am häufigsten in der HafenCity, weil das Viertel verständlicherweise eine große Touristenattraktion ist. Diese Fremden sind fast immer freundlich, fröhlich, ausgelassen – kein Wunder, sie sind ja meist im Urlaub. Und wenn diese ganzen Besucher dann erzählen, woher sie so kommen – aus Amerika, Afrika oder Australien, na, kann man ja nur ins Schwärmen von fernen Orten geraten ...

Wie weit kommen Sie denn mit der „Fairplay VIII" herum?

Zunächst einmal tuckere ich natürlich über die Elbe. Aber dann und wann geht's auch auf den Nord-Ostsee-Kanal oder gleich in die Ostsee, hinauf in den Kleinen und den Großen Belt etwa.

**Vermisst Sie während solcher Touren jemand zu Hause?**
Ich will's hoffen: meine Frau Hildegard, mit der ich seit zehn Jahren verheiratet bin, und meine Dackeldame Maja.

**Wer von beiden freut sich mehr, wenn Käpt'n Seifert wieder in den Heimathafen einläuft?**
Maja. Na ja, zumindest zeigt sie es mehr. Was aber vielleicht auch daran liegt, dass meine Gattin nicht so sehr zum Winseln aus Vergnügen neigt.

**Wie sind Sie überhaupt zur Schifffahrt gekommen?**
Den ersten Kontakt bekam ich als 17-Jähriger, als ich bei der Hochseefischerei anheuerte. Schnell verlor sich mein Seemannsein aber wieder, ich schlug andere Wege ein. 1995 ging ich dann in Frührente – und hatte Langeweile. Da entdeckte ich die Schiffe wieder und machte kurzerhand das Binnenschifferpatent Nummer A, was mir nunmehr erlaubt, mich sowohl Kapitän als auch nautischtechnischer Inspekteur zu nennen.

**Sie sind mittlerweile auch nicht mehr der Jüngste. Denken Sie ans Aufhören?**
Schon. Aber der Amtsarzt, zu dem ich einmal im Jahr muss, um Passagiere befördern zu dürfen, attestiert mir bislang immer beste Fitness. Und die mit Pension zu verlümmeln, das wäre doch vergeudet.

**Dass Sie übrigens dem Meer so verbunden sind ...**
... könnte durchaus daran liegen, dass meine Geburtsstadt Stettin ja auch nicht gerade inmitten einer Wüste liegt.

**Geht die Liebe zu Steuer- und Backbord, zu Kimm und Kombüse denn so weit, dass Sie sich dereinst eine Seebestattung wünschen?**
Och nee, um Gottes willen – wenigstens im Tode will ich von dem ganzen Geschaukel auf Wellen und Wogen endlich in Ruhe gelassen sein!

Christopher Beschnitt

N
W
S

# GASTRO

FISCH MUSS SCHWIMMEN

Goodbye Johnny: Hans Albers und seine prominenten Kollegen sind lange gegangen, hängen hier aber noch rum.

OB BRASILIEN-KLAUS, DOSEN-WERNER ODER INA MÜLLER:
IN DER ALTEN SEEMANNSKNEIPE „SCHELLFISCHPOSTEN" BEKOMMEN ALLE DURST

# UND 'NE BUDDEL VOLL ASTRA



Im „Schellfischposten" ist der Teufel los. Erst war die ganz große Freiheit dran, jetzt folgt Freddy mit seiner Hamburger Deern. Nummer 9709 in der Musikbox neben der Theke. „Ulla, zwei Matjes, ein Bismarck und drei Knollen", ruft einer von hinten. Die Wirtin eilt. Auch die Jungs in der Ecke dürsten. „Vier vom Fass!", ordert der Mann mit dem Elbsegler. Als Garnitur zwiebelt sich das fröhliche Quartett eine Runde Helbing Kümmel hinter die Kiemen. Gebrannt in Wandsbek. Schoin würzig, schmeckt nach Hamburg. Prosit! Mittlerweile schwadroniert wieder Hans Albers via Lautsprecher. Einige schunkeln im Takt.

Hoch die Tassen. Wie so oft in einer der urigsten Seemannspinten der Stadt, einem Relikt aus fast vergessenen Tagen. Der heutige Schankraum fungierte einst als Wartezimmer für Passagiere der elektrischen Bahn. Neben der Kneipe war Endstation. Die einen Gäste verluden Schellfisch, andere kamen durch den Alten Elbtunnel aus dem Freihafen hinter der Theke an Land. Und mancher kippte kurz 'nen Lütten.

Gut hundert Jahre ist das her; ein Erinnerungsfoto hängt noch an der Wand. Genau dort, wo sich an diesem Abend Dietrich Petersen, Wolfgang Häberle und die anderen Kapitäne der Hafenlotsenbrüderschaft zum Stammtisch versammelt haben. Petersen, allseits nur „Ossi" genannt, wirkt auch als Choreograf für das Schlepperballett am Hafengeburtstag, wenn sich die Schiffe zu Walzermusik durchs Elbwasser drehen. Heute ist Klönschnack angesagt. Maritime Themen kommen auf den Tisch. Geht nirgendwo besser als hier. Beim heiligen Schwur des großen Klabautermanns ...

Der seine Launen von jeher in dieser Kaschemme an der Carsten-Rehder-Straße besonders lustvoll austobt. Wie nicht nur der Schrumpfkopf hinter dem Zapfhahn beweist. Im Gegensatz zum skurrilen Mitbringsel aus Übersee betört dieses Elblokal mit einem Höchstmaß an Lebendigkeit. Wer wahrhaftige Fahrensleute sehen möchte, Seemannsgarn spinnen will und auf der Suche nach Neuigkeiten aus der Hafenwelt ist, findet im Schellfischposten einen erstklassigen Anker. Ein originelleres Lokal mit bodenständigerem Publikum ist in Hamburg kaum zu finden.

Daran hat sich seit Ina Müllers Fernsehauftritten nichts geändert. Auch nicht durch Sendungen wie „Großstadtrevier" und „Adelheid und ihre Mörder", die vor Ort ein ausgefallenes Ambiente fanden. Schickimickis sind hier fehl am Platz, mancher neugierige Tourist dagegen belebt das Geschäft.

„Der Schellfischposten ist ein gutes Stück Hamburg mit Charakter", sagt Wolfgang Häberle, 2. Ältermann der Hafenlotsen. Schließlich ist der Schellfischposten-Boss einer von ihnen. Kollege Uwe Müller, neben Ehefrau Ulla vor Ort der Steuermann, ist just von einem achtwöchigen Südafrika-Törn zurückgekommen: Als Kapitän auf großer Fahrt dirigierte er ein Containerschiff Richtung Kap der Guten Hoffnung und retour. Klar, dass die glückliche Landung mit der

einen oder anderen Knolle begossen wurde. Das sind, wie unten am Elbufer jeder weiß, griffige 0,33-Liter-Buddeln Astra. Zischt gut, die Buddel.

Auch Tochter Claudia und Gattin Ulla, von Haus aus Zahnarzthelferin, stießen mit an. Ullas Vater Georg „Schorsch" Pohl, ein Unikum im Hafen und schon zu Lebzeiten St.-Pauli-Legende, hatte die bereits damals altehrwürdige Spelunke anno 1962 übernommen und zum stadtbekannten Treffpunkt für Seefahrer geformt. Die eine oder andere Bordsteinschwalbe, die seinerzeit vor der Tür anschaffen ging, kam hinzu. Das ist vorbei, der maritime Spiritus keineswegs. Wer nicht glaubt, muss sehen, fühlen und schmecken.

Die Pinte ist voll mit exotischen Mitbringseln aus aller Herren Länder. Früher brachten die Seeleute sie als Geschenk mit – oder tauschten sie gegen flüssige Nahrung. In Jahrzehnten ergab sich auf diese Art eine schräge Melange aus Museum, Trinkstätte, Wohnzimmer, Infobörse und Kontakthof. Überall hängt Wundersames: Takelage, Netze, Fußbälle, Koggen, ausgestopfte Krokodile. Oder Seesäcke, Reederflaggen, eine Kümo-Toilette. Ebenso aus Holz geschnitzte Piraten, Positionslampen, Haifischskelette, das Schwert vom gleichnamigen Fisch, Masken aus Mikronesien – und natürlich der Schrumpfkopf aus Neuguinea. Um ihn etwas manierlicher wirken zu lassen, griff Wirtin Ulla schon mal zu Kamm und Haarspray. Aber das sollte eigentlich geheim bleiben.

Summa summarum ergibt sich eine einmalige Seebären-Kulisse, die es so ausschließlich in Hamburg gibt. Und wenn mal wieder Flut ist, stehen vorm Klo ein paar Gummistiefel bereit. Blau und gelb, in den Größen 40 bis 46. Zuletzt wurden sie bei der Sturmflut 2008 angezogen, als der Schankraum unter Wasser stand. Neu ist der unter der Decke drapierte Mast: ein zerbrochener Klüverbaum als Erinnerung des Wirts an die Rum-Regatta auf der „Annemore".

„Heyhey, aloahe", dröhnt es durch den „Schellfischposten", „das gibt's nicht nur auf hoher See." Absolut korrekt, Achim Reichel! Ein Gast will außenbords, hat aber Probleme: Die Tür mit dem Bullauge hat zwei Griffe, links und rechts. Einer ist Attrappe. Die wirklich sensationelle, selbst gebaute „Klavier-Hebeeinrichtung" funktioniert dagegen tadellos. Hämmern nicht gerade Axel Zwingberger, Vince Weber, Lucius von Truckstopp oder ein anderer Pianist in die Tasten, wird das schwere Stück schlicht hochgezogen. Schafft Platz.

Welchen der Mecklenburger Torsten Meyer für eine Unterhaltung mit einem anderen Gast nutzt. „Vom ersten Hamburgtag an habe ich mich hier heimisch gefühlt", sagt der Lüftungs- und Klimatechniker. Praktisch für ihn, dass er nach seinem Umzug von einem Kumpel die Wohnung oben an der Palmaille plus Stammkneipe unten an der Großen Elbstraße übernehmen konnte. Aller Motto prangt, schön beleuchtet, vor der Bar: „Ob jung oder alt, ob arm oder reich, im Schellfischposten sind sie alle gleich." Klingt fast

Rote Rosen: Hat Kneipenwirtin Ulla Müller auf dem Pulli und im Ohr, wenn mal wieder jemand Hildegard Knef anstimmt.

philosophisch – zumindest zu fortgeschrittener Stunde. Wer auch an den Morgen danach denkt und zwischendurch eine Pferdewurst für zwodreißig oder eine Wiener mit Kartoffelsalat für dreifuffzig bestellt, hält länger durch.

So wie jene Stammgäste, die damals wie heute für Leben in der Bude sorgen. Originale wie Schwungrad-Else, Sachsen-Hilde, Brasilien-Klaus, Afrika-Horst, Dosen-Werner, Meister, Seppl oder Gerd, der Bestatter. Irgendwann kommen sie alle wieder. Sei's auch nur in den Erzählungen am Biertisch.

Jens Meyer-Odewald

IMBISSWIRTIN BÄRBEL ULICZKA VOM »TRUCKER TREFF« WEISS, WAS MÄNNER WÜNSCHEN.

# »DER TELLER MUSS VOLL SEIN«

GASTRO

Schweinekrustenbraten? Eisbein mit Speckstippe? Den „Trucker Treff" am Altenwerder Hauptdeich 22 wissen nicht nur Fernfahrer zu schätzen. Geöffnet ist rund ums Jahr von sechs Uhr bis Mitternacht, am Wochenende etwas kürzer. Seit 30 Jahren ist Bärbel Uliczka, 59, Chefin an Bord.

**Frau Uliczka, was ist Ihr Erfolgsrezept?**

Wir kochen wie bei Muttern, aus der Dose kommt hier gar nichts. Kartoffeln werden mit der Hand geschält. Und unsere Soßen werden natürlich mit Mehl angedickt. Alle Formen von Braten sind der Renner.

**Dreht sich da nicht dem Trucker aus Aserbaidschan der Magen um?**

Von wegen! Deutsche Küche kommt auch bei Gästen aus anderen Ländern ausgezeichnet an. Die starten Montag früh zu Hause mit einem Fresspaket ihrer Frau – und das ist am Dienstag aufgefuttert. Höchste Zeit zum Zwischenstopp in Hamburg. Wir haben 60 Lkw-Parkplätze vor der Tür, nach dem Umbau kommen 15 weitere hinzu. Im Prinzip gilt das Motto: einmal am Tag gut essen – und dann satt sein. Folglich muss der Teller voll sein.

**Zum Beispiel mit einem Schichtbrot. Klingt nach viel ...**

Ist es auch, aber vor allem ist es gut. Frisches Schwarzbrot mit gekochtem Schinken, Käsescheiben, Tomaten, Gurke und Zwiebeln, garniert mit zwei Spiegeleiern. Was ganz Reelles. Auch viele Hamburger kommen gern zu uns, wenn sie mal wieder was Deftiges auf dem Tisch sehen wollen.

**Und wie laufen die Geschäfte in letzter Zeit?**

Viele Fernfahrer sind knapper bei Kasse als früher, keine Frage. Dennoch können wir nicht klagen. Der Anteil unserer Stammkunden ist enorm. Treue zählt hier noch was.

**Probleme mit dem Anbaggern?**

Überhaupt nicht. Der Ton ist burschikos, aber herzlich. Unser ungeschriebenes Gesetz wird akzeptiert: gucken und klönen, dann Ende. Das ist jedem klar, auch ohne viele Worte. Auch Anschreiben ist nicht. Nur Bares ist Wahres.

**Ist das Klima im Hafen wirklich rauer geworden?**

Leider ja. Die Jungs stehen immer mehr unter Druck. Handy und GPS rauben die letzten Freiräume. Früher wurden viel öfter mal die Spesen verbraten und einer über den Durst getrunken; man hat ja sein fahrbares Haus vor der Tür. Der Stress verschleißt die Menschen. Manchmal fungiere ich schon als Sorgenmutter. Andererseits ist es gerade der persönliche Draht zu den Leuten, der den Job hier so einmalig reizvoll macht.

Jens Meyer-Odewald

Thomas Martin, 43, ist Küchenchef im Restaurant Louis C. Jacob und mehrfach ausgezeichnet, unter anderem mit einem Michelin-Stern.

# THOMAS MARTIN



## NIRGENDS GIBT ES FRISCHEREN FISCH

Ich hatte nur einen Gedanken: „Hier muss ich hin." Es war 1997, ich stand auf der Lindenterrasse des Louis C. Jacob und schaute auf ein paar Kutter, die auf der Elbe ihre Bahnen zogen. Dieser Ausblick war irre. Von Grevenbroich aus war ich zum Vorstellungsgespräch nach Hamburg gereist. Für mich war der Wechsel in die Hansestadt nach diesem Moment beschlossene Sache, zum Glück klappte es auch sofort, im Jacobs Restaurant als Chefkoch anzufangen.

14 Jahre später fühle ich mich manchmal immer noch wie ein Tourist und finde die Elbe und den Hafen nach wie vor überwältigend. Ich kann das Meer hier förmlich riechen. Als Koch habe ich eine feine Nase, an manchem Morgen mischen sich Muscheln, Meersalz und ein Hauch Öl zu einem ganz besonderen, unwiderstehlichen Duft für mich. Aber auch die Augen bekommen einiges geboten: Als zum Beispiel das erste Mal die „Queen Mary" aus dem Nebel auftauchte ... WOW! Es war fünf Uhr morgens, und ganz Nienstedten, das zu der Uhrzeit ja normalerweise ausgestorben ist, rannte plötzlich aufgeregt an die Elbe, um sich dieses königliche Schiff anzusehen. Oder als ich letztens mit meiner Familie im Carls an der Elbphilharmonie saß, und auf einmal wendet die „Aida" quasi direkt neben uns. Da bleibt einem Kurpfälzer wie mir schon mal kurz die Luft weg.

Apropos Luft: Direkt gegenüber von meinem Arbeitsplatz liegt Airbus. Ich habe großen Respekt vorm Fliegen. Zweimal konnte ich ein Ticket in einer dieser Maschinen ergattern, die regelmäßig zum Mutterkonzern nach Toulouse gehen. Das waren die einzigen entspannten Flüge in meinem Leben: in einem Airbus mit lauter Flugzeugbauern.

Wofür ich gerade als Koch dem Hafen natürlich besonders dankbar bin, ist sein Fischmarkt. In keiner anderen deutschen Stadt bekommt man so frischen Fisch wie hier. Als Kind habe ich im Fischereihafen-Restaurant mit meinen Eltern bei einem Besuch zum ersten Mal Schellfisch in Senfbutter gegessen; das war der Hammer! Seitdem ist dieses simple Gericht für mich der typische Hamburg-Geschmack. Und was wahrscheinlich nur wenige glauben, aber dennoch Tatsache ist: Auch ein Sternekoch isst ab und zu gern mal ein einfaches Fischbrötchen. Und dazu ein kühles Blondes.

DIREKT GEGENÜBER DER KÜNFTIGEN ELBPHILHARMONIE

IN CARLS BRASSERIE FINDEN SCHON HEUTE KÖSTLICHE KONZERTE STATT

# EIN OHRENSCHMAUS

Wer am Kaiserkai Bagger, Kräne, große Fenster und eine minimale Hoffnung sieht, dass irgendwann doch noch alles fertig wird, der schaut auf das neue Wahrzeichen der Stadt – und hört seinen Magen knurren. Letzteres ist im Gegensatz zur Elbphilharmonie kein Problem, denn schräg gegenüber Hamburgs wichtigster Baustelle befindet sich Carls Brasserie. Ihre Küche verspricht eine Melange aus norddeutschen und französischen Gerichten: Pannfisch plus Paris also. Salut Seemann!

Separees aus Lederbänken und das Licht der roten Leuchter sorgten vor der Eröffnung des Restaurants im Oktober 2008 zunächst für Irritationen. Ob sie hier etwa in einer zweiten Herbertstraße gelandet sei, fragte eine ältere Nachbarin den italienischen Geschäftsführer Francesco Potenza, der die Frau gleich lachend unterhakte: „Kommen Sie, ich zeigen Ihnen unseren Puff!"

Carls Brasserie ist ungefähr so weit von der Rotlichtszene entfernt wie die Elbphilharmonie von ihrer Eröffnung. Der Ableger des Fünf-Sterne-Hotels Louis C. Jacob kann als moderne Fortführung des hanseatischen Traditionshauses betrachtet werden: vom einfachen C. zu einem Dreiklang aus Brasserie, einem Bistro im vorderen Gebäudebereich (hier werden Snacks und die eigene Gewürzlinie verkauft) und einer Bar im unteren Stock.

Dirigent der Küchen-Crew ist Michel Rinkert. Der Franzose hat von allen Köchen Hamburgs den schönsten Arbeitsplatz. Guckt er mal nicht in die Töpfe, sieht er durch

ein großes Fenster, das die Küche vom Gastraum trennt, direkt auf die Elbe, wo Kreuzfahrtschiffe ihre Pirouetten drehen. Küche mit Aussicht. Und Geschmack! Die Fischsuppe erinnert an einen Urlaub in Marseille, die Hanseatenplatte an einen Tag auf Sylt: frisch.

Die Weinkarte wird in einer Partitur gereicht. „Was sollen wir trinken, sieben Tage lang?“, summt die Begleitung und ordert einen 2007er Spätburgunder zum butterweich geschmorten Boeuf Bourguignon. „Alla Salute!“, wünscht der Patron, „Santé!“ der Chef de Cuisine. „Prost“, antwortet der Gast. Sprache kann auch ohne Melodie ein Konzert ergeben. „Die schönste Musik sind die Stimmen der Gäste“, sagt Francesco Potenza, der einen eng gebundenen Krawattenknoten trägt, wie ihn fast nur Italiener beherrschen, und auch sonst als gelungener Akkord aus Charme und Chef auftritt. Wenn er wie jetzt alle 120 Plätze im Lokal besetzt hat, klingt es so, als läge die Brasserie an der Seine anstatt an der Elbe. Ein Chor voller Plaisier, wie er sich in dieser Stadt höchstens noch im Café Paris zusammenfindet.

Neben Sängern, Touristen und vielen Nachbarn aus der HafenCity besuchen auffallend häufig Architekten das Lokal. Baustellengucker, die sich genauso für die Elbphilharmonie interessieren wie der Chefkoch selbst: „Ich nenne sie ‚meine Dame‘“, sagt Rinkert, „denn eine Dame ist immer ein Prachtstück.“ Als letztes Stück spielt seine Küche eine Komposition aus Hamburger Rumtopf mit Sauerrahmeis, die trotz Fastenzeit eine Zugabe fordert. Irgendwann einmal werden hier echte Dirigenten und Musiker speisen nach ihren Konzerten in der Elbphilharmonie und nach dem Applaus, der das Wahrzeichen endlich wahr werden lässt. Aber das ist Zukunftsmusik.

Yvonne Weiß

**Carls Brasserie**
Am Kaiserkai 69
20457 Hamburg
Tel. 300 32 24 00
www.carls-brasserie.de

# Aale-Dieter

JEDER SIEBTE FISCH, DER IN DEUTSCHLAND VERZEHRT WIRD, KOMMT VOM FISCHMARKT IN ALTONA. GEHANDELT WIRD DORT WIE IMMER FRÜHMORGENS, ABER SONST HAT SICH EINIGES VERÄNDERT

## DER FRÜHE VOGEL FÄNGT DEN FISCH



Nicht immer muss es schlecht sein, dass heute alles ganz anders ist. So wie am Fischmarkt in Altona. Wo es einst markant muffte, verläuft der Verkehr nun fast steril. Im wahrsten Sinne des Wortes: Bis auf wenige Fossile sind hier auch die Bordsteinschwalben entfleucht. Umso angesagter sind Matjesbrötchen und Astra oder Hummer und Schampus. Je nach Geschmack. Wer über die Meile zwischen Fischauktionshalle und Museumshafen flaniert und eines der zahlreichen Restaurants oder Bistros besucht, braucht keinerlei Belästigung durch Prostituierte mehr zu befürchten. Bis auf einen obskuren Abschleppdienst, der selbst zu Nachtzeiten für Verdruss sorgt – wenn alles ruhig und leer ist. Nicht ganz billige Abzocke ist das.

Wenn in Hamburg frischer Fisch an den Höker oder Gastronomen gebracht wird, regulieren wie überall Angebot und Nachfrage den Preis. Die Konkurrenz ist groß, auch wenn die Zahl der Händler in den vergangenen Jahren erheblich abnahm. Derzeit sind vor Ort noch 57 fischwirtschaftliche sowie gastronomische Betriebe präsent. Jeder siebte Fisch auf Deutschlands Tellern, so die Faustregel, stammt aus Altona.

Und während sich die Gourmets und Barbesucher ab 22 Uhr auf den Heimweg machen, geht der Handelsbetrieb an der Großen Elbstraße erst so richtig los. Hochzeit ist montags bis sonnabends zwischen 2.30 Uhr und 6 Uhr früh. Längst vorbei sind allerdings die Zeiten, in denen die Waren noch aus Weidenkörben direkt vom Elbkutter kamen. Schon um das Jahr 1650 hatten sich auf dem Areal Fischer und Händler angesiedelt. Von 1895 bis 1993 transportierte die Schellfisch-Bahn Waren nach Altona, das vor 1864 zu Dänemark gehörte. In der Neuzeit werden Fische und Meerestiere mit Kühllastwagen befördert. „Frischer Fisch stinkt nicht", wissen die Kaufleute unten am Hafen. Vorbei ist's also mit dem strengen Duft.

Geblieben ist der hanseatische Grundsatz, dass Geschäfte per Hand geschlossen werden. Oder via Internet. Auch der raue Ton ist geschäftlich kühlem Umgang gewichen. Laut brüllende, wild gestikulierende Höker gibt es nur noch auf dem sonntäglichen Fischmarkt, mithin der Abteilung Remmidemmi. Zielgruppe: Nachtschwärmer, Touristen, Schnäppchenjäger mit Interesse an Apfelsinenkisten, Ananasbergen oder großen Grünpflanzen. Viele verwechseln diesen Fischmarkt mit dem traditionellen Original. Was eine Menge sagt.

Jens Meyer-Odewald

Bevor der Morgen lacht:
Günther Burmeister an seinem Fischstand.

Welt
offen.
Der neue Opel Meriva.
Offen für mehr Leben.

täglich

VON DEN ELBBRÜCKEN BIS NACH BLANKENESE REIHEN SICH ENTLANG DER ELBE EINIGE DER BESTEN RESTAURANTS UND BARS HAMBURGS

# EIN FLUSS ZUM ANBEISSEN



## Fischbeisl

Ganz neu im Ensemble der Restaurants und Bistros an der Großen Elbstraße ist das Fischbeisl, jüngster Spross des Landhauses Dill an der Elbchaussee und des Marktplatzes in Nienstedten. In uriger Umgebung, typisch für die kulinarische Meile mit bekannten Schmuckstücken wie Henssler & Henssler, Fischereihafenrestaurant oder Rive, werden Fischspezialitäten zu fairen Preisen offeriert. Steinbeißerfilet mit Krabbensauce und Stampfkartoffeln oder hausgemachte Fischfrikadellen (vom Feinsten!) schmecken besonders gut auf der Miniterrasse mit den beiden winzigen Zweiertischen.

Große Elbstraße 131
22767 Hamburg
Tel. 390 72 75
www.fischbeisl.de

## Zum Heißen Reifen

Nomen est omen. Wer auf die Schnelle satt werden will, kommt im Heißen Reifen inmitten des Freihafens auf seine Kosten. Aber noch besser als Currywurst, Frikadellen oder Pommes Schranke sind die Typen vor Ort. Hier wird noch gaaaanz breit Hamburgisch geschnackt – und um den heißen Brei wird auch nicht lang herum geredet. Alles schoin schnörkellos.

Am Travehafen
20457 Hamburg
Tel. 74 20 17 62

## Veddeler Fischgaststätte

Einer der letzten Geheimtipps der Stadt ist die „Veddeler Fischgaststätte" direkt am Zollkontrollpunkt an den Elbbrücken. Motto: Was 78 Jahre überlebt hat und zu den Mahlzeiten immer rappelvoll ist, kann nicht schlecht sein. Stimmt absolut! Die in ihrer Ursprünglichkeit seit den 50er-Jahren praktisch unveränderte Wirtschaft bietet frische Fischspezialitäten erstklassiger Qualität zum fairen Kurs. Eine der kleinsten Speisekarten Hamburgs verzichtet auf jeglichen Firlefanz. Gewählt werden kann zwischen drei, fünf oder sieben Fischfiletstücken, Bratheringen, Scholle und Fischfrikadellen. Das war's! Und der hausgemachte Kartoffelsalat lässt die Zunge noch Stunden später schnalzen.

Tunnelstraße 70
20539 Hamburg
Tel. 78 63 89
www.veddeler-fischgaststaette.de

## Das weisse Haus

Direkt am Hamburger Museumshafen in Övelgönne liegt das idyllische kleine Lotsenhaus, in dem Christian Senkel zusammen mit Tim Mälzer das Restaurant das weisse haus gegründet hat. Mittlerweile hat sich TV-Koch Mälzer aus dem Restaurant zurückgezogen und es seinem Partner überlassen. Christian Senkel führt das Haus nun nach dem Motto „lecker essen, einfach essen". Er möchte kein „Schickimicki-Restaurant", aber auch keine Fischbratbude sein. Sein Ziel ist es, gehobene Küche in lässiger, ungezwungener Atmosphäre zu servieren.

Neumühlen 50
22763 Hamburg
Tel. 390 90 16
www.das-weisse-haus.de

## Jacobs Restaurant im Hotel Louis C. Jacob

„Vornehm zurückhaltend und edel im hanseatischen Sinn“ lautet das Motto des traditionellen Hotels Louis C. Jacob. Die Gäste des gediegenen Restaurants werden mit leichter und frischer Küche verwöhnt. Auch der gut bestückte Weinkeller trägt dazu bei, dass das Restaurant ein Ziel für viele Feinschmecker geworden ist. Bei schönem Wetter wird auf der berühmten Lindenterrasse serviert.

Elbchaussee 401–403
22609 Hamburg
Tel. 82 25 50
www.hotel-jacob.de

## River-Kasematten

Zwischen Landungsbrücken und Fischmarkt befindet sich das Szenerestaurant River-Kasematten. Das Ambiente wird geprägt durch den Gegensatz von moderner Einrichtung zu schönem altem Backsteingemäuer. Die Küche ist frisch und äußerst vielfältig: Die Gerichte gehen von Pasta, Sushi, leckeren Fisch- und Fleischgerichten bis hin zur klassischen Currywurst. Von montags bis freitags gibt es außerdem von 12 bis 15 Uhr ein Mittagsbüfett für 9,90 Euro und samstags sowie sonntags ein Brunch von 10 bis 14 Uhr.

St. Pauli Fischmarkt 28–32
20359 Hamburg
Tel. 30 06 01 90
www.river-kasematten.de

## Warsteiner Elbspeicher

In dem sorgfältig sanierten alten Elbspeicher wird deutsche Küche mit regionalem Einschlag serviert. Zudem steht eine Reihe an saisonalen Gerichten auf der Speisekarte. Die Sonnenterrasse direkt über der Elbe bietet einen traumhaften Blick auf das Hafengeschehen und Dock 11 von Blohm + Voss.

Große Elbstraße 39
22767 Hamburg
Tel. 38 22 42
www.warsteiner-elbspeicher.de

## Fischereihafen

Ein Muss für alle Fischliebhaber – direkt am Fischmarkt wird hier fangfrische Ware in bester Qualität zubereitet. Neben Fischköstlichkeiten jeglicher Art gibt es auch die traditionellen Hamburger Gerichte wie Labskaus. Von der Terrasse hat man einen herrlichen Blick auf Elbe und Schiffsverkehr.

Große Elbstraße 143
22767 Hamburg
Tel. 38 18 16
www.fischereihafenrestaurant.de

## Zum alten Lotsenhaus

Das Restaurant in bester Elblage ist schon seit 1801 ein beliebter Treffpunkt. Als Gast hat man die Qual der Wahl: Trifft man sich zum gemütlichen Essen im Restaurant, einem schönen alten Fachwerkhaus, oder macht man einen Abstecher in den idyllischen Biergarten? Diejenigen, die bei Strandwetter im Liegestuhl entspannen wollen, sollten sich rechtzeitig im Dock 13, dem Beachclub, ein nettes Plätzchen sichern. Mit Blick auf den Museumshafen kann man hier etwas trinken oder auch einen Snack oder etwas Gegrilltes essen. Lässig und unkompliziert.

Oevelgönne 13
22605 Hamburg
Tel. 880 01 96
www.zum-alten-lotsenhaus.de

## Chilli Club

Auf der traumhaften Sonnenterrasse in der HafenCity kann man im Chilli Club euro-asiatische Küche genießen. Während Asian Tapas, Currys und Wokgerichte serviert werden, hat man einen tollen Blick auf den Traditionsschifffahrtshafen. Montags bis freitags gibt es hier von 12 bis 14.30 Uhr einen Business Lunch mit zwei Gängen für 9,90 Euro. Abends ist der Chilli Club auch wegen der guten Cocktailauswahl einen Besuch wert.

Am Sandtorkai 54
20457 Hamburg
Tel. 35 70 35 80
www.chilliclub.de

## Schauermann

Direkt gegenüber von Dock 10 und 11 von Blohm + Voss liegt das Restaurant Schauermann auf einer leichten Anhöhe. Hier nimmt man auf den original Thonet-Stühlen Platz, die 1968 für den Hamburger Fernsehturm gefertigt wurden, und trifft oft auf ein entsprechend designbewusstes Publikum. In der Küche werden regionale Kostbarkeiten im mediterranen Stil zubereitet.

St. Pauli Hafenstraße 136–138
20359 Hamburg
Tel. 31 79 46 60
www.restaurant-schauermann.de

## Austernbar

Im ältesten Speicher Hamburgs, dem Kaispeicher B, lässt es sich gut Austern schlürfen. In verschiedensten Varianten werden sie hier serviert. Aber nicht nur Austernfans, sondern alle Liebhaber der französischen Küche kommen auf ihre Kosten. Tipp: Ein täglich wechselnder Mittagstisch wird für 12,50 Euro (inkl. Getränk) von 12.30 bis 17.30 Uhr angeboten.

Restaurant Austernbar im Maritimen Museum Hamburg.

Kaispeicher B
Koreastraße 1
20457 Hamburg
Tel. 30 08 78 88
www.hamburg.austernbar.de

## Henssler & Henssler

In ehemaligen Lagerhallen eröffnete TV-Koch Steffen Henssler 2001 mit seinem Vater dieses Restaurant. Wer rohen Fisch mag, wird Henssler & Henssler lieben. Es gibt eine große Auswahl an Sushi und Sashimi. Steffen Henssler kombiniert die klassische japanische Kochkunst mit internationalen, vor allem kalifornischen Einflüssen. Dafür werden nur frischeste Zutaten verwendet. Das freundliche Personal kümmert sich aufmerksam um die Gäste.

Große Elbstraße 160
22767 Hamburg
Tel. 38 69 90 00
www.hensslerhenssler.de

## Süllberg

Auf dem Süllberg hoch oben in Blankenese hat man die Wahl zwischen dem Gourmetrestaurant Seven Seas und dem Bistro Süllbergterrassen. Im eleganten Ambiente kann man im Seven Seas internationale Gourmetkunst erleben. Die klassisch-französisch geprägte Küche orientiert sich an Einflüssen der sieben Weltmeere (daher der Name) und ist seit 2003 mit einem Michelin-Stern ausgezeichnet. Wer nicht ganz so tief in die Tasche greifen möchte, kann auch im Bistro gut essen. Neben Gerichten wie Caesar's Salat oder auch Wiener Schnitzel hat das Bistro vor allem ein saisonal wechselndes Angebot. Von der großen Terrasse mit ihren mondänen weißen Sonnenschirmen hat man einen wirklich königlichen Elbblick.

**Bistro Süllbergterrassen**
Tel. 86 62 52 77

**Seven Seas**
Tel. 866 25 20

Süllbergstraße 12
22587 Hamburg
www.suellberg-hamburg.de

## Lutter & Wegner

Laut der „New York Times" bekommt man hier das beste Wiener Schnitzel außerhalb Wiens. In der gutbürgerlich-modernen Küche werden österreichische Akzente gesetzt, dabei ist Lutter und Wegner im Ursprung ein Berliner Weinhaus. Seit 2006 kann man hier nun aber am Hamburger Standort direkt am Hafen stilvoll speisen und die Jagd aufs beste Schnitzel befriedigt abschließen. Vorab bestellen Sie bitte unbedingt den Sekt des Hauses.

Große Elbstraße 49
22767 Hamburg
Tel. 809 00 90 00
www.lutter-wegner-restaurant-hamburg.de

## Au Quai

In einem kunstvoll umgestalteten Kühlhaus lässt es sich hier stilvoll schlemmen. Maritim-mediterrane Köstlichkeiten dominieren die Karte. Echte Genießer sollten sich aber auch eines der raffinierten Desserts nicht entgehen lassen. Wenn es geht, unbedingt draußen reservieren: Von der Panoramaterrasse hat man einen traumhaften Blick auf die Elbe.

Große Elbstraße 145
22767 Hamburg
Tel. 38 03 77 30
www.au-quai.com

## Marseille

Adieu, tristesse! Wer im Nirwana zwischen all den Schickimicki-Läden und Büroklötzen rund um die Fischauktionshalle nach einer Oase stilvoller Einkehr sucht, sollte das Marseille ansteuern. Voilà! Dielen, Holzmobiliar, bordeauxrote Vorhänge und ein uriger Tresen machen auf Anhieb klar: Von der Stange ist hier nichts. Laisser-faire in Hamburg – tatsächlich ein Hauch Südfrankreich am Elbufer. Das Restaurant bietet jedem Gourmetgaumen etwas und das zu einem Preis, der unter der 20-Euro-Marke bleibt. Eine Melange aus Lokalpatriotismus und Neugier rät zur Altonaer Fischsuppe und einem Besuch in Hamburgs Frankreich.

Große Elbstr.164
22761 Hamburg
Tel. 41 30 72 21
www.restaurant-marseille.de

# RÜHREI MEXIKO ODER »EINMAL MIT ALLES«



Wenn eine Landratte nach dem wichtigsten Mann an Bord fragt, denkt er sicher an den Kapitän. Ohne meiner Zunft zu nahe treten zu wollen: Der tatsächlich wichtigste Mann ist wahrscheinlich der Koch. Wer wochenlang auf hoher See unterwegs ist und von Schiffswache zu Schiffswache lebt, weiß gutes Essen an Bord zu schätzen. Liebe geht eben durch den Magen – auch bei einem Seemann.

Höhepunkt der Woche ist der Donnerstag – der Seemannssonntag oder auch „Eiertag". Morgens zaubert der Koch „Rührei Mexiko" – also einmal Ei „mit alles" oder was immer sich die Seeleute an Eierspeisen wünschen. Zur Hauptmahlzeit wartet meist Braten oder ein anderes echtes Sonntagsessen. Außerdem gibt es leckeren Nachtisch oder Kuchen. Warum ausgerechnet donnerstags? So manch einer behauptet, Christoph Kolumbus habe Amerika an einem Donnerstag entdeckt. Wahrscheinlich kommt die Tradition aber aus Segelschifffahrtszeiten. Ein Segelschiff lief traditionell am Freitag nicht aus, deswegen war am Vortag weniger zu tun als sonst.

Schiffe laufen heute an allen Wochentagen aus – so wie es der Fahrplan will. Der Seemannssonntag hat sich trotzdem erhalten und bleibt an Bord der Höhepunkt der kulinarischen Woche.

# WEITERE TITEL DER HAMBURGER ABENDBLATT EDITION

## HAMBURGS GRÜNE SEITEN

Entdecken Sie mit „So grün ist Hamburg“ die Naturschutzgebiete der Hansestadt. Das begleitende Buch zur großen Serie im Hamburger Abendblatt nimmt Sie mit auf Exkursion – vom Duvenstedter Brook über das Schnaakenmoor bis zur Fischbeker Heide. Lernen Sie die ungeahnte Artenvielfalt der 29 Hamburger Naturschutzgebiete und des Nationalparks Hamburgisches Wattenmeer kennen – mit Tieren und Pflanzen, von denen es einige nur hier gibt. Hintergrundinformationen, Gebietskarten und exklusive Fotos laden ein, die Naturschätze zu entdecken. Die Serie zum Buch wurde von der Deutschen Wildtier Stiftung mit dem Sonderpreis „Der wilde Rabe“ ausgezeichnet.

## ALTE LIEBE, NEU ENTDECKT

Hamburg ist nicht nur ein einmaliges Erlebnis – sondern ein 100-faches. Wer weiß schon, dass man hier auf Dünen wandern, Quallen essen und Kultur trinken kann? Dass die Löwen in dieser Stadt stubenrein sind, Totenköpfe quicklebendig und blöde Ziegen äußerst sympathisch? Dieses Buch verrät, wo diese und andere Überraschungen warten. 100 Höhepunkte Hamburgs, von Klassikern bis hin zu Geheimtipps. Dieses Buch lädt ein zu einer ungewöhnlichen Sightseeing-Tour, auf der man sich neu verlieben kann: in diese Stadt.

## ALLES, WAS ELTERN IN HAMBURG WISSEN MÜSSEN

Wo bekomme ich Umstandsmode? Wie melde ich mein Kind in der Kita an? Soll ich es impfen lassen? Was machen wir am Wochenende? Welche Sportart passt zu meinen Kleinen? Wer kann am Wochenende aufpassen? Junge Eltern sind plötzlich von lauter Fragezeichen umgeben. Dieses Buch gibt ganz persönliche Antworten. Abendblatt-Reporter erzählen von den Erlebnissen mit ihren Kindern in dieser Stadt. Und nicht nur der Nachwuchs, auch das Angebot für ihn wird immer größer. Deshalb liefert „Kinder in Hamburg" gleichzeitig den perfekten Überblick über die wichtigsten Tipps und Adressen. So kann Familie kinderleicht sein.

## HAMBURG FÄHRT INS GRÜNE

Einfach mal raus aus der Stadt – dieses Buch ist der perfekte Ausflugsnavigator. Ob Nord- oder Ostseeküste, romantische Seen, endlose Marschen, blühende Heide, urige Dörfer oder historische Hansestädte – Abendblatt-Reporter stellen die schönsten Regionen in Norddeutschland vor. In 31 Kapiteln zeigen sie Land und Leute, die wichtigsten Sehenswürdigkeiten und die schönsten Lokale. Reizvolle Wander- und Radtouren mit detaillierten Karten locken aktive Entdecker, unser Kinderprogramm sorgt für Familienspaß. Regen? Kein Problem, mit unseren Schietwetter-Tipps bleiben alle im Trockenen.

Alle Titel erhältlich unter www.abendblatt.de/shop und im Buchhandel.

IMPRESSUM

HERAUSGEBER: Claus Strunz

KONZEPTION UND REDAKTIONELLE LEITUNG: Yvonne Weiß
REDAKTION: Vera Altrock, Sascha Balasko, Christopher Beschnitt, Kristina Duveneck, Dennis Fengler, Kathrin Fichtel, Laura Fölmer, Matthias Gretzschel, Jörg Heuer, Matthias Iken, Camilla John, Tino Lange, Sophie Laufer, Volker Meester, Jens Meyer-Odewald, Joachim Mischke, Olaf Preuß, Heike Schäfer, Birte Schmidt, Alexander Schuller, Tom R. Schulz, Vanessa Seifert, Stephan Seiler, Claudia Sewig, Axel Tiedemann, Eigel Wiese, Rolf Zamponi

PROJEKTVERANTWORTUNG: Jan H. Groß (Leitung), Elena Riebschläger, Olaf Schulz

LEKTORAT: Gabriele Schönig, Andrea Wolf
ANZEIGEN: Dirk Seidel (Leitung), Sabine Lamping
MARKETING: Vivian Hecker
VERLAGSGESCHÄFTSFÜHRUNG: Jan Bayer, Frank Mahlberg

GESTALTUNG: formlabor, Hamburg
TITELFOTO: plainpicture / www.folio.se
BILDER: Johannes Arlt
AIDA Cruises, annelilocke / photocase.com, Yuri Arcurs / Fotolia.com, Beatlemania Hamburg, Betriebsges. BallinStadt mbH, Martin Brinckmann, Bundesministerium der Finanzen, Bundesstelle für Seeunfalluntersuchung, Ingo Dannecker/iD-Film, Thomas Duffé, Johann Hamann, K.-D. Heinrich, Andrea Hoever, J. J. Darboven GmbH & Co. KG, joexx / photocase.com, Judywie / photocase.com, kaffeeschlürferin / photocase.com, Ute Kleim, Hans Kronberger, Michele Lugaresi / istockphoto.com, Roland Magunia, Museumshafen Oevelgönne, NDR/ Georges Pauly, NDR / Romano Ruhnau, paczdesign / photocase.com, Panoptikum, Angela Pfeiffer, Patrick Piel, Gerhard Pietsch, Pressebild.de/Bertold Fabricius, Mark Sandten, Kerstin Schürmann, James Steackley, Strumper & Co, TUI Cruises GmbH, Wegener Jachtwerft, Eigel Wiese, Michael Zapf, Hartmut Zielke

GESAMTHERSTELLUNG: Print- und Medienproduktion HH
Printed in Germany
COPYRIGHT: Axel Springer AG / Hamburger Abendblatt 2010
1. Auflage 2010

www.abendblatt.de

Dieses Buch und alle in ihm enthaltenen Beiträge und Abbildungen sowie die Darstellung der Ideen sind urheberrechtlich geschützt. Mit der Ausnahme der gesetzlich zugelassenen Fälle ist eine Verwertung einschließlich Nachdruck ohne schriftliche Genehmigung des Verlages strafbar. Kein Teil des Werkes darf in irgendeiner Form (durch Fotografie, Mikrofilm oder ein anderes Verfahren) ohne schriftliche Genehmigung des Verlages reproduziert oder unter Verwendung elektronischer Systeme verarbeitet, vervielfältigt oder verbreitet werden. Herausgeber und Verlag haben sich bis Redaktionsschluss intensiv bemüht, alle weiteren Inhaber von Abbildungsrechten ausfindig zu machen. Personen und Institutionen, die möglicherweise Rechte an Abbildungen beanspruchen und nicht erreicht wurden, werden gebeten, sich mit dem Verlag in Verbindung zu setzen.

ISBN 978-3-939716-35-8